译者简介

    刘肖岩 2003年毕业于上海外国语大学，现任中国人民武装警察部队学院教授，主要从事俄语教学和翻译实践；俄罗斯国别研究；反恐和国家安全。出版过《国外现代反恐机制比较研究》《论戏剧对白翻译》《俄罗斯社会与文化》等。

E LuoSi BianHaiFang FaLv FaGui

当代人文经典书库

俄罗斯边海防法律法规

刘肖岩◎译

人民日报出版社

图书在版编目（CIP）数据

俄罗斯边海防法律法规／刘肖岩译．
—北京：人民日报出版社，2017.12
ISBN 978－7－5115－5167－2

Ⅰ．①俄… Ⅱ．①刘… Ⅲ．①海防—法规—俄罗斯
Ⅳ．①E512.26

中国版本图书馆 CIP 数据核字（2017）第 308122 号

书　　　名：俄罗斯边海防法律法规
译　　　者：刘肖岩

出 版 人：董　伟
责任编辑：谢广灼
封面设计：中联学林

出版发行：人民日报出版社
社　　　址：北京金台西路 2 号
邮政编码：100733
发行热线：（010）65369509　65369846　6536528　65369512
邮购热线：（010）65369530　65363527
编辑热线：（010）65369533
网　　　址：www.peopledailypress.com
经　　　销：新华书店
印　　　刷：三河市华东印刷有限公司

开　　　本：710mm×1000mm　1/16
字　　　数：305 千字
印　　　张：17.5
印　　　次：2018 年 1 月第 1 版　　2018 年 1 月第 1 次印刷

书　　　号：ISBN 978－7－5115－5167－2
定　　　价：68.00 元

前　言

　　从 2008 年下半年开始,受国际金融危机的影响,俄罗斯经济受到严重冲击,失业率增加。而在之前的几年,得益于国际石油价格上涨,俄罗斯经济一片繁荣,但本国人口连年负增长,劳动力严重短缺,使得相对贫穷的外国移民尤其是数百万中亚移民大规模占据俄罗斯劳动力市场,但移民与当地居民的矛盾和冲突越来越多,表现在移民犯罪率增高、移民大多不懂俄语和俄罗斯历史及法律,交流存在障碍、移民与当地人的冲突致死事件引发数起俄罗斯大城市居民游行,社会上整体对移民的排斥又刺激带有民族主义色彩的社会团体和党派出现并积极活动。在此背景下,俄罗斯开启苏联解体以来最大规模的移民政策调整。2014 年 4 月的《外国公民在俄联邦的法律地位》对劳务移民提出了更高的要求,同时《俄联邦国籍法》《俄联邦出入境管理法》《俄联邦外国公民和无国籍人移民登记法》都进行了相应的修订,而且根据形势的变化,这些法律每年都会进行数次调整。

　　另外,俄罗斯一直是海洋强国,但苏联解体后经济形势不容乐观,海洋战略也从全球争霸型变为近海防御型。2001 年 7 月俄罗斯颁布了《2020 年前俄联邦海洋学说》,但随着国家实力的增长和周边环境的变化,俄罗斯逐渐改变了近海防御的海上战略。近年,俄罗斯相继出台了一系列关于国家海洋战略的法律条文来确立和实施国家海洋战略。2010 年 12 月,俄罗斯颁布了《2030 年前俄联邦海洋活动发展战略》,2015 年 7 月颁布了《新版俄联邦海洋学说》,这是一部纲领性文件,为俄罗斯从事海洋活动提供了可靠的法律和机制保障。同时最新的海洋管理理念也体现在对《俄联邦专属经济区法》《俄联邦大陆架法》《俄联邦内海、领海和毗连区法》的历次修订中。

　　系统引介俄罗斯边海防法律法规,可以使从事边海防研究的人员和对此有兴趣的读者及时了解、掌握俄罗斯相关政策的变化动态,实践部门可更好地指导陆上和海洋边境地区的生产和出入境活动。但因本书译者水平有限,如有不妥之处,恳请读者指正。

　　本书能够顺利出版,得到了武警学院科研部给予科研基金的资助,在此表示衷心的感谢!

刘肖岩

2017 年 5 月 16 日

目　录
CONTENTS

俄联邦边防局法 ·· 1

俄联邦出入境管理法 ·· 8

俄联邦国界法 ··· 33

俄联邦国籍法 ··· 56

外国公民在俄联邦法律地位法 ·· 80

俄联邦外国公民和无国籍人移民登记法 ······························· 146

保卫俄联邦国界、专属经济区和大陆架时使用武器和作战装备的规则 ······ 158

俄罗斯边防机关行政驱逐外国公民或无国籍人的活动组织细则 ········· 163

俄联邦大陆架法 ·· 169

俄联邦专属经济区法 ·· 198

俄联邦内海、领海和毗连区法 ··· 218

俄罗斯海洋学说 ·· 247

俄联邦边防局法

本法确定俄联邦边防局的主要任务和权限及总体构成,规定了俄联邦边防局领导和管理的基础,以及对其活动实施检查和监督的程序。

第一章 总 则

第 1 条 俄联邦边防局

俄联邦边防局(以下称边防局)是国家军事组织,在保卫和守卫俄联邦国界(以下称国界)、守卫俄联邦内海、领海、专属经济区、大陆架及其自然资源方面构成保障个人、社会和国家安全体系的基础。

第 2 条 边防局的构成

边防局由专门授权的联邦边防权力执行机构、边防局部队、机关和其他组织构成。

第 3 条 边防局的主要任务

1. 边防局的主要任务是:

保卫和守卫国家边界不允许违法改变国界走向,保证自然人和法人遵守国家边界秩序、边境秩序和口岸秩序;

守卫俄罗斯内海、领海、专属经济区、大陆架及其自然资源,目的是保护并合理利用自然资源,保障海洋环境、俄罗斯经济和其他合法权益;

协调保卫和守卫国界的联邦权力执行机构的活动,使用守卫俄联邦内海、领海、专属经济区和大陆架及其自然资源的联邦权力执行机构的力量和装备;

在守卫海洋生物资源方面进行国家监督。

2. 边防局还执行联邦法赋予的其他任务以及俄罗斯签署的相关国际条约

框架内的任务。

第二章　边防局的活动基础

第4条　边防局活动的法律调节

边防局根据俄联邦宪法、本法、其他联邦法和俄联邦规范性法律文件以及公认的原则和国际法准则及俄罗斯签署的国际条约进行活动。

第5条　边防局的主要活动原则

边防局根据下列主要原则进行活动：

合法；

人道主义；

尊重并维护人权和自由；

尊重国家主权、领土完整和边界牢不可破；

和平解决边境冲突；

与执行类似任务的外国机构开展互利而全面的合作；

活动的形式和方法为公秘并举；

实行一长制，集中管理。

第6条　边防局的权限

边防局的权限如下：

1）组织和实施查明、预防和阻止犯罪和行政违法活动，依据联邦法律对边防局管辖范围的违法案件进行起诉；

2）对实施犯罪或行政违法人员进行扣留，依据联邦法律对边防局管辖范围的违法案件进行起诉；

3）根据联邦法律进行部队活动、侦察活动、反侦察活动、侦缉活动等；

4）根据联邦法律与外国执行类似任务的机构进行合作，签署跨部门性质的国际条约，参加国界的国际法律文件的起草和按条约巩固国界；

5）在执行任务时无偿使用俄联邦领水和领空、机场、海港、河港，不论其组织法律和所有制形式如何；在执行任务时无偿获得飞行和航船保障；

6）向俄罗斯国家机关、地方自治机关、任何所有制形式的组织、社会团体和公民，向外国公民和无国籍人士索求并无偿获得需要的信息（包括船行信息、气象信息、水文信息、无线电电子信息、宇航和其他信息），联邦法律规定的获取信

息的特殊程序除外;

7)在执行任务时获得并毫无阻碍地使用属于国家机关、地方自治机关、各种所有制组织和社会团体的通信信道和工具(外交代表处、外国领事机构和国际组织除外),必要情况下,使用俄罗斯公民、外国公民和无国籍人士的通信工具,按联邦法律规定的程序对主人提出的要求进行补偿;

8)向俄联邦公民、外国公民和无国籍人士获取他们所知犯罪和行政违法案件的情况,并根据俄联邦法律对边防局管辖的案件进行起诉;

9)根据俄联邦法律无偿使用国家的大众媒体播放信息预报;

10)按照规定的程序,向国家机关、地方自治机关、任何所有制形式的组织、社会团体或负责人传达必须执行的根除犯罪或行政违法案件的根源和条件,并根据俄联邦法律对边防局管辖的案件进行起诉;

11)吸引俄罗斯公民参加社会组织,在自愿的基础上作为编外人员或俄联邦政府规定的其他形式执行赋予边防局的任务;

12)按照俄联邦政府规定的程序使用武器、特种装备、战斗装备、特种技术、体力和警犬;

13)根据俄联邦法律进行登记、统计;

14)根据俄联邦法律建立和使用信息系统;

15)组织密码工作和部门密码联系网络,参加国家间和部门间密码联系网络的组建和工作;

16)根据联邦法律参加保障国家警卫对象的安全;

17)采取必要的措施保障自身安全;

18)参加守卫俄联邦在外国的外交代表处和领事机构;

19)根据联邦法律在边境地区参加执行与保障紧急状态、消灭非法武装和自然及消除人为灾害后果有关的任务;

20)根据联邦法律履行其他职责。

第三章　边防局活动的组织基础

第7条　边防局的领导和管理

1. 俄联邦总统对边防局的活动进行领导。

2. 俄联邦政府在自己的职权范围内协调特别授权的边防局联邦权力执行

机构与其他联邦权力执行机构的活动。

3. 特别授权的边防局联邦权力执行机构领导,通过特别授权的边防局联邦权力执行机构及其地区机构对边防局实施管理。俄联邦总统根据俄联邦政府总理的提议,对特别授权的边防局联邦权力执行机构领导进行任命和解除职务。

4. 特别授权的边防局联邦权力执行机构条例由俄联邦政府总理提出,俄联邦总统批准。

第四章　边防局的力量和装备

第8条　边防局部队

1. 边防局部队(边防部队)保卫和守卫国界,发现、预防和阻止保卫和守卫国界范围内的犯罪和行政违法活动。

边防局部队还参加执行赋予边防机关的任务。

2. 根据联邦法律,边防局部队与俄联邦武装力量一起参加反击对俄联邦的入侵,执行保卫国家的其他任务。

3. 俄联邦边防局部队(边防部队)的章程由特别授权的边防局联邦权力执行机构领导批准。

第9条　边防局机关

1. 边防局机关执行下列任务:

对遵守国界制度、边界制度、口岸制度进行国家检查;

查清、预防和阻止企图破坏国界制度、边界制度、口岸制度的犯罪和行政违法活动;

与其他特别授权的国家检察机关一起对穿越国境的人员、交通工具、货物、商品和动物进行放行;

在自己的职权范围内对遵守俄联邦内海、领海、专属经济区、大陆架及其使用和保护动物世界及其生存环境的联邦法律进行国家检查;

查清、预防和阻止遵守俄联邦内海、领海、专属经济区、大陆架及其使用和保护动物世界及其生存环境范围内的犯罪和行政违法活动;

与特别授权的其他国家检察机关一起保护俄联邦内海、领海、专属经济区、大陆架的生物资源,保护俄联邦专属经济区外但会迴游到俄罗斯河流中的溯河鱼类；

联邦法律规定的其他边防局职能；

边防局机关还参加完成赋予边防局部队的任务，并保障上述部队的活动。

2. 边防局机关根据联邦法律执行单独的国防任务。

3. 边防局机关条例由特别授权的边防局联邦权力执行机构领导批准。

第10条　边防局的组织

边防局的企业、职业教育机构、科研机构、鉴定机构、军事医学组织、训练中心、特种培训中心和其他组织用于保障边防局的活动，并根据联邦法律进行上述活动。

第11条　边防局的编制

1. 边防局人员包括军人和边防局文职人员。

2. 边防局根据联邦法律确定编制：

1）军人是通过俄联邦公民按合同服现役，并按照跨地区原则招收俄联邦公民服兵役；

2）文职人员是根据自愿原则参加工作。

3. 边防局军人（除义务兵军人）、任命为边防局军人职务、边防局海警机关国家检查员和边防守卫机构检查员职务的文职人员都是边防局工作人员。

4. 边防局工作人员由特别授权的联邦边防权力执行机构颁发规定样式的工作证件。

5. 边防局军人编制由俄联邦总统批准，边防局文职人员编制由俄联邦政府规定。

第12条　边防局工作人员和服义务兵役军人的法律地位特点

1. 边防局工作人员和边防局服义务兵役的军人都受国家保护。任何人都无权干涉他们的公务活动，法律规定的授权人员除外。

2. 边防局工作人员和服义务兵役的军人在自己职权范围内提出的要求，俄联邦公民、外国公民和无国籍人士必须执行。

3. 边防局工作人员和服义务兵役的军人对违法者造成的生命、身体和财产损失不承担责任，对按联邦法律规定的情形使用武器、特种装备、作战技术和特种技术、体力、警犬所造成的精神损害不承担责任，条件是没超过必要的自卫程度，而且是在紧急情况下。

第13条　使用武器、特种装备、体力和警犬

1. 边防局工作人员允许存放和携带武器和特种装备。

2. 边防局工作人员和服义务兵役的边防局军人根据联邦法律可以使用武器、特种装备、体力,包括拳术以及俄联邦政府规定的程序使用警犬。

第五章　边防局活动的保障基础

第14条　边防局活动的物质和技术保障

1. 边防局的财产有边防管理机构的住房、建筑和设施,边防部队和边防局职业教育组织和机构的军人公寓房、教育机构的设备和教学设施、训练器材、武器、军事和特种装备、工程设施和障碍物,边防局用于执行联邦法律赋予任务的其他物质和技术财产。

2. 边防局的财产归国家所有,边防局有权使用或管理。边防局财产停止使用或限制使用均根据联邦法律执行。

3. 边防局的物质和技术保障、边防局建设基础设施使用联邦预算资金,也可按联邦法律规定使用预算外资金。

4. 主要武器、军事和特种装备(系统、成套设备)保障规则,汽车和燃料消耗规则,武器和军事及特种装备接收、登记、保存、发放、维修、注销规则,边防局军人和文职人员涉及使用武器、军事和特种装备的培训规则由特别授权的联邦边防权力执行机构根据俄联邦政府批准的武器、军事和特种装备主要类型清单、边防局物质保障规范进行。

5. 用于边防局部队驻扎设施的建设、维修或提供要根据俄联邦政府为俄联邦武装力量军人(考虑特别授权的边防局联邦权力执行机构领导确定的特点)制定的程序和规则进行,资金来源于联邦预算资金、俄联邦主体预算资金、联邦权力执行机构资金,根据上述机构的倡议进行建设或维修。

6. 边防局在执行联邦法律赋予边防局的任务时有权根据规定的程序占有和使用执行任务必需的联邦权力执行机构、俄联邦主体权力执行机构、地方自治机构、任何所有制形式的组织、社会团体、俄联邦公民的交通工具、其他车辆和财产。使用上述财产的程序由特别授权边防权力执行机构的领导确定。

第15条　边防局活动的资金保障

边防局活动的资金保障来源于联邦预算资金,以及联邦法律规定情况的预算外资金。

第16条　土地和其他自然资源使用的程序

1. 对于边防局管理机关、部队、支队、边防局职业教育组织和教育机构驻扎和活动用地应当由相应的国家机关和地方自治机关在自己的职权范围内无偿提供,用于长期或临时使用。

2. 提供给边防局的土地和自然资源,边防局要根据联邦法使用。

第六章　边防局活动的检查和监督

第 17 条　边防局活动的检查

对边防局活动的检查由俄联邦总统、俄联邦政府、司法机关等机构在联邦法律规定的职权范围内进行。

第 18 条　对边防局的检察监督

俄联邦总检察院和根据联邦法律授权的检察官负责监督规定边防局活动的联邦法的遵守情况,监督边防局活动的合法性。

第七章　最后条款

第 19 条　根据本联邦法出台规范性法律文件

建议俄联邦总统委托俄联邦政府根据本联邦法出台规范性法律文件。

第 20 条　本联邦法的生效

本联邦法自正式公布之日起生效。

俄联邦代总统　普京

2000 年 5 月 4 日

莫斯科,克里姆林宫

俄联邦出入境管理法

2017 年 3 月 7 日修订

每个人都能从俄联邦自由离境,俄联邦公民有权自由返回俄联邦境内。

第一章　总　则

第 1 条　根据俄联邦宪法、俄联邦签订的国际条约和本联邦法、其他联邦法以及基于这些联邦法而通过的俄联邦总统令和俄联邦政府令调节俄联邦出入境(包括过境)事宜。如果俄联邦签订的国际条约中规定的部分与本联邦法不同,则应按国际条约中的规定进行调节。

第 2 条　俄联邦公民出境权利不受本联邦法所规定的原则和办法之外的限制。俄联邦公民不可被剥夺进入俄联邦国境的权利。俄联邦公民出境不应使本人、其配偶或近亲属享有俄联邦法规所规定的权利和俄联邦应尽的国际义务受到限制。

第 3 条　依据《俄联邦国界法》和本联邦法调节出、入俄联邦国境时的过界规则。

第 4 条　在俄联邦境外的俄联邦公民受俄联邦保护和庇护。

俄联邦外交代表机关和领事机构有责任采取措施保护俄联邦公民并按照俄联邦法规和俄联邦签署的国际条约规定的办法对俄联邦公民予以庇护。

第 5 条　外国领土发生非常事件时,俄联邦采取外交、经济及国际法规定的其他措施保障身处该国的俄联邦公民的安全。

若外国领土发生俄联邦难以采取措施保护本国公民并对本国公民予以庇护的严重情况,俄联邦政府采取措施,告知俄联邦公民不入境该国的建议。这种建议不是临时限制从俄联邦出境权的理由。

第6条　俄联邦公民凭证明俄联邦公民在俄联邦境外身份的有效证件出入俄联邦国境。本联邦法规定办理、发放和没收上述证件的办法。

外国公民或无国籍人士在入出俄联邦国境时,须出示证明其身份并为俄联邦承认的有效证件和签证,本联邦法、俄联邦参与的国际条约或俄联邦总统令另有规定的除外。

无国籍人士依照本联邦法规定的外国公民规则出入俄联邦国境,本联邦法、其他联邦法、俄联邦参与的国际条约或俄联邦总统令另有规定的除外。

运输公司(旅客承运人)有义务检查人员是否持有入境外国的签证或其他许可证件,俄联邦参与的国际条约另有规定的除外。

下列情况本联邦法不视为出入俄联邦国境:

俄联邦公民、外国公民或无国籍人士在其持有的签证有效期内在过境外国领土从俄联邦领土一侧前往俄联邦领土另一侧,或乘坐船舶经过俄联邦专属经济区和外国专属经济区、经过公海,在俄联邦政府规定的情况下不进入外国港口经过外国领海而越过俄联邦国境;

身为船舶船员的俄联邦公民、外国公民或无国籍人士乘持有依照规定程序发放的越过俄联邦国境许可证的俄罗斯渔业船队船舶穿越俄联邦国境,根据俄联邦法律舰队可多次穿越国界,无须边防和海关(完成因船舶出入有关的海关业务)及其他检查。

第二章　办理和发放俄联邦公民出、入俄联邦国境证件的规则

第7条　俄联邦公民出、入俄联邦国境时须持有证明其俄联邦公民身份的主要证件,包括:

护照;

外交护照;

公务护照;

第四种护照自 2014 年 1 月 1 日失效。

俄联邦公民凭证明其俄联邦公民身份而出入俄联邦国境的主要证件可包含载明护照持有人个人数据的电子信息载体,包括个人生物统计数据。

载入电子信息载体的个人数据目录由俄联邦政府规定。

第 8 条　根据俄联邦公民本人递交的书面申请办理护照,护照经俄联邦公民的法定代理人或使用包括国家和市政服务的统一门户在内的公用信息通信网(包括互联网)以电子文件形式,由被授权行使移民监督职能的联邦权力执行机关或其地方机关向俄联邦公民本人或根据公民个人请求通过其法定代理人发放护照。具有本联邦法第 10 条第 1 部分规定的有效期限的护照也依照俄联邦公民通过提供国家和市政服务的多功能中心提交的书面申请办理。有关办理护照的申请方式、使用包括国家和市政服务的统一门户在内的公用信息通信网(包括互联网)以电子文件形式呈交申请书和照片的办法,以及护照发放办法由被授权行使移民监督职能的联邦权力执行机关规定。依照本联邦法规定,负责俄联邦外务事务的联邦权力执行机关以及俄联邦外交代表机构或领事机构根据俄联邦公民本人或其法定代理人呈交的书面申请书为俄联邦公民办理和发放护照。

虑及本条第 3 部分,俄联邦公民有权选择注明本联邦法第 10 条第 1 部分规定的有效期限的护照,或含有电子信息载体的、注明本联邦法第 10 条第 2 部分规定的有效期限的护照,具体选择由该公民在有关发放护照的书面申请中进行表达。

在依照本联邦法条款向负责外务事务的联邦权力执行机关或其有权限接受办理护照书面申请的地方机关或装备有办理和发放含电子信息载体的护照的专业程序技术器材的俄联邦外交代表机构或领事机构递交办理护照的书面申请时,俄联邦公民有权选择注明本联邦法第 10 条第 1 部分规定的有效期限的护照,或含有电子信息载体的、注明本联邦法第 10 条第 2 部分规定的有效期限的护照,具体选择由该公民在有关发放护照的书面申请中进行表达。

如法律未作其他规定,俄联邦公民自出生之日起至满 18 周岁,由其父母、收养人、保护人或监护人中一方提出书面申请后,可办理并被发放护照。

居留在俄联邦境外的俄联邦公民由该公民所处国家的俄联邦外交代表机构或领事机构办理、发放护照。

按照俄联邦政府规定的程序,负责外务事务的联邦权力执行机关可根据派遣居住在俄联邦境内的俄联邦公民赴俄联邦境外并已在负责外务事务的联邦权力执行机关登记的组织递交的书面申请为其办理和发放护照。

从事军务和从事与在俄联邦境外完成职能和任务有关的活动的其他联邦权力执行机关也可根据俄联邦政府确定的清单以及规则和条件,为在上述联邦权力执行机关作为军人或公民服役(工作)的俄联邦公民办理和发放护照。

办理发放护照、护照变更缴纳的国家收费数额和办法由俄联邦税收法规定。纳税人的纳税事实由俄联邦税收法规定的办法证明,包括使用国家和市政支付信息系统中含有的国家税费缴纳信息。

俄联邦外交代表机构和领事机构依照俄联邦法征收发放护照、护照变更的领事税费和弥补实际花销费。

组织在负责外务事务的联邦权力执行机关登记和重新登记须缴纳国家税费,缴纳国家税费的数额和办法由俄联邦税收法规定。

护照以纸质载体证件形式办理。

第9条 俄联邦公民在办理护照时,须在发放范本格式护照的书面申请中注明本人姓、名、父称(包括曾用名),性别,出生日期及地点,居住地,近10年期间的工作(服役、学习)地点,并出示证明其身份的主要证件。俄联邦公民在俄联邦境内办理护照时,在申请中附上个人照片,并有权根据本人倡议提供缴纳国家税费文件。俄联邦公民在俄联邦境外办理护照时,在申请中附上个人照片和办理护照缴纳的领事税费文件。

使用包括国家和市政服务统一门户在内的公用信息通信网(包括互联网)以电子文件形式递交办理护照申请时,俄联邦公民可使用包括国家和市政服务统一门户在内的公用信息通信网(包括互联网)将缴纳办理护照国家税费的文件以电子文件形式寄送。

俄联邦公民须在办理护照申请中指明无本联邦法律规定的、可能会妨碍其出俄联邦国境的情况。

为采集记录在电子信息载体的护照持有人个人数据,递交了护照申请的俄联邦公民或为其递交了护照申请的俄联邦公民应进行数码拍摄,而年满12周岁、递交了护照申请的俄联邦公民或为其递交了护照申请的俄联邦公民应在联邦执法机关或其地方机构或有权限接受护照申请的俄联邦外交代表机构或领事机构录双手食指指纹。

如果不能录俄罗斯公民的双手食指指纹,则录此人其他手指的指纹。

第9.1条 护照持有人个人信息的加工由接受护照申请的联邦权力执行机构、俄罗斯外交代表处或领事机构实施,信息量根据俄联邦法律所需办理和发放护照所需确定。

根据本联邦法第9条获取的双手指纹信息只能存储在护照的电子信息载体内,护照发放给俄罗斯公民后,要从联邦执法机构、俄罗斯外交代表处或领事机构的信息系统删除他们接受护照申请所管辖的信息。

接收护照发放申请的联邦权力执行机构、其地方机构、俄罗斯外交代表处或领事机构要统计所发放的护照并将所发放护照的信息发送给负责监督移民并进行全国登记的联邦权力执行机构。进行全国登记和登记的信息清单由俄联邦政府规定。

第 10 条　国家机关按照本条款规定的期限办理护照,有效期为 5 年(本条第 2 部分规定的情形除外)。

含有电子信息载体的护照有效期为 10 年。

递交本联邦法第 9 条规定的所有适用办理文件以及照片的日期视为递交办理护照申请之日。

使用包括国家和市政服务统一门户在内的公用信息通信网(包括互联网)以电子文件形式递交办理护照申请时,在递交上述申请之日后的 1 个工作日内向申请人寄发接受申请或有理由的拒绝接受申请的电子通知书。向申请人寄送接受申请电子通知书之日视为递交上述申请的日期。在办理含有电子信息载体的护照时,根据以电子文件形式递交的办理护照申请,申请人应自递交上述申请之日起 15 日内到被授权全权执行移民监督控制职能的联邦权力执行机关进行数字拍摄并适当提供本联邦法第 9 条规定的办理文件。若申请人错过规定期限,则自递交申请之日起 6 个月内还可办理护照,超过 6 个月停止办理。

对于有权(曾有权)接触涉及国家秘密(依照 1993 年 7 月 21 日通过的第 5485-I 号《俄联邦国家秘密法》(以下简称俄联邦国家秘密法))的机密信息或绝密信息的俄联邦公民,护照办理期限自递交办理护照申请之日起不应超过 3 个月。

如在居住地递交办理护照申请,自递交申请之日起,办理护照期限不应超过 1 个月。

如在居留地递交办理护照申请,自递交申请之日起,办理护照期限不应超过 4 个月。

自递交办理护照申请之日起,俄联邦外交代表机构或领事机构办理护照期限不应超过 3 个月,使用包括国家和市政服务统一门户在内的公用信息通信网(包括互联网)以电子文件形式递交办理护照申请的情况除外。

使用包括国家和市政服务统一门户在内的公用信息通信网(包括互联网)以电子文件形式递交办理护照申请时,在申请人亲自到被授权全权执行移民监督控制职能的联邦权力执行机关并适时提供本联邦法第9条规定的办理文件后办理护照(包括含有电子信息载体的护照)。

如持有与必需紧急治疗、重病或近亲属死亡有关且必须出俄联邦国境等情况相关证明文件,自递交申请之日起,办理护照的期限不应超过3个工作日。

如有本联邦法第15条中规定的情况,或在父母、收养人、保护人或监护人中一方不同意未成年俄联邦公民出俄联邦国境的情况,不为其办理和(或)发放护照,同时向申请人发放相应的注明拒绝办理(发放)护照理由的通知书。

第10.1条 在俄联邦境外办理护照,如果俄罗斯公民或其合法代表向相应的俄联邦外交代表处或领事机构递交书面申请,要求从邮局寄送已办好的护照,则护照应由上述俄联邦外交代表处或领事机构寄给这个公民或其合法代表的所在地或其合法代表所在相应国家的所住地,费用由该公民或其通信的合法代表支付,但下列条件必须成立:

1)本部分第1段的申请要由俄联邦公民亲自或其合法代理人同时携带护照申请递交给俄联邦相应的外交代表处或领事机构;

2)本部分第1段的申请要包括下列规定:该公民或其合法代理人被通知必须在拿到护照后在此护照上签字,以及该公民及其合法代理人承担因邮寄产生的风险,包括护照落入第三者手中以及非法使用护照的风险;

3)该公民或其合法代理人的签字必须得到授权的相应俄联邦外交代表处或领事机构工作人员的签字证明;

4)所在的国家属于有稳定邮政系统的外国,能提供保价邮寄服务(向寄件人提供快递详情单),收件人能亲自监控邮件的动态和收件通知。

申请邮寄已办好护照的申请书格式、递交申请的程序、俄罗斯公民及其合法代理人同意支付费用向该公民及其合法代理人所在地或所在国家邮寄护照的程序、递交这种申请时俄联邦外交代表处及领事机构办理护照的特点和邮寄俄罗斯公民及其合法代理人付费的护照的程序以及符合本条要求可以邮寄护照的国家清单由负责外交事务的联邦权力执行机构根据本法确定。

第11条 如俄联邦公民在俄联邦境外遗失护照(外交护照、公务护照),有关俄联邦外交代表机构或领事机构或负责外务事务的联邦权力执行机关驻外代表处,包括俄联邦国境通行站,向其发放证明其身份并授予其进入(返回)俄联邦国境的权利的临时证件,由俄联邦政府决定办理此类证件的规则和证件形式。

不允许:

1）办理新护照，如护照持有者遗失护照后未声明护照失效；

2）如原发放的护照未过有效期，不没收原发放护照不得发放新护照，但本条第3部分注明的情况除外。

如俄联邦公民的活动需经常出俄联邦国境（每个月不少于一次），而该公民无权获得外交或公务护照，根据派遣该公民出俄联邦国境的组织的申请，可为该公民办理和发放第二本护照，且第二本护照有效期到期日须与原发放护照的有效期到期日一致。

本条第1部分的规定也适用于常住俄联邦的无国籍人员以及按照联邦法律规定的办法承认的难民。

第12条　俄联邦外交部向根据1961年《维也纳外交关系公约》和其他俄联邦参与的国际条约在俄联邦境外执行公务而享有外交豁免权的俄联邦公民、联邦权力执行机关外事人员、俄联邦总统、俄联邦联邦会议联邦委员会成员和国家杜马议员、依照俄联邦总统批准的名单的其他人员发放外交护照。上述名单由主管外事的联邦权力执行机关拟定，并根据需要修订。

持有外交护照且被派往俄联邦境外俄联邦官方代表机构（包括国际组织俄联邦官方代表机构）出差的俄联邦公民的家庭成员（配偶、未成年子女、丧失劳动能力的成年子女）、与其共同生活或随行时，也发给其外交护照。

驻俄联邦境外的俄联邦外交代表机构和领事机构、国际组织、俄联邦官方代表机构或联邦权力执行机关官方代表机构编制内工作人员，到俄联邦境外服兵役的军人、到俄联邦境外公出人员（包括担任俄联邦国家职务人员，俄联邦主体国家职务人员，联邦和联邦主体公务员，从事俄联邦总统医疗和组织技术保障的国家机关和组织工作人员，以及国家集团公司工作人员和俄联邦中央银行（俄罗斯银行）职员）可发给公务护照。

根据本条第3部分规定拥有公务护照的俄联邦公民的家庭成员（配偶，未成年子女，丧失劳动能力的成年子女）在该公民到俄联邦境外公出期限超过1年时，可获得公务护照。

由主管外事工作的联邦权力执行机关为俄联邦公民办理和发放外交护照和公务护照，护照有效期为5年以下。外交护照和公务护照为俄联邦所有，在到俄联邦境外公出期满后应交还给派遣俄联邦公民到俄联邦境外公出的组织。

第13条　自2014年1月1日起失效。

第14条　支付处于俄联邦境外的俄罗斯公民医疗救助（包括在外国和从外国向俄罗斯境内转院）的费用和（或）支付向俄罗斯运送遗体（遗骸）的费用

根据医疗服务协议、自愿保险（保单）协议的条件执行，协议规定了支付和（或）赔偿俄联邦境外医疗费用、向俄罗斯运送遗体（遗骸）的费用和（或）其他获得俄罗斯境外医疗救助的文件。

如不具备本条第1部分列举的证明文件，俄联邦公民或在俄罗斯境外给予俄罗斯公民医疗救护的相关人应自行承担在俄联邦境外获取医疗救护包括紧急救护的费用（包含在外国和从外国向俄罗斯转诊），其中包括邀请方，而运送遗体（遗骸）回俄罗斯的费用由遗体（遗骸）返回俄罗斯的相关人负责。

本条第2、3部分不适用于出公差的俄罗斯公民，如果支付医疗费用是根据俄联邦国际条约和（或）俄联邦规范性法律文件。

本条第1部分规定的自愿保险条件和程序由保险公司或保险公司协会制定的保险规则确定，同时要考虑俄联邦国际条约和俄联邦《保险法》的要求。

保险规则应当规定：

1）保险公司有义务对自愿保障合同人（以下称被保险人）支付和（或）赔偿在外国（包括向外国和从外国向俄罗斯转诊）因受伤、中毒、突发急病或慢性病发作等保险事故和（或）运送遗体（遗骸）回俄罗斯的紧急医疗救助费用；

2）如果在合同有效期内出现保险事故，保险公司应执行本部分第1款所指的义务，不论合同有效期何时结束；

3）自愿合同签订的期限不少于投保人所指被保险人临时在俄罗斯国外逗留期间；

4）如果合同条件规定的条件不利于俄罗斯境外的被保险人，自愿合同生效的条件不能迟于被保险人穿越俄罗斯国境日；

5）保险额度的设立应根据被保险人所赴国家要求的保险额度，但不能低于签订保险合同当日俄罗斯中央银行官方汇率的200万卢布。

保险公司有权在合同条款中规定补充情况，一旦发生这些情况保险公司就有义务对投保人、被保险人、保险受益人或其他第三方理赔，也有权按自愿保险合同提高本条规定的最低保险额。

在发生保险事故被保险人因受伤、中毒、突发急病或慢性病发作，在俄罗斯境外必须获得紧急医疗救助时，向医疗机构或医生出示俄文和英文自愿保险合同（保单）或告知保单号、保险公司名称和发生保险事故时可以咨询的电话。

俄联邦外交机关或领事机关应按照俄联邦政府规定的规则为在外国境内的俄联邦公民提供保险事务帮助。

第三章 俄联邦公民出境规则

第 15 条 俄联邦公民出俄联邦国境的权利在下列情形下受到临时限制:

1)接触按《俄联邦国家秘密法》规定属于国家秘密的机密或绝密情报,而签订临时限制出俄联邦国境的劳动合同,其限制期限从最后一次与机密或绝密情报接触之日起不超过 5 年,直至劳动合同或本联邦法规定的限制期满。

如保护国家机密各部门联合委员会规定,在公民递交出俄联邦国境申请之日告知其机密或绝密情报保持密级,则劳动合同中指明的限制出俄联邦国境的期限可由俄联邦政府组成的各部门联合委员会按为其规定的程序加以延长。限制出境期限从最后一次接触机密或绝密情报之日起不应超过 10 年,其中包括劳动合同规定的限制期限。

2)根据俄联邦法律服兵役或被派遣从事可供选择文职,直至兵役或可供选择文职服役期满。

3)按照俄联邦刑事诉讼法规定成为犯罪嫌疑人或被告而受审,直至案件做出结论或法院判决产生法律效力。

4)因犯罪而被判刑,直至刑期届满或解除。

5)逃避承担法院判决所判给的义务,直至承担义务或各方达成协议。

6)在办理出俄联邦国境证件时提供的个人情况明显不实,直至办理证机关在一个月内解决问题。

7)在联邦安全局机关任职(工作),直至相关合同(劳动合同)期满。

8)公认破产,直到仲裁法院确定结案或中止破产案件的审理,包括仲裁法院批准和解。

第 16 条 在本联邦法第 15 条规定的临时限制出俄联邦国境权利的所有情形下,被授权履行监督移民职能的联邦权力执行机关或其地方机构应向俄联邦公民发送通知书,其上注明限制理由和期限,限制决定书的日期和登记编号,限制该公民出俄联邦国境的组织的全称和法定地址。

第 17 条 掌握属于国家秘密的机密或绝密情报的公民以及在本联邦法生效之前接触上述情报的公民可就其被限制出俄联邦国境权利的决定向由俄联邦政府组成的跨部门委员会提出申诉,该委员会须审议该申诉并在 3 个月内予以答复。可以向法院申诉不允许公民出境的决定。

第 18 条　如因本联邦法第 15 条第 1 和第 2 款规定的原因限制俄联邦公民出俄联邦国境，该公民的护照应交予发放护照的国家机关保存，直至限制期满。

如因本联邦法第 15 条第 3 至 5 款规定的原因限制俄联邦公民出俄联邦国境，该公民的护照应由授权机关没收并交予发放护照的国家机关。

法院、俄联邦侦查委员会侦查机关、内务机关、被授权全权执行移民监督控制职能的联邦权力执行机关及其地方机构、联邦安全局边防机关和海关、俄联邦外交代表机构和领事机关根据本联邦法规定的理由决定可没收俄联邦公民的护照。

第 19 条　俄联邦武装力量、联邦权力执行机构以及《兵役法》规定的联邦国家机构的军人（应征入伍的人员除外），凭俄联邦政府规定的程序办理的指挥部许可证出俄联邦国境。

第 20 条　未成年俄联邦公民出俄联邦国境时须与其父母、收养人、保护人或监护人中一方同行。如未成年俄联邦公民在无人陪同的情况下出俄联邦国境，除护照外，该公民应持有上述人士同意该未成年俄联邦公民出俄联邦国境公证书，其上注明出境期限和计划前往国。

组织无父母照顾并住在孤儿院及无父母保护的未成年公民出俄联邦国境休息和（或）保健应由符合规定要求的法人基于监护和保护机构签发的每名未成年俄联邦公民出俄联邦国境许可及法人、监护保护机构和孤儿及无父母监管儿童组织签订的组织俄联邦未成年公民休息和（或）保健合同来组织。监护和保护机构签发无父母照顾和孤儿及无父母保护儿童机构保护的俄联邦未成年公民出俄联邦国境许可证的办法、组织未成年俄联邦公民休息和（或）保健合同的重要条件以及对想签订上述合同的法人的要求由俄联邦政府规定。

监护和保护机构对本条第 2 部分指明的出俄联邦国境休息和（或）保健的俄联邦未成年公民进行登记，并按照俄联邦政府规定的办法监督其及时返回俄联邦。

第 21 条　如父母、收养人、保护人或监护人中一方声明不同意未成年俄联邦公民出俄联邦国境，则按法律程序决定该公民能否出俄联邦国境。

递交不同意俄联邦未成年公民出境申请的办法由授权联邦执行权力机关规定。

第 22 条　父母、收养人、保护人或监护人对出俄联邦国境的未成年俄联邦公民的生命和健康负责，并保护其在俄联邦境外的合法权益。

当组织未成年俄联邦公民团体出境时，在父母、收养人、保护人或监护人没有同行的情形下,由出境团体负责人承担法律代理人的义务。

第23条　法律认定的无行为能力的俄联邦公民根据其父母、收养人或保护人的申请可在有能力保障无行为能力的俄联邦公民安全和周围人员安全的成年人陪同下出俄联邦国境。

第四章　办理和发放外国公民和无国籍人士入、出俄联邦国境证件的规则

第24条　外国公民可持证明其身份且俄联邦承认的有效证件上的签证出、入俄联邦国境,本联邦法律、俄联邦国际条约或俄联邦总统令另有规定的除外。

无国籍人士可持在其居住国相关机关签发的证明其身份并为俄联邦承认的有效证件上的签证出、入俄联邦国境,俄联邦国际条约或俄联邦总统令另有规定的除外。

获得俄联邦居留证的外国公民凭证明其身份且为俄联邦承认的有效证件和居留证出、入俄联邦国境。

获得俄联邦居留证的无国籍人士凭居留证出、入俄联邦国境。

根据本联邦法所规定的理由,有可能不允许外国人和无国籍人士出、入俄联邦国境。

根据联邦法律所规定的办法认定为俄联邦境内难民的外国公民和无国籍人士,可凭难民通行证出、入俄联邦国境。

对于决定行政驱逐出俄联邦国境的外国公民和无国籍人士,可凭该决定出俄联邦国境。

俄联邦总检察院决定交给外国的、无证明其身份且为俄联邦承认的有效证件的外国公民和无国籍人士,凭上述决定出俄联邦国境。

外国满足俄联邦总检察院引渡要求以进行刑事追诉和执行俄联邦境内判决,且无证明其身份并为俄联邦承认的有效证件的外国公民和无国籍,持外国主管机关发出的满足上述要求的书面通知进入俄联邦国境。

第25条　若俄联邦国际条约无另行规定,发给外国公民签证的根据是:

1. 根据联邦法律规定,按照授权联邦权力执行机关规定的办法办理的入俄联邦国境邀请函。

由主管外事的联邦权力执行机关根据下列机关的申请发放入俄联邦国境

邀请函：

1）联邦国家权力机关；

2）外国驻俄联邦外交代表机关和领事机构；

3）在俄联邦的国际组织及其代表机构,以及驻俄联邦国际组织的外国代表机构；

4）俄联邦主体国家权力机关。

被授权行使移民监督职能的联邦权力执行机关依照联邦法规规定的情形发放入俄联邦国境邀请函。

被授权行使移民监督职能的联邦权力执行机关的地方机构依照下列机构及个人的申请发放入俄联邦国境邀请函：

1）地方自治机关；

2）依照通知的办法在被授权行使移民监督职能的联邦权力执行机关或其地方机构办理了登记的法人；

3）俄联邦公民和常住俄联邦的外国公民；

4）依照通知的办法在被授权行使移民监督职能的联邦权力执行机关或其地方机构办理了登记的外国商业组织分支机构,该分支机构邀请外国公民来俄劳动；

5）按照 2002 年 7 月 25 日的《外国公民在俄联邦法律地位法》第 13.2 条规定为高素质人才并进行劳动的外国公民,并邀请上述联邦法第 13.2 条第 1.1 款规定的家人；

6）依照通知的办法在被授权行使移民监督职能的联邦权力执行机关或其地方机构办理了登记的外国商业组织代表机构,这些代表机构邀请外国公民依照《外国公民在俄联邦法律地位法》第 13.5 条规定来俄劳动。

依照俄联邦税法规定的数额和办法缴纳发放入俄联邦国境邀请函国税。

2. 主管外事的联邦权力执行机关、俄联邦外交代表机构或领事机构或主管外事的联邦权力执行机关驻边境（包括俄联邦国境口岸）代表机构根据在俄联邦境外的外国公民递交的因紧急治疗或因重病或近亲属死亡而必须入俄联邦国境的申请而做出的决定。

依照俄联邦税法规定的数额和办法缴纳因提供主管外事的联邦权力执行机构做出的发放普通签证,并寄往俄联邦外交代表机构或领事机关的决定以及因修改主管外事的联邦权力执行机关所发放的签发普通签证的决定而应征收的国税。

3. 主管外事的联邦权力执行机关签发外国公民签证并寄往俄联邦外交代表机构或领事机关的决定。

4. 俄联邦外交代表机构或领事机关负责人根据俄联邦公民关于与其一起入俄联邦国境的其身为外国公民的家庭成员(配偶、未成年子女、无劳动能力的成年子女)的书面申请,或在特殊情况下根据外国公民的书面申请所做出的签发外国公民签证的决定。

4.1　根据 2002 年 5 月 31 日颁发的第 N62 - Φ3 号《俄联邦国籍法》第 33.1 条规定,认定外国公民为以俄语为母语的人的决定。

5. 被授权行使移民监督职能的联邦权力执行机关的地方机构做出的签发外国公民在俄联邦临时居留许可的决定。

6. 旅游服务合同和旅游组织接待外国旅游者证明。

7. 被授权行使移民监督职能的联邦权力执行机关或其地方机构根据外国公民或无国籍人士向俄联邦外交代表机构或领事机关递交的申请而做出的认定外国公民或无国籍人士为难民的决定书。

8. 俄联邦政府授权的联邦权力执行机关关于签发外国公民签证的请求,该外国公民是从事依照俄联邦政府规定的财经指标的活动并在俄联邦投资的大型外国公司或参与实施建立符合俄联邦政府规定标准的"斯科尔科沃"创新中心或俄联邦国际金融中心项目的公司代表或员工。

9. 根据本联邦法第 25.17 条,负责外事的联邦权力执行机构关于向在符拉迪沃斯托克自由港口岸过境进入俄罗斯的外国公民发放签证的决议(以下称符拉迪沃斯托克自由港口岸)。

本条第 1 部分指明的文件是签发外国公民签证的根据,可以电子文件形式提交,联邦法律另有规定的除外。

第 25.1 条　依照外国公民入俄联邦国境的目的和其在俄联邦居留的目的而发给其不同的签证。可能是外交签证、公务签证、普通签证、国境签证或临时居留人员签证。

签证是授权国家机关根据证明外国公民或无国籍人士身份且为俄联邦承认的有效证件所签发的入俄联邦国境许可证和过俄联邦国境的过境通行证。

签证包含下列信息:姓、名(俄语字母和拉丁字母书写)、出生日期、性别、国籍、证明外国公民或无国籍人士身份的主要证件编号、签发签证日期、许可在俄联邦逗留期限、入俄联邦国境邀请函号或国家机关决定书号、签证有效期、来俄目的、邀请组织(邀请自然人)资料、签证次数。

签证的有效期根据本联邦法确定,如果俄联邦国际条约没有其他规定。

签证由俄联邦外交代表机构、领事机关、主管外事的联邦权力执行机关及其在俄联邦境内的代表机构(包括俄联邦国境口岸)以及授权全权执行移民监督控制职能的联邦权力执行机关或其地方机构发放。

如果俄联邦国际条约或联邦法没有其他规定,签证不发给根据本联邦法做出决定不允许其入境俄罗斯或决定其在俄罗斯为不受欢迎的人或根据本联邦法第27条不允许其入境的外国公民或无国籍人士。

签证形式,其办理和发放、有效期延期、遗失补办的办法和条件,签证注销的办法由俄联邦政府依照本联邦法规定。

俄联邦外交代表机构和领事机关为外国公民或无国籍人士签发和补办签证应征收俄联邦法律规定的领事签证费和实际花费的费用。

主管俄联邦境内外事的驻俄联邦国境口岸的联邦权力执行机关代表处依照俄联邦税收法规定的数额和办法缴纳签发、延期和补办签证国税。

第25.2条 签证可是一次、两次和多次。

一次签证允许外国公民在入俄联邦国境时穿越俄联邦国境一次和出俄联邦国境时穿越俄联邦国境一次。

二次签证允许外国公民二次入俄联邦国境。

多次签证允许外国公民不止一次(两次以上)进入俄联邦。

第25.3条 外国公民在俄联邦逗留期间,签证有效期届满可由下列机关办理延期:

1)授权行使移民监督职能的联邦权力执行机关或其地方机构根据外国公民的书面或电子文件申请或国家政权机关、地方自治机关或法人的书面或电子文件申请。

2)主管外事的联邦权力执行机关根据外国外事机关、外国驻俄联邦外交代表机构或领事机关或国际组织驻俄联邦代表机构的书面或电子文件形式的请求(普通照会)。

3)主管边境地区(包括俄联邦国境口岸)外事的联邦权力执行机关代表处根据外国公民书面或电子文件形式的申请,或国家权力机关、地方自治机关或法人的书面或电子文件形式的申请,或外国驻俄联邦外交代表处或领事机关或在俄国际组织代表机构的书面或电子文件形式的请求(普通照会)。

4)边防检察机关根据联邦法律规定。

第25.4条 外交签证发给持有外交护照的外国公民。

外交护照发给下列人员：

1）外国元首、外国政府首脑、外国官方代表团成员、随上述人员前往的家人及其陪同人员，期限为 3 个月；

2）外交代表机构的外交代表和领事机关的领事官员，俄联邦承认外交地位的、在俄罗斯国际组织代表机构工作的人员、上述人员家人，期限为 1 年之内；

3）外国外交和领事信使，期限为出差期；

4）俄罗斯承认其负责人地位，有权获得外交签证的外国负责人，他们对俄罗斯的外交代表处或外国领事机构或国际组织或其代表处进行工作访问，期限是 1 年之内。

如外国公民无外交护照，但俄联邦承认其外交地位，该外国公民可办理外交签证。

如外国公民持有外交护照，但俄联邦不承认其外交地位，该外国公民应办理普通签证。

第 25.5 条　公务签证发给持有公务护照的外国公民。

公务签证发给下列人员：

1）外国官方代表团成员、随其前往的家人和其陪同人员，期限为 1 年之内；

2）外交代表机构的行政技术和服务人员，外国驻俄联邦领事机关、在俄国际组织代表机构的职员和服务人员，以及上述人员家人，期限为 1 年之内；

3）外国武装力量军人及其家人，期限为 1 年之内。可通过发放期限为依照规定程序登记的对外贸易合同有效期的多次签证允许进入俄联邦履行军事技术合作方面的俄联邦国际条约和（或）俄联邦国家政权机关决议的外国武装力量军人及其家人延长逗留期限，但不超过 5 年；

4）俄罗斯承认其负责人地位，有权获得公务签证的外国负责人，他们对俄罗斯的外交代表处或外国领事机构或国际组织或其代表处进行工作访问，期限是 1 年之内。

如外国公民无公务护照，但俄联邦承认其官方地位，该外国公民可办理公务签证。

如外国公民持有公务护照，但俄联邦不承认其官方地位，该外国公民应办理普通签证。

第 25.6 条　根据外国公民入俄联邦国境的目的及在俄逗留目的，普通签证分为因私签证、商务签证、旅游签证、学习签证、工作签证、人文签证和入俄联邦获得避难或根据 2002 年 5 月 31 日颁布的第 N62 - Ф3 号《俄联邦国籍法》第

14 条第 1 款第 2 部分规定接受俄联邦国籍的签证。

根据互惠原则,普通因私签证最长 3 个月,或根据俄罗斯人、在俄罗斯获得居留资格的外国人的邀请函,或根据俄罗斯外交代表处或领事机构领导向外国人发签证的决定由法人发邀请函,或者根据负责外事的联邦权力执行机构向接待在俄罗斯的外国外交代表处或领事机构或国际组织及其在俄罗斯的代表处,或在俄罗斯国际组织的外国代表处接待的外国人发签证的决定,将普通因私签证发给外国公民,最长期限为 1 年。

普通商务签证发给:《外国公民在俄联邦的法律地位法》第 13.2 条第 23 款所指的外国公民,期限长 30 天,或者根据《外国公民在俄联邦的法律地位法》第 13 条第 4 款第 8.2 项进行巡回演出活动的外国公民(外国人根据民事合同有偿组织和进行活动,外国公民是创作人,公开演出文学、艺术或民间创作作品)。根据互惠原则,普通商务签证发给来俄罗斯进行商业活动的外国人(根据《外国公民在俄联邦的法律地位法》第 13 条第 4 款第 8.1 项规定有权进行教学活动),期限最长 1 年。是本联邦法第 25 条第 1 款第 8 项所指公司的代表或员工的外国公民可发给最长期限为 5 年的普通商务签证。

赴俄进行商务旅行(根据《外国公民在俄联邦的法律地位法》第 13 条第 4 款第 8.1 项规定有权进行教学活动)的外国公民,最长期限为 1 年;

普通旅游签证发给赴俄旅游并持有正当的已签订的旅游服务合同和旅游组织接待证明的外国公民,最长期限为 1 个月。

普通团体旅游签证发放给参加赴俄旅游团(5 人以上)的外国公民,他们须持有正当的、已签订旅游服务合同和旅游组织接待证明,最长期限为 1 个月。

普通学习签证发给赴俄教育机构学习的外国公民,最长期限为 1 年。以普通工作签证在俄联邦逗留的外国公民可在教育培训机构学习,在俄联邦境内不改变入境目的。

普通工作签证发给以劳动合同或工作(服务)民事合同有效期为期限的赴俄工作的外国公民,但不超过 1 年。按照《外国公民在俄联邦的法律地位联邦法》第 13.2 条或 13.5 条规定,赴俄工作或进行此类活动的外国公民可办理和签发多次普通工作签证,期限为签订的劳动合同或工作(服务)民事合同有效期,但自该外国公民入俄联邦国境之日起不超过 3 年。以后可根据签订的劳动合同或工作(服务)民事合同的有效期延长上述签证有效期,但每次延期不超过 3 年。外国公民、按照《外国公民在俄联邦的法律地位联邦法》第 13.2 条规定是高素质人才的外国公民的家庭成员可办理和签发多次普通工作签证,签证有效期为签发给上述外国公民的签证有效期,并依照联邦法律规定的办法有权从事劳动、教学以及俄联邦法律未禁止的其他活动。随后,若该外国公民的签证有效期延长,则此种签证的有效期也可延期。若外国公民基于普通工作签证在俄居留,则允许该外国公民在俄联邦教育机构学习,他可不依规定程序变更入俄联邦国境的目的。

普通人文签证为期 1 年,或根据互惠原则,签发给去俄联邦进行科研或文化或社会政治或体育或宗教联系(职业宗教活动除外,包括与宗教组织签订劳务或民事合同的传教活动)或朝圣、或慈善事业或提供人道主义救援(在《外国公民在俄联邦的法律地位法》第 13 条第 4 款第 8.1 项规定的情形下有权进行教学活动)的外国公民,期限最长为 5 年。

入俄联邦国境获得避难普通签证签发给持有授权全权执行移民监督控制职能的联邦权力执行机关做出的承认其为俄联邦境内难民决议的外国公民,期限 3 个月以内。

根据 2002 年 5 月 31 日颁布的第 N62－Φ3 号《俄联邦国籍法》第 14 条第 1款第 2 部分规定,入俄联邦国境接受俄联邦国籍的普通签证签发给持有根据《俄联邦国籍法》认定其母语为俄语的决定的外国公民。期限为 1 年以内。

第 25.7 条 按照本联邦法规定,过境签证签发给过境俄联邦领土的外国公民,期限为 10 日以内。

第 25.8 条 4 个月的临时居住签证在签发临时居住许可证限额内签发给经允许入俄联邦国境临时居住的外国公民。确定限额办法由俄联邦政府规定,或不对其登记。如外国公民不能在规定期限内进入俄联邦,但其获得此类签证的根据保留下来,经该外国公民书面申请,仍能签发给其新的临时居住签证,有效期自签发之日起 2 个月。

如外国公民因与其无关的原因而未获得俄联邦临时居住许可证,经其书面或电子文件形式申请,临时居住签证有效期可延期。

在外国公民领取俄联邦临时居住许可证时,授权全权执行移民监督控制职能的联邦机关、地方机关可把临时居住签证有效期限延长。

第 25.9 条 进入俄联邦国境时,外国公民或无国籍人士须领取并填写移民卡。在外国公民或无国籍人士出俄联邦国境时须在过俄联邦国境的口岸上交(退回)移民卡。

移民卡格式、移民卡使用办法和移民卡保障活动拨款办法由俄联邦政府规定。

第25.10条　进入俄联邦境内的外国公民或无国籍人士,如违反规定规则,或无证明在俄联邦居留(居住)权的证件,或遗失此类证件且未向授权全权执行移民监督控制职能的联邦权力执行机关的地方机构提出有关申请,或在俄联邦居留(居住)期满后逃避离开俄联邦国境,以及违反过境俄联邦的过境通行规则,在俄联邦境内非法居留并按照俄联邦法律承担责任。

协助外国公民或无国籍人士非法入俄联邦国境、非法出俄联邦国境、非法过境俄联邦和非法在俄联邦居留(居住)的自然人和法人,以及运输或其他进行国际运输并把持有瑕疵证件或无规定的俄联邦入境证件的外国公民或无国籍人士运送到俄联邦的组织依照俄联邦法律为此负责。

对于具有本联邦法第26条规定的根据的外国公民或无国籍人士可能被判决不许进入俄联邦。对于具有本联邦法第27条第1部分规定的根据的外国公民或无国籍人士判决不许进入俄联邦。决定不许进入俄联邦的办法和授权作此类决定的联邦权力执行机关的名单由俄联邦政府规定。

对于非法逗留在俄联邦的外国公民或无国籍人士,或禁止入俄联邦国境人员,以及合法留在俄联邦但其居留(居住)给国防或国家安全或公共秩序或公众健康造成实际威胁的外国公民或无国籍人士,为捍卫宪法制度基础、道德和他人的合法权益,可能决定不欢迎该外国公民或无国籍人士居留(居住)在俄联邦。决定不欢迎外国公民或无国籍人士居留(居住)在俄联邦的办法及授权作此类决定的联邦权力执行机关的名单由俄联邦政府规定。

针对其决定禁止入俄联邦国境或不欢迎其居留(居住)在俄联邦决定的外国公民或无国籍人士,须按照联邦法律规定的办法离开俄联邦。

对未在规定期限内离开俄联邦领土的外国公民或无国籍人士应予以驱逐出境。

针对其做出禁止入俄联邦国境或不欢迎其居留(居住)在俄联邦决定的外国公民或无国籍人士,由授权全权执行移民监督控制职能的联邦权力执行机关或其地方机关协同主管外事的联邦权力执行机关及其地方机关以及其他联邦权力执行机关及其地方机关在其权限范围内予以驱逐出境。

不欢迎外国公民或无国籍人士居留(居住)在俄联邦的决定是以后拒绝其入俄联邦国境的根据。

对于受到在俄联邦居留(居住)不受欢迎的决议的外国公民或无国籍人士,禁止其进入俄联邦,按照俄联邦相互遣返国际条约由外国移交俄联邦的上述外国公民或无国籍人士的情形除外。

第五章 外国公民与无国籍人士在俄联邦的入境与出境

第 25.11 条 作为拥有客运许可证和通过对国际客运交通开放的海港、河港进入俄联邦的游船乘客的外国公民,按照俄联邦政府规定的方法,可在无签证的情形下在俄斯联邦境内停留 72 小时。

在俄联邦对国际客运交通开放的所有海港和河港中,由俄联邦政府确定允许以旅游为目的、搭乘有客运许可证的轮渡抵达俄联邦的外国公民入俄联邦国境的港口清单。上述外国公民可按照俄联邦政府规定的方法,在无签证的情形下在俄联邦境内停留 72 小时。

第 25.12 条 参与组织与举办 2014 年索契第 22 届冬奥会和第 11 届冬季残奥会的外国公民,以及作为 2014 年索契第 22 届冬奥会或第 11 届冬季残奥会参与者的外国公民,其进入俄联邦境内及在俄联邦居留的特点,由联邦法《组织与举办 2014 年索契第 22 届冬奥会和第 11 届冬季残奥会、发展索契作为山地疗养区,以及修改俄联邦部分立法文件法》确定。

第 25.13 条 按照俄联邦相互遣返国际条约由外国移交俄联邦的外国公民或无国籍人士,或按照俄联邦相互遣返国际条约由俄联邦从外国接纳的外国公民或无国籍人士,可基于由全权执行移民监管控制职能的联邦权力执行机关做出的重新接纳上述外国公民或无国籍人士的决议或联邦安全局相关边防机关作出的依照简化手续重新接纳上述外国公民或无国籍人士的决议,在无签证情形下进入和离开俄联邦。在俄联邦相互遣返国际条约规定的情形中,上述外国公民或无国籍人士也基于上述国际条约中规定的以相互遣返为目的的通行文件离开俄联邦或进入俄联邦。

以相互遣返(包括依照简化手续的遣返)为目的的通行文件的格式、其办理与签发办法由全权执行移民监管控制职能的联邦权力执行机关与联邦安全保障权力执行机关共同确定。

第 25.14 条 鉴于举行《俄联邦筹备与举办 2018 年世界杯足球赛、2017 年国际足联联合会杯及修改俄联邦部分立法文件法》规定的活动而进入俄联邦与离开俄联邦的外国公民或无国籍人士的特点由上述联邦法规定。

第 25.15 条 依照规定有吸收有关类别的外国公民或无国籍人士来俄联邦学习的俄联邦国际条约,赴(已进入)俄联邦教育机构学习的外国公民或无国籍人士出入俄联邦国境和在俄联邦境内居留的特点可由俄联邦法律或俄联邦国际条约规定。

第 25.16 条　担任第 15 届柴可夫斯基国际比赛的选手和评委的外国公民和无国籍人士出入俄罗斯国境的特点由《调节与 2015 年在俄罗斯举办第 15 届柴可夫斯基国际比赛有关的个别问题及对俄罗斯个别法律进行修订》确定。

第 25.17 条　通过符拉迪沃斯托克自由港口岸入境俄罗斯的外国公民,其清单由俄联邦政府确定,为其办理电子形式的普通多次商务、旅游和人文签证(以下称电子签证)。

电子签证包含本联邦法第 25.1 条第 3 部分所指的信息,邀请单位(邀请自然人)信息除外,还包含电子签证个人识别号。

根据负责外事的联邦权力执行机构做出的接收外国公民在俄联邦权力执行机构所指的专门网站申请的外国人并向其发放签证的决定,电子签证不迟于预计入境俄罗斯日的 4 个日历日发放,期限最长为 30 个日历日,允许在俄罗斯居住不超过 8 昼夜。

办理电子签证和根据电子签证入境俄罗斯的特点,由俄联邦政府决定。

根据本条颁发电子签证不收领事费。

本条第一部分所指的外国公民从符拉迪沃斯托克自由港出境。

第 26 条　若外国公民或无国籍人士具有下列情形时,其可能被禁止进入俄联邦:

1)在俄联邦国境的口岸违反穿越俄联邦国境规则、海关规则和卫生标准——直到消除违法行为为止;

2)报告明显虚假的个人情况信息或自己居留俄联邦的目的;

3)自 2013 年 7 月 21 日失效;

4)根据俄联邦法律,在 3 年中不止一次(两次或两次以上)因在俄联邦境内行政违法而被追究行政责任——自追究行政责任的最后决议生效之日起 3 年内;

5)自 2007 年 1 月 1 日起失效;

6)自 2013 年 7 月 21 日失效;

7)自 2013 年 7 月 21 日失效;

8)上次在俄联邦居留期间,未在临时居留期满之日起 30 日内离开俄联邦,因必须紧急治疗、患重病或在俄联邦居住的近亲属死亡,或因不可抗力(出现紧急且无法预防的情况)或其他自然现象而无法离开俄联邦国境的情况除外——

自离开俄联邦之日起3年内;

9)参加外国和非政府组织的活动,针对其已做出承认其活动为俄罗斯境内不受欢迎的决定。

第27条　外国公民或无国籍人士禁止进入俄联邦,若:

1)这对于保障国防或确保国家安全、或维护社会秩序或保护公众健康非常必要。1995年3月30日通过的《防止人类免疫缺陷病毒引起的疾病(HIV感染)扩散联邦法》第11条第3款第二段规定的情况除外;

2)针对外国公民或无国籍人士,做出行政驱逐出俄联邦的决议、驱逐出境或按照俄联邦相互遣返的国际条约由俄联邦向外国移交的决议——自做出行政驱逐出俄联邦决议、驱逐出境或按照俄联邦相互遣返的国际条约由俄联邦向外国移交的决议之日起5年内;

2.1)针对外国公民或无国籍人士,不止一次(两次或两次以上)做出过行政驱逐出俄联邦的决议、驱逐出境或俄联邦按照俄联邦参与的重新接纳的国际条约向外国移交的决议——自做出行政驱逐出俄联邦或驱逐出境或由俄联邦按照俄联邦参与的重新接纳的国际条约向外国移交的决议之日起10年内;

2.2)外国公民或无国籍人士上次在俄联邦居留期间,按照《外国公民在俄联邦的法律地位法》第32.5条终止重新接纳程序的——自离开俄联邦之日起3年内;

3)外国公民或无国籍人士有未被撤销或注销的在俄联邦境内或境外故意犯罪的前科且按照联邦法被认定有此前科者;

4)外国公民或无国籍人士未能按照俄联邦法律呈交获取签证所必要的文件——直至呈交为止;

5)外国公民或无国籍人士未能呈交在俄联邦境内有效的医疗保险单——直至呈交为止,外国外交代表机构和领事机关工作人员、国际组织工作人员、上述人员家属及其他类别的外国公民除外(在互惠基础上)。

6)在申请签证时或在过俄联邦国境的口岸,外国公民或无国籍人士不能证明拥有在俄联邦境内居住及随后离开俄联邦国境的资金或根据全权联邦权力执行机关规定的方法提供拥有此类资金的担保;

7)针对外国公民或无国籍人士做出在俄联邦居留(居住)不受欢迎的决议,包括该公民被列入禁止进入俄联邦的美利坚合众国公民名单中;

8)自2013年7月23日失效;

9) 外国公民或无国籍人士使用伪造证件；

10) 外国公民或无国籍人士上次在俄联邦居留期间,逃避纳税或支付行政罚款,或未补偿与行政驱逐出俄联邦或驱逐出境有关的花费——直到全额履行相关支付为止。消除外国公民或无国籍人士此类欠款的办法由俄联邦政府确定；

11) 外国公民或无国籍人士在一年中不止一次(两次或两次以上)因在俄联邦境内实施涉及蓄意破坏公共秩序和公共安全、或违反外国公民或无国籍人士在俄联邦居留(居住)制度或违反在俄联邦境内劳动活动实施办法而被追究行政责任——自追究行政责任的最后决议生效之日起 5 年内；

12) 外国公民或无国籍人士上次在俄联邦居留期间超过居留期限 90 天,每次总计 180 天——自离开俄联邦之日起 3 年内。

13) 外国公民或无国籍人士上次在俄联邦居留期间没出境连续在俄联邦超过 180 天,但从临时居留期限结束日开始算不超过联邦法律规定的 270 天——自离开俄联邦之日起 5 年内。

14) 外国公民或无国籍人士上次在俄联邦居留期间没出境连续在俄联邦从临时居留期限结束日开始算超过 270 天——自离开俄联邦之日起 10 年内。

如果外国公民或无国籍人士因本条第一部分第 2、2.1、2.2、3 和 7 项的理由而被限制进入俄联邦,边防检察机关和全权执行移民监管控制职能的联邦权力执行机关或其地方机关在俄联邦政府规定的情况下,在证明外国公民或无国籍人士身份的文件上做有关记载。

外国公民或无国籍人士因本条第一部分的某个理由而被禁止进入俄联邦时,当其持有由全权执行移民监管控制职能的联邦权力执行机关出具的书面证明对于上述外国公民或无国籍人士适用重新接纳程序,并指明日期与建议而穿越俄联邦国境口岸时,允许其进入俄联邦境内。

第 28 条　外国公民或无国籍人士离开俄联邦可能受限制,如果他们：

1) 根据俄联邦法律,因涉嫌犯罪被拘留或作为被告受到起诉——直到案件做出判决或法院宣判生效为止；

2) 因在俄联邦境内犯罪而被判刑——直到服刑期满或免除刑罚为止,但依据法院判决,对于受害一方无债务义务而被提前假释的外国公民或无国籍人士除外；

3) 逃避履行法院判决其承担的义务——直到履行义务或各方达成和解为止；

4）未履行俄联邦法律规定的纳税义务——直到履行该类义务为止；

5）根据俄联邦法律因在俄联邦境内行政违法而被追究行政责任——直到服刑期满或免除刑罚为止。

第六章　外国公民与无国籍人士经过 俄联邦领土的过境办法

第 29 条　中转过境俄联邦时，依惯例无权停留。

允许外国公民或无国籍人士凭出示俄罗斯过境签证、沿行使路线的俄联邦毗邻国家入境签证或目的国签证以及离开俄联邦的有效车（船、机）票或证实其在俄联邦境内的中转站购买车（船、机）票的保证乘坐各种交通工具过境俄联邦前往目的国，联邦法律或俄联邦签订的国际条约另有规定的除外。

若外国公民过境俄联邦时，在交通干线各段上不停留，则依照俄联邦政府规定的目录和办法，无须过境签证。

按照俄联邦相互遣返国际公约，基于全权执行移民监管控制职能的联邦权力执行机关的领导或其副手做出的允许外国公民过境决定，该外国公民进行过境通行。

第 30 条　根据外国公民或无国籍人士呈交的有依据的请求与证实其必须进行停留的文件，可向其签发允许其在俄联邦境内停留的签证，俄联邦国际条约另行规定的除外。

本条第 1 部分所指出的请求与证实必须进行停留的文件，可以以电子文件形式呈交。

第 31 条　可允许未持有签证的外国公民或无国籍人士过境俄联邦，如果他们：

1）经空中交通直飞经过俄联邦领土。

2）乘坐国际航线飞机，在俄联邦境内机场换乘，且持有以适当形式办理的目的国入境文件，以及载明自抵达俄联邦境内的转乘机场时刻起 24 小时内从此机场起飞的被证实的日期的机票，迫不得已停留的情况除外。

3）居住于与俄联邦签有相关国际条约的国家境内。

第 32 条　因出现下列情况而在居住点内居留超过 24 小时，可认为是迫不得已的停留：

1）延误火车、汽车交通工具、船舶或飞机行驶的自然灾害；

2）相关交通工具因某部分故障或交通事故而受损，不得不进行修理；

3）医生认为，患有继续旅行将会对病人生命和健康造成威胁的疾病；

4）在换乘站从一种交通工具换乘至另一种时，不可预见的延迟。

在迫不得已停留的情况下，由全权执行移民监管控制职能的联邦权力执行机关地方机关根据外国公民或无国籍人士的申请，在迫不得已停留地为其办理在俄联邦境内居留手续，及俄罗斯过境签证有效期延期。

第七章　官员、俄联邦公民、外国公民与无国籍
公民违反本联邦法的责任

已删除。

第八章　最后条款

第36条　本联邦法自其正式公布之日起生效。

第37条　本联邦法自生效之日起承认：

1）下列命令失效：

1992年12月22日俄联邦最高苏维埃《关于苏联法律（苏联公民出入苏联国境规则）在俄联邦境内生效的命令》；

《俄联邦联邦会议联邦委员会代表的地位和国家杜马代表的地位联邦法》第37条。

2）下列苏联法令在俄联邦境内失效：

1991年5月20日苏联法律《苏联公民出入苏联国境规则》；

1991年5月20日苏联最高苏维埃《苏联公民出人苏联国境规则生效的命令》第1-5条；

1981年6月24日苏联法律《外国公民在苏联的法律地位法》中第三章，《外国公民出入苏联国境》第三章。

第38条　自本联邦法生效之日起6个月内拥有属于国家秘密的机密或绝密情报组织应根据本联邦法第15条第1款规定，与其曾接触以及重新接触上

述情报的工作人员签订劳动合同。

第 39 条　自本联邦法生效之日起 6 个月内保留现行出入俄联邦国境规则,保留办理和签发俄联邦公民、外国公民和无国籍人士出入俄联邦国境证件的规则,以及办理和签发上述证件的国家机关不与本联邦法有冲突的权力划分部分。

第 40 条　要求俄联邦总统、俄联邦政府、俄联邦主体国家权力机关自本联邦法生效之日起 3 个月内根据本联邦法颁布自属范畴内的法令。

俄罗斯总统　叶利钦

1996 年 8 月 15 日

莫斯科　克里姆林宫

俄联邦国界法

2016 年 7 月 3 日修订

第一章 总 则

第 1 条 俄联邦国界

俄联邦国界(以下称国界)是确定俄联邦国家领土(陆地、水域、底土和空间)边界,以及沿此边界划定的垂直面,即有效行使国家主权的空间界线。

第 2 条 确定和变更国界走向的原则,确立和维持国界法律关系的原则

俄联邦国界是现行的苏联国际条约和法律文件固定下来的俄罗斯苏维埃联邦社会主义共和国的边界;对于与毗邻国家尚未确定的俄罗斯国界,须经双方协商确定。

在确定和改变国界走向、在国界上确定和维持与外国的关系、调节俄联邦边境地区(水域)以及与穿越俄罗斯领土国际交通道路上的法律关系时,俄联邦遵循以下原则:

保障俄联邦和国际安全;

与外国进行全面互利的合作;

相互尊重国家主权、领土完整,互不侵犯国家边界;

和平解决边境问题。

第 3 条 国界的保卫和守卫

作为保障俄联邦安全和实施俄联邦国家边境政策体系的组成部分,保卫国界是指联邦国家权力机构、俄联邦主体国家权力机构和地方自治机构在自己职权范围内通过采取政治、法律、外交、经济、国防、边防、侦察、反侦察、侦查作业、海关、保护自然、卫生防疫、环保等措施而进行的协调活动。各级组织和公民都应按规定的程序参与这一活动。

根据俄联邦国际条约和俄联邦法律确定的国界地位,采取保卫措施。

俄联邦与外国根据国际法公认原则和规定以及俄联邦国际条约进行保卫国界方面的合作。

保卫国界要保障个人、社会和国家在边境地区(边界区域、俄罗斯界水、界河和其他水上设施、俄罗斯内海和领海、国界上的口岸以及与国界、边界区域、界河、界湖岸和其他水上设施、海岸或口岸毗邻的行政区、市、卫生疗养区、特别保护自然区、设施和其他领土)内在国界上的切身利益,所有联邦权力执行机构根据俄联邦法律赋予的权限进行保护。

国界的守卫是保卫国界的组成部分,由联邦安全局边防机构(以下称边防机构)在边境地区,俄联邦武装力量在领空和水下实施,参加守卫的还有保障俄联邦安全的其他力量(机构)按俄联邦法律规定的程序实施。守卫俄联邦边界的目的是不允许非法改变国界走向、保证自然人和法人遵守国界制度、边防制度和从口岸穿越国界的制度。在本法中,守卫国界的措施是边防措施。

边防措施包含在统一国家安全政策框架内进行的安全措施中,与个人、公民和国家切身利益受到的威胁相匹配。

第4条　国界的立法

国界的立法基础是俄联邦宪法和俄联邦国际条约,由本联邦法和根据本法通过的其他联邦法律和其他俄联邦规范性法律文件组成。

如果俄联邦国际条约有与本法和其他俄联邦法律文件不符的规定,则以国际条约为准。

第二章　确定和改变国界走向,国界的标志

第5条　确定和改变国界走向

1. 国界走向的确定和改变根据俄联邦国际条约、联邦法进行。

以俄联邦签署的国际条约为基础,根据俄联邦法律的规定,进行现场勘查所做出的变更和明确边界走向的文件才能生效。

2. 如果俄联邦国际法没有其他规定,则国界走向的确定遵循下列标准:

1)陆地——根据特殊点、地貌线或明显的地标划定;

2）海上——根据俄联邦领海外部边界划定；

3）通航的河流——按中航道中心线或河的深泓线划定；不通航的河流——按河流或其主要支流的中心线划定；湖泊或其他水上设施——按等距线、中心线、直线或国界通往湖岸或其他水上设施沿岸的其他线。穿过河流、湖泊或其他水上设施的国界，不论是在岸上轮廓或水位变化时，还是河床偏向某一方时都不会发生位移。

4）水库和其他人工水上设施——根据水淹前穿过的国界线划定；

5）穿越河流、湖泊和其他水上设施的桥梁、堤坝等设施——按这些设施的中线或技术轴线划定，而不考虑国界在水上的走向。

3. 1999 年 6 月 7 日删除。

4. 1999 年 6 月 7 日删除。

第 6 条　国界的标志

国界要建立明显的界志。

界碑的说明和设置程序由俄联邦国际条约、俄联邦政府决议规定。

第三章　国界制度

第 7 条　国界制度的内容和规定

国界制度包括下列规定：

国界的维护；

人员和交通工具穿越国界；

货物、商品和动物穿越国界；

人员、交通工具、货物、商品和动物过国境放行；

在国界或俄罗斯国界线附近从事生产、捕捞或其他活动；

与邻国共同处理违反上述规定的事件。

根据本法、其他俄联邦法、俄联邦国际条约制定国界制度。

考虑到俄联邦和相邻国家的相互利益，国界制度的个别规定不制定，已制定的规则被简化。

第 8 条　国界的维护

界碑的设置、维护、检查和保持在完好状态，边境通道设备的安装和维护、与邻国共同勘察国界走向等均按维护国界的程序进行。

在不变更国界的情况下,由俄罗斯联邦政府制定共同勘察国界走向的文件。

为了对国界进行维护,边防机构应按俄联邦法律规定的程序,在陆地上划出紧邻国界的专用地带,必要情况下在界河、界湖或其他水上设施沿岸的俄罗斯一侧划出专用地带。

第9条　人员和交通工具穿越国界

在陆地上,人员和交通工具在国际铁路和公路交通线上穿越国界,或者在俄联邦国际条约规定的地方或俄联邦政府决议规定的地点穿越国界。这些文件可以规定过境的时间,规定穿越国界线到达口岸和返回的程序;此时交通工具不允许人员下车、装载货物、商品、动物,也不允许交通工具接人。

对从国界穿越国界线到达口岸的国际列车、汽车线路的标记和设备的要求由俄联邦政府制定。

边境口岸是指对国际开放的火车站、汽车站,海河港口,民用机场,军用机场范围内的区域(水域),以及专门划出来的一块紧邻国界的地方,根据俄联邦法律穿越国境的人员、车辆、货物、商品和动物在此过境。边境口岸的范围和按货物、商品、动物种类穿越国界的口岸清单由俄联邦政府规定的程序确定。

在履行守卫国界责任时,边防机构经与俄联邦相邻国家当局协商后赋予这些机构的军人和其他人员享有采取其他方式穿越国界的权利。

俄罗斯和外国船舶、外国军舰和其他非商业用途的国家船舶应根据本法、俄联邦国际条约和联邦法通过界海、界河、界湖和其他水上设施。

穿越国界但不进入俄联邦港口时,在界河、界湖和其他水上设施内航行,要遵守俄联邦与邻国签署的条约。

外国船舶、外国军舰和其他非商业目的的国家船舶、俄罗斯船舶穿越国界到达口岸以及返回时,在界河、界湖和其他水上设施的俄罗斯水域航行,但不进入俄罗斯港口,必须遵守边防机构的下列要求:

如果因某种原因没悬挂国旗,应出示国旗;

如果正向禁航区或临时危险区以及周围有人工岛屿、装置或设施的安全区行驶,要改变航向;

应告知进入俄联邦国界的目的;

履行俄联邦法律和其他规范性法律文件规定的其他要求。

本条第七段所指的船舶在穿越国界到达口岸以及返回时(俄联邦国际条约、法律和其他俄联邦规范性法律文件规定的情况除外),以下情况被禁止:

1）进入俄联邦政府未对外国船舶开放的港口；

2）进入禁航区或临时危险区域以及周围有人工岛屿、装置或设施的安全区,如果这些区域的情况已对外界通告；

3）停靠,私放乘客上下船,装卸货物、商品、货币、动物,向水中投放或回收任何漂浮物,从船上起飞、降落或接收任何飞行器,未经负责守卫俄联邦内海、领海及其自然资源的特别授予联邦权力执行机构的相应许可而进行捕捞、研究、勘探或其他活动,或虽有许可证,但违反了许可证的要求；

4）其他俄联邦法律和俄联邦国际条约禁止的行为。

航空器要沿着专门划分出的空中走廊穿越国界,并遵守俄联邦政府规定并在领航信息文件中公布的规则。不在划出的空中走廊穿越国界必须得到俄联邦政府的允许。

航空器在穿越国界到达口岸以及返回时,在飞越俄联邦领空过境时(本法规定的情况除外)禁止以下行为：

1）在俄联邦政府未对国际航班开放的空港和机场降落。

2）从俄联邦政府未对国际航班开放的空港和机场起飞。在个别情况下,对执行特殊飞行任务的国际飞机,经管理俄罗斯联邦领空的联邦执法机关同意,和管理安全、防御、海关事务以及国家卫生检疫的联邦执法机关协商后,可在俄罗斯政府未对外开放的航空站和航空港起飞或降落。

3）飞入通告的禁飞区。

4）俄联邦法律、俄联邦国际法禁止的其他行为。

从俄罗斯境内向位于俄联邦专属经济区或大陆架人工岛屿、装置和设施运载人员、货物和商品的俄罗斯飞行器,或从上述人工岛屿、装置和设施向俄罗斯境内运输,可以在划出的空中走廊外多次穿越国界,无须边防、海关(与飞行器来(去)有关的海关业务)和其他俄联邦政府规定程序的类别的检查。上述俄罗斯飞行器禁止飞入外国领空,离开俄罗斯领土后禁止接受过边防检查的人员下飞机(登机),到达俄罗斯境内后禁止未经过边防检查的人员下飞机(登机),禁止向进出俄罗斯需要进行边防检查和海关检查的飞行器装卸任何货物、商品、货币、动物,俄联邦政府有其他规定的除外,或因人员、飞行器或其他紧急情况除外,此时俄罗斯飞行器指挥员须立即通知边防和海关机构。

在俄罗斯境内与位于俄联邦专属经济区或大陆架上的人工岛屿、装置和设施间飞行时,飞行器离开俄罗斯境内和进入俄罗斯境内后降落,可以在俄联邦的飞机场、直升机场和降落平台实施,包括未对国际航班开放的。

　　为保证俄联邦的安全,根据外国请求,俄联邦政府可以通过在个别地段穿越国境临时受限或禁飞的决定,同时要通知相关国家当局。

　　当发生自然或人为重大事故时,处置情况的抢险救援和灾后恢复力量应按俄联邦国际条约和俄联邦政府文件规定的程序穿越国境。

　　发生以下情况,人员、交通工具穿越俄罗斯联邦陆界,外国船只、外国军舰和其他非商业目的的外国船只驶入俄罗斯联邦水域,航空器飞入俄罗斯联邦领空不属于违反国界法规的行为:

　　不幸事件;

　　威胁外国船舶(包括航空器)、外国军舰或其他非商业目的国家船舶的事故或自然灾害;

　　威胁外国船舶(包括航空器)、外国军舰或其他非商业目的国家船舶的强风、浮冰或冰冻情况;

　　牵引受损的外国船舶、外国军舰或其他非商业目的的国家船舶;

　　运送被救人员;

　　为船员与乘客提供紧急医疗救援或因其他紧急情况。

　　在不得已必须穿越国界或违反本法关于穿越国境的法规时,在抵达界河、界湖或其他水域俄方一侧或者进入俄罗斯联邦内海、领海时,船长、军舰舰长、机长应立即向最近的海港、河港的领导报告,或向机场指挥机关报告。按照边防机关或俄罗斯联邦武装力量首长的指示或前来救援或调查情况的俄罗斯联邦的军舰舰长、船长或机长的指令采取进一步行动。

　　凭借边防机关颁发的准许证,离境时已接受边防检查的俄罗斯船舶,可多次穿越国界而不用再接受边防、海关和其他种类的检查,以便在俄罗斯联邦内海、领海、驳运在俄联邦政府规定区域内捕捞的水生物资源、鱼类和其他水生物资源产品,如果不良的水文气象条件不允许在俄联邦领海外运送捕捞的水生物资源、鱼类和其他水生物资源产品,则送到俄罗斯境内。

　　获取穿越国界在俄联邦内海和领海运送水生物资源、鱼类和其他水生物资源产品许可证的程序,在俄联邦内海和领海运送水生物资源、鱼类和其他水生物资源产品区域清单以及区域的界线和对本条所指俄罗斯船舶进行检查的程序由俄联邦政府规定。

　　离开俄罗斯港口在俄罗斯内海、领海、专属经济区和(或)大陆架进行商业航行的俄罗斯船舶,之后又回到俄罗斯港口或俄联邦政府规定的其他情况下,可以多次穿越国界而不必接受边防、海关(完成船舶进出港海关业务)和其他种类的检查,如果已按要求在船上安装了能不断自动报告船舶位置信息的监控技术装置和(或)其他船舶位置监控技术手段,并且已通知边防机构准备穿越国界并向边防机构传送了船舶的位置信息。

在俄罗斯港口间航行以及从俄罗斯港口出发到俄联邦内海、领海进行贸易航行的外国船舶,依据俄罗斯联邦政府规定,除使用船舶进行捕捞,之后又回到俄罗斯港口等俄联邦政府规定的情况外,可以多次往返国境而不用接受边防、海关以及其他形式的检查。前提是要装备保证随时自动传送船舶航行信息的监控装置或其他航海监控装置,将即将穿越国境线的信息告知边防机关并将航海信息传送边防机关。

通知边防机关将要穿越国境线以及向边防机关传送航海信息的规则由俄罗斯联邦政府制定。

船舶装备监控装置的要求,保证不间断自动传输船舶位置信息的监控技术装备和(或)其他监控船舶位置的技术装备的要求由俄罗斯联邦政府确定。

如果没有俄罗斯联邦政府的另行规定,本条上述情况下禁止船舶驶入外国内海和领海,如果没有边防和海关部门的相关准许,也禁止人员、货物、商品、货币或动物上下外国船舶和接受过边防检查的俄罗斯船舶。紧急救助人员、船舶或其他紧急情况时除外,但船长应立即向边防和海关机关报告。

本条以上规定不适用于进入俄罗斯免检的船舶,在俄联邦国际条约和联邦法律规定的情况下,也免于进行其他种类的检查。

到达俄罗斯境内已进行边防和海关检查的俄罗斯船舶和外国船舶(本条第22款所指外国船舶除外)禁止驶入位于俄联邦专属经济区或大陆架人工岛屿、装置和设施周围的安全区域,如果俄联邦政府没有别的规定或没有需要救人、救船等紧急情况。如有此类情况,应立即向边防和海关机构报告。

第 10 条 货物、商品、动物的过境

货物、商品、动物的过境,要依据俄罗斯联邦国际条约、联邦法律和俄罗斯联邦政府决议规定的地点和方式。

第 11 条 人员、交通工具、货物、商品和动物过境

根据本法第 12 条在设定的公开的边检站放行人员、交通工具、货物、商品和动物通过国境,意味着对进入俄罗斯联邦国境人员和交通工具合法性的认同,以及对所运输的货物、商品和动物进入俄罗斯联邦合法性的认同。或者意味着对俄罗斯联邦离境人员和交通工具合法性的认同,以及对运输货物、商品和动物离境合法性的认同。

有效出入境证件是人员、交通工具、货物、商品、动物过境的依据。

根据俄联邦法律,禁止入境的外国人和无国籍人员以及按照俄联邦法律程序做了决定禁止入境俄罗斯的人不得穿越俄罗斯国境。

依据俄联邦与邻国达成的条约,简化出入俄联邦国境的俄罗斯公民和外国公民的证件检查手续。

对人员、交通工具、货物、商品和动物的过境检查包括边防检查和海关检查,根据俄联邦国际条约和联邦法律的规定,必要时还包括其他方面的检查。

检查的内容、手段、方法及程序,由俄罗斯联邦政府根据联邦法律的规定制定。

联邦安全局同空港、机场行政部门、收到俄罗斯联邦有关部门通知的俄联邦防空部队领导,对在不对外开放的空港、机场起飞执行专门国际飞行任务的飞机,以及迫降在非指定地点的外国航空器和俄罗斯航空器实施过境检查。

根据俄罗斯联邦政府的决定,以及按照俄罗斯联邦国际条约规定的情形,对国际客运列车实施边防检查、海关检查以及其他形式的检查可以在边境口岸以外的地方进行。

第 12 条　口岸的建立与开放

考虑到邻国和其他国家利益,根据联邦权力机关、俄联邦主体与边防机关以及其他有关权力机关协商提出报告,以俄罗斯联邦签署国际条约的形式或者由俄罗斯联邦政府建立过境口岸。

与边防机关、海关以及其他联检单位协商建造的联邦执法机关办公大楼及配套设施等在建造(改造)、装备和投入使用之后,口岸正式开放。制定建筑方案时,必须考虑组织边防检查和其他形式检查所必备的配套设施。这些配套设施设计、建造、装备的费用由联邦预算和联邦法律所规定的其他财政来源支出(口岸中用于进行边防、海关和其他检查的大楼和设施要无偿交付使用)。

口岸及其配套设施的设立、开放、投入使用、改造以及关闭的程序,以及对建设用于口岸进行边防、海关和其他各种检查的大楼和设施的建设、改造、技术装备的总要求由俄联邦政府决定。

第 13 条　在边境地区从事生产、捕捞及其他活动

俄联邦和外国的自然人和法人穿越国境,包括在国界线或靠近国界线的地方从事生产、捕捞及其他活动,涉及俄罗斯联邦和其他国家利益时,禁止:

损害俄联邦、邻国及其他国家居民身体健康,破坏环境,危害国家安全或威胁可能会造成这种损失的行为;

给边防机关维护国界和执行任务制造障碍；

在边境从事生产、捕捞及其他活动必须遵循联邦国际条约或与邻国达成的其他协议、遵守国界条例，以及取得边防机关的许可。其中包括穿越国境和生产的时间、地点以及人员、捕捞船只、交通工具、其他工具、器械的数量等。

第 14 条　违反国界制度事件的处理

处理违反国界制度事件的程序及归俄联邦边防代表、国防部还是外交部管辖由俄罗斯联邦和邻国签订的国界条约、其他国际条约、本法，以及俄罗斯联邦政府决议决定。

人员、航空器、俄罗斯和外国船舶、军舰及其他交通工具违反本法规定穿越国境即为违法越境。

外国公民、从国外来俄罗斯联但没有在俄罗斯居住或逗留地位的无国籍人士实施犯罪或行政违法行为，要依俄联邦法律追究他们的责任。

如果缺乏对其提起刑事诉讼和行政违法的依据，且他们不享有申请政治避难的权利时，根据俄联邦宪法，边防机关将通过官方形式将其移交给入境俄罗斯国家的邻国权力机关。如果俄联邦和该国家签署的国际条约对移交越境者没有约定，边防机关会将其在指定地点驱逐出境。如果俄联邦和有关国家在这方面有约定，则该国家政权机关就会收到俄联邦从口岸驱逐外国人和无国籍人员离境的通知。

逗留国外期间丢失入境证件的俄联邦公民从边检站入境时，要在边检站停留一段时间以便确定他们的身份，但不会超过 30 天。停留的条件和程序由联邦政府确定。

第 15 条　俄罗斯联邦边防代表

俄罗斯联邦边防代表作为国界指定地段联邦安全局的领导，通过与联邦外交部协商，根据俄罗斯联邦国际条约，处理维护国界制度中出现的问题，解决边境事件。

边防代表要在自己的工作中遵循本法，其他联邦法律、俄联邦国际条约以及由俄联邦政府制定的边防代表条例。

俄联邦国防部代表负责解决与俄罗斯或外国军用航空器、军舰、其他军事设施或军人（不涉及预防危险军事活动利益的边防机构设施或军人除外）有关的边防事件，必要时，和俄联邦边防代表共同解决。

俄联邦边防代表和联邦国防部代表解决不了的边境问题或事件通过外交途径解决。

第四章　边防制度

第 16 条　边境制度的内容和制定

制定边境制度就是为守卫国界创造必要条件,具体包括以下规则:

1)在边境地区:

入境、临时逗留以及人员与交通工具运送的规则;

在俄联邦陆地沿边境线 5 公里,或距海岸、界河、界湖和其他水上设施 5 公里,以及在 5 公里外的工程技术设施区域从事生产、捕捞及其他活动,举办大型群众性社会政治、文化及其他活动的规则;

2)在界河、界湖和其他水域俄方一侧以及俄罗斯联邦内海、领海水域:

小型动力船、非动力船(在水上或水下航行的)和冰上交通工具的统计和保养规则;

从事捕捞、科研、勘察和其他活动的规则。

边防制度不适用于到一个或多个港口的悬挂外国国旗运送游客的定期轮班,只要这些轮船没有其他乘客上下船也不装卸货物(食品除外),并有旅游许可。边防制度也不适用于进入位于俄罗斯内海和领海、与俄联邦主体毗邻的以及俄罗斯北极地区和(或)远东联邦区口岸的船舶上的乘客和船员,上述港口的清单由俄联邦政府根据《内海、领海和毗连区法》确定。

禁止制定其他边境制度。公民的权利和自由只能控制在本制度所规定的范围内。

边防地带就是指毗邻俄罗斯联邦陆界线、海岸线、界河、界湖和其他水域堤岸以及毗邻上述水域岛屿的村落和村落之间的地带。根据地方自治机关的建议,可以不包括那些独立的居民点、疗养院、休养所、其他保健机构、文化馆,以及群众性的休息点、水上乐园、举行宗教仪式的地点及其他地方。在边境地区入口处设立警告标志。

考虑到俄罗斯联邦与周边国家的关系,在一些地区不设立边防地带。

边防地带边界线的设立和改变、警告标志的设立由负责安全的联邦执法机关的决定而进行。

俄罗斯联邦内水地段(区域)的设置和改变同样采取这种方式,并制定边境制度。

本法所制定的边境制度规则的具体内容、时间和空间的有效期,以及适用人员的确定和废除,由负责安全的联邦权力机关做出决定并对外公布。

第 17 条 在边境地区入境、临时逗留、人员与交通工具的运送

凭借证明身份的有效证件,根据公民或企业、协会、组织、机关和社会团体的申请,边防机关颁发的个人或团体通行证,人员和交通工具进入(通过)边境地带。明确规定人员和交通工具入境地点、入境时间、行驶路线、停留时间以及其他逗留条件。

第 18 条 在边防地带从事生产、捕捞和其他活动,举办群众性社会政治、文化等活动

在边防地带利用土地、森林、矿藏、水资源从事生产、捕捞和其他活动,以及举行群众性社会政治、文化等活动都必须遵守俄罗斯联邦法律和地方自治机关的规范性法律文件。在距离边境线 5 公里区域内从事生产、捕捞和其他活动,凭借边防机关的许可方可进行。在边防地带其他地区——根据边防机关的通知。

进行工作、举办活动的许可或者通知,除本法第 17 条的规定外,还包括明确时间、地点、参与人员的数量以及负责人等。定期活动可以有固定的举办地点。

第 19 条 在边境地区喂养和放牧牲畜

为防止将传染病带入境内,禁止或限制在边境地带喂养、放牧牲畜。

检疫区、检疫范围以及检疫区的防护制度、兽医制度由联邦农用工业执法机关或者根据它的委托由俄罗斯联邦主体兽医监督机构决定。在边境地区喂养和放牧牲畜同样要遵守本法第 17、18 条的规定。

第 20 条 统计、保养、使用小型船只和冰上交通工具

在界河、界湖和其他水域俄方一侧以及在俄罗斯联邦内海、领海航行的小型动力船、非动力船、冰上交通工具,在码头、停泊处或其他停泊点要进行强制统计和保存。边防机关负责安排船只进出码头的次序,并对船只出航时间做出限制。

第 21 条 在界河、界湖和其他水域俄方一侧及俄罗斯联邦内海、领海从事生产、捕捞、研究、勘察等活动

1. 在界河、界湖和其他水域俄方一侧及俄罗斯联邦内海、领海从事生产、捕捞、研究、勘察等活动,应遵守俄罗斯联邦的法律。

2. 为了守卫国界,在界河、界湖和其他水域俄方一侧从事生产、捕捞、研究、

勘察等活动要有边防机关的许可。在俄联邦内海、领海从事生产、捕捞、研究、勘察等活动,要有边防机关的通知。同时要将进行捕捞、研究、勘察或其他活动的时间、地点、人员的数量、所使用的船只以及其他工具的有关信息告知边防机关。

3. 在界河、界湖和其他水域俄方一侧及俄罗斯联邦内海、领海从事生产、捕捞、研究、勘察等活动的人员,没有边防机关的许可,或虽有许可,但违法实施时,应承担俄罗斯联邦法律所规定的责任。

第五章　口岸制度

第 22 条　口岸制度的内容与制定

口岸制度包括人员与交通工具出入、停留口岸规则,货物、商品和动物进出、存放口岸规则。这些规则均为实施边防检查、海关检查以及俄罗斯联邦国际条约和法律所规定的其他形式的检查创造必要条件而专门制定。

口岸制度由俄罗斯联邦政府根据本法和俄罗斯联邦国际条约制定。

第 23 条　人员和交通工具以及货物、商品和动物口岸通行办法

人员、交通工具、货物以及其他物品,凭借航空港、机场、海(河)港、铁(公)路站等管理机关与边防机关协商,凭颁发的许可证在指定口岸通过。

第 24 条　人员与交通工具在口岸的停留

从国外来的交通工具在口岸停留的地点和时间由航空港、机场、海(河)港、铁(公)路站等管理机关与边防机关协商确定。

在进行边防检查和其他检查时,限制人员靠近外国交通工具或登上外国交通工具,必要时禁止。

在离境和入境时,乘客上下交通工具、装卸行李、邮件和货物要取得边防机关和海关机关的许可。

运输企业、组织负责人,交通工具所有人有义务按照边防机关代表的要求打开铅封的车厢、汽车、船舱、交通工具其他的舱室及其所运输的货物以便检查。

从国外来的交通工具动身离开俄罗斯联邦国境或者入境,以及变更停留点应取得边防机关和海关机关的许可。

没有有效入境证件的俄罗斯公民停留口岸期间,按照本法第 14 条第 5 款规定办理。

第 25 条 在口岸进行的经济活动和其他活动

在口岸进行经济活动和其他活动的种类及规则由俄罗斯联邦政府制定。

第 26 条 口岸制度的补充规定

在过境口岸,划定专门区域直接进行边防和海关检查以及俄罗斯联邦国际条约和联邦法律所规定的其他形式的检查。在这些查验地点实行一些限制性补充规定。这些补充规定根据本法第 22、23、24 条所确定的规则和方式制定。

第六章　国家权力机关守卫国界的权限

第 27 条 俄联邦国家权力机关的权限

俄联邦国家权力机关在守卫国界方面的权限由俄罗斯联邦宪法和本法规定。

联邦安全局负责保卫和守卫国界方面的国家管理并组织边防勤务。负责边界保护和守卫的边防机构隶属俄罗斯联邦安全局。

第 28 条 联邦执行权力机关的权力

1. 俄罗斯联邦外交部:

根据俄联邦国家权力机关的决定,进行确立、巩固边界、制定国界制度的谈判,并准备必要的文件和资料;

为保国界提供外交保障和国际法保障;

在自己权限范围内为俄罗斯联邦公民、外国公民和无国籍人员办理出入境证件;

处理执行国界制度中出现的问题,解决不归俄罗斯联邦边防代表或联邦国防部管辖的边界事件。

2. 俄罗斯联邦安全局:

协同联邦权力执行机关在自己的权限范围内组织和保障对国界、口岸的保护,开展侦查、反侦查、调查活动,以及组织和保障人员与交通工具、货物、商品、动物通过口岸;

协调联邦权力执行机关监督遵守国界制度、边境制度和口岸制度;

与俄罗斯联邦国防部一起协调保卫国界的防空军和海军的行动,与国防部各部委一起协调当地执法机关和俄罗斯联邦特种部队的行动;

参与由国家权力机关筹备的、涉及法人和自然人活动和涉及国界保护利益的规范性法律文件的制定;

参与国界的划定,制定确立国界制度的规范性法律文件;

受俄罗斯联邦政府的委托,对俄罗斯联邦边防代表实施直接领导;

收集和整理威胁俄罗斯联邦安全的信息,并提交给俄罗斯联邦总统、俄罗斯联邦政府,按照联邦法律规定的方式给有关联邦权力执行机关提供信息;

保障联邦安全局机构自身的安全;

与国家警卫机关一起保障国境线上重要目标的安全;

与海关和内务机构一起制定和采取措施打击走私行为;

对俄罗斯联邦公民、外国人以及无国籍人员出入俄罗斯联邦国境以及外国人和无国籍人员逗留俄罗斯联邦制度实施反间谍保障;

组织联邦安全机构保卫和守卫国界的活动;

与联邦权力执行机关、各社会团体以及相关的外国机构、国际组织协同作战共同守卫国界的安全。

3. 俄罗斯联邦国防部:

负责保卫俄罗斯联邦空中国界和水下环境;

保障俄罗斯联邦武装力量在遵守本法和联邦其他法律所规定的情况和方式下,参加陆界、(江、湖)海界以及其他水域的保卫;

在自己的权限范围内解决违反国界制度事件;

根据俄罗斯联邦法律和部门间的协议,协助边防机关,为边防机关提供资源保障、侦查保障以及其他方面的保障。

4. 在国界实施海关检查,以及按照俄罗斯联邦签署的国际条约和联邦法律的规定实施其他检查的联邦执行权力机构:

组织和采取措施保护个人、社会和国家在国界的经济、生态及其他利益;

在自己的权限范围内,颁布自然人和法人必须遵照执行的规范性法律文件;

在自己职权范围内,监督企业、组织、机关、社会团体及个人履行俄罗斯联邦国际法和俄罗斯联邦法律的要求;

设立检查机构(站)并领导其工作;

各部门相互协作,共同协助边防机构守卫国界;

与国外有关机构在保护国界领域开展合作。

除此之外,海关机构还具有以下权力:

按照俄罗斯联邦法律的规定,进行其他单独的检查;

确保把过境运输货物、商品和动物的数据输入部门间的信息系统。部门间信息系统条例由俄罗斯联邦政府制定。

5. 俄罗斯联邦内务部:

协助边防部队采取措施守卫国界,与违法越境行为做斗争,对违反国界制度人员进行侦查,检查和查明被行政拘留或者刑事拘留人员的违法情况;

向边防机关通报边境地区的治安情况,查明的违法案件以及具有犯罪意向的犯罪团伙和人员的情况;

保证内务部队按照本法规定的情形和方式参加对国界的保卫;

保证内务机构参加对遵守边境制度和口岸制度的监督;

实施边境搜寻行动、抵抗武装入侵和阻止大规模非法入侵国境时,根据边防机关的申请,可对个别地段或重要目标实行临时管制或禁止人员通行;

保证国界或边境地区举办大规模国内国际活动时的社会秩序;

保证发生紧急情况和实施紧急状态时边境地区的治安;

参加对边境地区居民的法制教育,与边防机关共同预防在国界和口岸出现的违法行为。

6. 2003 年 7 月 1 日失效。

7. 联邦对外情报机构与联邦安全局为保卫国界共同开展情报活动。

8. 负责制定和实施国家近卫军活动的国家政策和法律方面的联邦权力机构,保证国家近卫军部队按本法的规定参加保护国界。

第 29 条　俄联邦主体国家权力机关的权限

俄联邦主体国家权力机构根据俄罗斯联邦法律的规定行使以下权力:

为依法守卫国界的军队和机关创造条件,并在本法规定的权限范围内通过相关法律和其他规范性法律文件;

向边防机关通报有关边境地区形势的信息;

为公民自愿参加守卫国界创造条件;

监督自己辖区内所有机关、企业、单位、组织、社会团体、负责人和公民遵守国界法的情况。

第七章　俄联邦边防机关、武装部队、其他军队在保卫国界方面的权限

第30条　边防机关的权限

边防机关负责守卫俄罗斯联邦的陆界、海(河、湖)界、其他水域以及口岸的安全,同时实施过境检查。为此,边防机关具有以下权力:

采取一切措施防止违法变更边界走向;

监督具有颁发许可或通知功能的国界制度、边境制度和口岸制度的执行;

进行军事、侦察、反侦察、侦搜、过境检查和军事技术等活动;

对俄罗斯联邦法律所管辖的行政违法案件进行侦查,并在自己的权限范围内审查这些案件,执行对案件的决议;

对俄罗斯联邦法律所管辖的案件进行初步调查;

预防和打击违法犯罪;

参加俄罗斯联邦边防代表的活动;

必要时参加边境搜寻和作战行动;

对入境的外国公民和无国籍人员(包括寻求避难的人员)进行检查,以及对过境的外国公民和无国籍人员进行检查、鉴别(核对证明他们身份的证件和出示的证件是否一致)和登记。登记的方法和边检机关与移民检察机关协同行动的方法由俄罗斯联邦法律规定。

边防机关在边境地区有权:

1)根据俄罗斯联邦法律在一些地段上修建必要的工程技术设施,架设通信线网,配置和使用技术设备和设施。

2)执行公务时,在任何地段停留和移动;要求地段的所有者、使用者、土地的占有者和租赁者划出一部分区域用于运送边防勤务人员和装备以及维护必要时穿越障碍的通道;押送俄罗斯船只、外国船只及其他交通运输工具,并在上面布置边防勤务人员;为了预防和制止违反国界制度、边境制度和口岸制度,对人员和交通运输工具的必要证件进行检查,查验交通运输工具以及运送的货物。

3)边防执勤人员可对违反国界制度、边境制度和口岸制度的可疑人员实施扣留或人身检查,把他们移交给边防部队驻地或其他地方以便进一步弄清违法

情况;边防舰队可拦截、检查和扣留违反国界制度、边境制度和口岸制度的俄罗斯船只和外国船只,押送其到就近的俄罗斯港口进一步弄清违法情况。在检查和押送船舶期间禁止使用无线电台。每次检查和扣留船只都要进行记录。从船长手里没收的船舶以及货物的证件附于扣留记录之后。

4)根据俄联邦行政法或行事诉讼法对保护国界方面实施行政违法或犯罪的人员实施行政拘留。

5)根据本法第 14 条第 4 款的规定,可以拘留非法越境的外国公民和无国籍人员,做出将其移交邻国权力机关或行政驱逐出俄罗斯联邦国境的决定,或者做出将其关押在边防机构专门设置的场所内以执行决议;

6)把行政拘留人员关押在为他们特设的边防机关关押室,被刑事起诉的被拘留人员和作为强制处分实施关押的嫌疑人,通常被关押在边防机关临时隔离室或者为行政拘留人员特设的关押室,必要时,把他们关押到内务机关审讯室、临时隔离室和其他特设的关押室。

7)邀请知情人员到边防部队,从他们身上了解违法穿越国境和其他违反国界制度、边境制度和口岸制度的情况。必要时,也可在其他地方了解上述信息。

8)在过境证件上印盖相应标记,必要时,暂时没收这些证件,以及没收伪假证件,在未设外交部代办处的地方,对无国籍人员以及外国公民过期签证可以延长使用期限。

9)将缴获的走私品,违法过境运输的商品、货物和交通运输工具转交给海关机关,当地未设海关机关时,由执行边界保卫任务的边防机关扣留这些物品。

10)临时限制或禁止人员的活动和交通工具的运行,包括小型船只和冰上运输工具;在进行边境搜寻行动或其他搜索活动,以及对刑事案件和行政违法案件进行侦查时,为了保证公民的人身和生命安全,个别地段禁止人员进入,应让其停留在原地或离开这些地方。

11)边境地区发生危及俄罗斯联邦利益的事件时,根据当地自治机关、有关企事业单位和组织的通知,可临时限制举行各种活动,防卫活动、与自然灾害或者严重传染病有关的活动除外。

12)追捕那些有足够证据证明其违反了国界制度的人员时,可以随时进入其住所、企事业单位驻地和办公室(享有外交豁免权的除外)进行搜查,如果未经居住人同意而进入其住所,须在 24 小时内通知检察官。

13)在执行公务时,使用通信工具不受任何限制。在抵抗武装入侵俄罗斯联邦国境、阻止大规模非法越境、搜查以及押送违法犯罪嫌疑人时,可以使用企事业单位、组织和社会团体的交通工具而不受任何限制,必要时可以有偿使用公民个人的交通工具,根据他们的要求、按照法律的规定,付费或补偿造成的损失。属于外国外交、领事代表处,国际组织和专门用途的通信工具和交通工具除外。

14)为履行法律所赋予的职责,边防机关可无偿咨询和获取国家机关、企事业单位、组织和社会团体的有关信息,法律规定的采用特殊方法获取信息除外,可获取和使用内务机关和权力执行机关所有的大量数据文件的指纹信息。

15)为监督国界制度、边境制度和口岸制度的遵守情况,进行必要的人员登记、实际数据的核查和统计,可在不违法的情况下使用信息系统。边防机关每季度和通过年度总结发布有关出入境人员数量的参考信息,包括国籍、出访的目的(商务、旅游及其他)、外国公民和俄罗斯联邦公民出入境的对比,和海关机关共同对出入境(包括过境)交通运输工具、商品、动物进行统计,每季度和通过年度报告发布其数量参考信息。

16)向国家机关、企事业单位、组织和社会团体提交关于消除导致违法行为发生的原因与条件的报告,初步调查和审理归边防机关管辖的案件;

17)根据自愿原则,吸收社会团体成员中的公民参加边界保卫任务,表彰保卫边界工作中表现突出的公民。

18)按照本法规定的方式和情形使用武器、作战装备、特种器材、人员和警犬。

19)在俄罗斯联邦内水和领海、界河、界湖以及其他水域俄方一侧,吩咐俄罗斯船只、外国船只悬挂本国国旗,如果未悬挂,要询问其驶入的目的;

如果船只驶入禁航区或暂时航行危险区以及周边建有人工岛、设备或设施的通告禁航区,或者违反其他航行制度,则命令其改变航向;

如果船只不悬挂本国国旗,不回答询问信号,不服从改变航向的要求或者违反国际法公认的原则和准则,则停止其航行并进行检查。根据检查的结果,做出允许其继续在俄罗斯联邦水域航行、驶离俄罗斯联邦水域以及依据本法规定予以扣留的决定;

将实施犯罪行为依法应负刑事责任的人员带离船舶并扣留,如果俄罗斯联邦国际法没有特殊规定,将其移交给侦查机关;

如果连续追捕发生在俄罗斯联邦水域或相邻区域,并远距离发出可视信号或声音信号并确保违反俄联邦国际条约、联邦法或其他规范性文件的船只能够看见听见,即使违法当事船舶已经驶离俄罗斯联邦水域但在进入本国或第三国领海之前,依然要对其实施追捕和扣留。

20)边防机关根据联邦侦查法采取措施保障边防机构自身的安全。

21)根据俄罗斯联邦法律对非法运送人员穿越国边界行为予以处罚(附:支付罚款不会免除运输人员补偿运送这些无证外国公民和无国籍人员至边检站或其他允许入境地方的实际费用,以及扣留和驱逐其离境的实际费用)。

边防机关在俄联邦领土实施边界搜寻和进行业务活动时,可以行使本条第二款所赋予的权力。

执行公务时,边防机关的舰艇、飞机(直升机)有权无偿:

使用俄罗斯联邦领水和领空、海(河)港、航空港和飞机场,不取决于其归属和用途;获取航行、水文、气象及其他信息。

保障飞行和航行。

法律赋予边防机关的其他权力。

边防机关不得使用权力去解决联邦法律未赋予的任务。

第31条　武装力量在空中的权限

俄罗斯武装力量负责空中国界的守卫:

对遵守国界制度进行监督;

对非法穿越俄罗斯联邦国境或者破坏俄罗斯联邦空域飞行制度的航空器采取措施,使其迫降在俄罗斯联邦领土上;

对因不可抗力和非故意进入俄罗斯联邦领空的飞机提供帮助,使其恢复航向,指引其降落到俄罗斯机场或者飞离俄罗斯联邦国境。

武装力量有权:

1)对在俄联邦空域或俄罗斯联邦境外空域飞行的航空器,有非法穿越国界的企图或者在非法穿越国境时,使用现有装备对其进行识别;

2)必要时,按照俄罗斯政府规定的方式使用国家机构的兵力和装备,查明空域情况,采取措施预防和制止非法越境行为;

3)在受到非法越境威胁或已发生非法越境时,坚决禁止和限制航空器在俄罗斯联邦领空个别地区飞行;

4)如果俄罗斯联邦国际条约未作其他规定,先将非法越境航空器的机组人员送到俄罗斯武装力量部队或其他地方以查明非法越界情况、然后将其移交侦查机构;

5)依据本法使用战斗技术装备和武器。

第32条　武装力量在水下的权限

武装力量负责水下国界的保护。

武装力量在采取措施维持海上军事区的制度时,有权:

监督穿越国界行为;

为俄罗斯联邦安全进行反潜防御,包括水下破坏防御;

在俄罗斯领水、内水以及水界以外的地方,发现水下目标有非法越界的企图,依据国际法准则和俄罗斯国际条约,采取军事措施制止和预防其非法越界的行为;

依据本法使用战斗技术装备和武器。

第 33 条 俄罗斯武装力量、其他部队和单位参与保卫国界

军事目标、卫戍部队、其他军队和军事单位的指挥部负责指挥保卫陆界、沿海、界河、界湖某些地段的国界安全,以及不对外开放的其驻地地段的国界安全。这些地段由联邦区地区边防局局长、联邦主体边防局局长、军区司令、舰队、区舰队、内卫部队区联合作战队、其他军队和军事单位领导决定,并以相应的文件形式确定下来。

俄联邦武装力量、其他军队和军事单位,按照相关联邦权力机关的共同决定,派遣兵力和装备给边防机关用于边境搜寻和边防行动。

俄罗斯联邦武装力量、其他军队和军事单位参与其他形式的边界保卫行动只能根据联邦法律进行。

第 34 条 保卫国界的协作

边防机关和俄罗斯武装力量:

在履行保卫国界职责时相互协助。

在本法规定的权限范围内,协调国家机关实施维护国境制度的各种检查行动,不受干预。

直接组织自己的兵力与参加保卫国界或进行涉及国界利益活动的国家机构、企事业单位、组织、社会团体的联合行动。负责安全和国防的指挥员在自己的权限内颁布命令,要求俄罗斯联邦所有机关、企事业单位、组织、社会团体、公民遵守国界制度。

根据俄罗斯联邦签署的国际条约,包括部门性质的国际条约的规定,与相应的外国机构、军队、舰队进行保卫国界的联合行动。

第 35 条 武器和作战装备的使用

边防机关和武装部队在边境地区履行保卫国界职责时,可以使用武器和作战装备打击对俄罗斯领土的武装入侵,预防向国外劫持航空器、轮船和其他没

有乘客的交通工具。

武器和作战装备还可用于下列情况:对付违反本规定非法越界的人员、海运(河运)船舶以及其他交通工具或者使用其他工具不能制止和扣留的非法越界者;保护公民的生命和健康免受攻击,以及解救人质;当军人、负有守卫国界职责和义务的人员以及他们的家庭成员生命受到直接威胁时,用以抗击攻击;抗击对边防机关、武装力量及军事设施的攻击,包括对遭受武装攻击的舰艇、飞机、直升机提供支援。

使用武器和作战装备前,应发出明显警告或鸣枪示警。

武装入侵,对军人和其他公民突然攻击或武装攻击,使用作战装备攻击、武装抵抗、被拘留人员携带武器逃跑,以及解救人质时,可不预先警告而使用武器和战斗技术装备。

军人有权使用武器消灭危及军人和其他公民生命、健康的动物,有权使用武器发报警信号和呼叫救援。

对妇女、未成年人禁止使用武器和作战装备,除非受到他们的武装攻击、武装抵抗或者危及生命的群体攻击;对载有乘客的飞机、船只和其他运输工具禁止使用武器;对纯属偶然、不幸事件或自然界不可抗力造成的非法越界或企图越界人员,禁止使用武器。

武器和作战装备的使用规定由俄罗斯政府制定。

俄联邦武装力量军人、其他军队和军事单位的军人,在履行保卫边界的边境搜寻、行动和其他活动时,依据本条规定,可使用武器和作战装备。

第36条　使用特种装备

在履行保卫边界职责以及保障边防机关自身的安全时,按照《联邦安全局法》规定,军人可以使用特种装备(手铐或捆绑工具,橡皮棍、催泪弹、诱导性声光装置、强制性停车装置)、体力包括武装格斗和警犬。边防机关装备的特种器材清单、边防军人,武装力量军人及其他部队军人保护国界时使用特种器材的依据和规定由俄罗斯政府确定。

第八章　地方自治机构、企事业单位、组织、社会团体参加保卫国界

第37条　地方自治机构、企事业单位、组织、社会团体参加保卫国界的

权限

根据俄联邦法律的规定,地方自治机关、企事业单位、组织、社会团体及其负责人具有以下权力:

根据俄联邦法律的规定,提供保卫国界所需要的地段;

为边防机关、俄罗斯武装力量,以及在国界进行各种检查的国家机构提供帮助,执行他们的法令,为他们的活动提供必要的信息;

为公民自愿保卫国界创造条件;

地方自治机关边防主官的职权由全部或部分位于边境地区市政条例规定;

为保卫国界提供地段的地方自治机关全权代表机关对该地段实施检查。

第38条　公民参加保卫国界

社会团体、民间志愿队成员以自愿原则,作为边防机关编外人员和通过其他形式,参加对俄联邦国界的保卫。吸收公民参加保卫国界的办法由俄罗斯联邦政府制定。

第九章　参加保卫国界的军人和其他公民的法律保护和社会保护

第39条　参加保卫国界的军人及其家庭成员的法律保护

直接参加保卫国界的军人享有俄联邦《军人地位法》规定的履行特种义务的军人地位。他们是联邦权力的代表,受国家保护。公民和公职人员对他们的合法要求必须予以照办。除联邦法律特别授权,其他人员无权干涉他们的活动。

妨碍军人履行其保卫国界的义务,因他们执行任务而蓄意侵害其生命、健康、荣誉和尊严、军人及其家庭成员的财产,根据俄联邦法律须追究其刑事或行政责任。

第40条　参加保卫国界的公民及其家庭成员的法律保护

对保护国界的公民及其家庭成员的违法行为,须追究俄联邦法律所规定的责任。

第41条　参加保卫国界的军人和其他公民的社会支持

对直接参加保卫国界的军人和其他公民的社会支持由俄联邦法律保障。

第42条　对参加保卫国界的军人和其他公民给予保障和补偿的补充规定

2005 年 1 月 1 日起失效

第十章　在国界违法的责任

第 43 条　违反国界法的责任

违反国界制度、边防制度和国界口岸制度规则的人员,负俄联邦法律规定的刑事和行政责任。

第十一章　保护国界的资源保障

第 44 条　保护国界的资金保障

保卫国界的财政保障由俄罗斯联邦国家预算负责。

第 45 条　保护国界的物质技术保障

保护国界的物质技术保障来自俄联邦国家物质技术和其他基金。

物质技术保障的规范和程序由俄联邦政府确定。

俄联邦总统　叶利钦

1993 年 4 月 1 日

莫斯科　克里姆林宫

俄联邦国籍法

2016 年 5 月 1 日修订

第一章 总 则

第 1 条 本联邦法调节的对象

本联邦法包括俄联邦国籍原则和调节与俄联邦国籍有关的关系的规则,确定取得和终止俄联邦国籍的依据、条件和程序。

第 2 条 俄联邦国籍立法

俄联邦国籍问题由俄联邦宪法、俄联邦国际条约、本联邦法以及根据以上法律通过的其他俄联邦标准法律文件调节。

第 3 条 基本概念

本联邦法使用下列基本概念:

俄联邦国籍是指某人与俄联邦稳定的法律关系,表现为相互联系的权力与义务;

其他国籍是指外国的国籍;

双重国籍是指俄联邦公民拥有外国国籍;

外国公民是指某个人不是俄联邦公民,而是拥有外国国籍;

无国籍人是指某个人不是俄联邦公民,也没有证明拥有外国国籍的证据;

儿童是指没有达到 18 岁的人;

居住是指某个人合法住在俄联邦境内或境外;

俄联邦境内是指俄联邦国界线之内的俄联邦领土或截止到根据本法取得或丧失俄联邦国籍有关情况之时俄罗斯苏维埃联邦社会主义共和国行政区域

内的俄罗斯苏维埃联邦社会主义共和国领土;

取得或终止俄联邦国籍的普通程序是指俄联邦总统审议本法规定适用一般条件的人的国籍问题并通过俄联邦国籍问题决议的程序;

取得或终止俄联邦国籍的简易程序是指审议本法规定的适用优惠条件的人的国籍问题和通过俄联邦国籍问题决议的程序;

改变国籍是指取得或终止俄联邦国籍;

居住证是指能证明无国籍人身份的文件,该文件的颁发是确认允许无国籍人或外国公民在俄联邦境内长期居住,并且确认上述人员有权出境俄联邦并返回俄联邦。

第4条 俄联邦国籍原则和调节俄联邦国籍问题的规则

1. 俄联邦国籍原则和调节俄联邦国籍问题的规则不可能包括按社会、人种、民族、语言或宗教属性特征限制公民权利的规定。

2. 俄联邦国籍是唯一和平等的,不取决于获取它的依据。

3. 俄联邦公民在俄联邦境外居住不终止他的俄联邦国籍。

4. 俄联邦公民不可能被剥夺国籍或被剥夺改变国籍的权利。

5. 俄联邦公民不可能被驱逐出俄联邦国境或引渡给外国。

6. 俄联邦鼓励居住在俄联邦的无国籍人获取俄联邦国籍。

7. 某人有俄联邦国籍或某人过去有苏联国籍的事实是根据俄联邦、俄罗斯苏维埃联邦社会主义共和国或苏联的法律文件,根据有效期至某人拥有相应国籍出现变化当日的俄联邦、俄罗斯苏维埃联邦社会主义共和国或苏联的国际条约来确定的。

第5条 俄联邦公民

俄联邦公民是指:

a)至本联邦法生效日拥有俄联邦国籍的人;

6)根据本联邦法取得了俄联邦国籍的人。

第6条 双重国籍

1. 还有其他国籍的俄罗斯公民,俄联邦只将他看做是俄联邦公民,俄联邦国际条约和联邦法律规定的情况例外。

2. 俄联邦公民取得其他国籍不要求终止俄联邦国籍。

3. 如果俄联邦国际条约或联邦法没别的规定,俄联邦公民(长期居住在俄罗斯境外的俄联邦公民除外)有其他国家国籍或居住证,或其他有效证件证明他有权长期居住在外国(以下称有权长期居住在外国的文件),必须在得到其他国籍或获取在外国长期居住文件的 60 天内,向俄罗斯境内居住地(如果没有居住地,则按俄罗斯境内的居留地,如果没有居留地,则按实际所在地)授权履行移民监督职责的地方联邦权力执行机构提交拥有其他国籍或在外国长期居留权力文件的书面通知。

本条第 1 段或 2014 年 6 月 4 日通过的《对"俄联邦国籍法"第 6 条和第 30 条进行修订和对俄联邦个别法律文件进行修订》第 6 条第 2 部分所指俄罗斯公民,因身在国外而没能按《对"俄联邦国籍法"第 6 条和第 30 条进行修订和对俄联邦个别法律文件进行修订》在规定的期限提交本条第 1 段所指通知,必须在回俄罗斯后 30 天内提交该通知。

4. 如果俄罗斯国际条约或联邦法没有别的规定,俄罗斯公民的未满 18 岁或行为受限(长期居住在俄罗斯境外的俄罗斯公民除外)的俄罗斯公民的合法代理人,必须在该公民得到其他国籍或获取在外国长期居住文件的 60 天内,向俄罗斯境内居住地(如果没有居住地,则按俄罗斯境内的居留地,如果没有居留地,则按实际所在地)授权履行移民监督职责的地方联邦权力执行机构提交该公民拥有其他国籍或在外国长期居留权力文件的书面通知。

本条第 1 段或 2014 年 6 月 4 日通过的《对"俄联邦国籍法"第 6 条和第 30 条进行修订和对俄联邦个别法律文件进行修订》第 6 条第 2 部分所指俄罗斯公民的合法代理人,因该公民身在国外而没能按《对"俄联邦国籍法"第 6 条和第 30 条进行修订和对俄联邦个别法律文件进行修订》在本条第 1 段和上述法律第 6 条第 2 部分规定的期限内提交本条第 1 段所指通知,必须在其回俄罗斯后 30 天内提交该通知。

5. 俄罗斯公民提交根据本条第 3 部分,或俄罗斯公民的合法代理人提交根据本条第 4 部分所指的有其他国家国籍或居住证,或其他有效证件证明他有权长期居住在外国的通知,需亲自或由他授权的代理人提交或通过邮政系统进行邮寄,此时需出示俄罗斯公民身份证或其他能在俄罗斯证明其身份的文件(如果通知由本条第 4 部分所指的作为俄罗斯公民合法代理人的外国公民提交,则出示被俄罗斯承认的、能在俄罗斯证明外国人身份的文件)。

6. 本条第 5 部分的通知中应包含俄罗斯公民的下列信息:

а)姓、名、父称;

6)出生日期和地点;

в)居住地(如果没有居住地,写居留地,如果没有居留地,写实际所在地);

г)俄罗斯公民护照或其他证明其在俄罗斯境内身份文件的号码;

д)现有另一国籍的名称、外国颁发的护照或其他证明该公民有其他国籍的文件号码和颁发日期,向该公民颁发的有权在外国长期居住的文件号码和颁发日期;

е)获得其他国籍或获得有权在外国长期居住文件的日期和依据;

ж)有权在外国长期居住文件有效期延长的信息或获取新的相应文件的信息;

з)该公民向外国管辖机构提出放弃该国国籍申请的信息或放弃现有的有权在外国长期居住的文件的信息(如果提出这种申请)。

7. 在本文第5部分所指的通知中,要附上俄罗斯公民的外国护照复印件,或能证明有外国国籍的其他文件和(或)有权在外国长期居住的文件复印件,还要有俄罗斯公民护照复印件或其他能证明在俄罗斯境内个人身份的证件复印件。如果通知由该俄罗斯公民的合法代理人提交,还要有合法代理人的身份证复印件(如果合法代理人是俄罗斯公民),或俄罗斯承认的、能证明外国公民身份的证件复印件(如果合法代理人是外国公民)。

如果是由本条第3或第4部分所指的授权代理人提交本条第5部分所指的通知,则通知中要附上按俄罗斯法律公证的委托书复印件和被授权的俄罗斯公民身份证复印件(如果被授权代理人是俄罗斯公民)或俄罗斯承认的、能证明外国公民身份的证件复印件(如果被授权代理人是外国公民)。

8. 本条第3或第4部分所指的通知的样式和程序由授权实施移民监督的联邦权力执行机构规定。

9. 如果有俄罗斯国际条约或联邦法律规定的情况,则免除俄罗斯公民提交本条第3部分所指的通知的义务。

10. 如果有俄罗斯国际条约或联邦法律规定的情况,则免除相应俄罗斯公民的合法代理人提交本条第4部分所指的通知的义务。

11. 本条第3~10部分所指的规定适用于有(获得了)一个或多个外国国籍,或获得一个或多个有权在外国长期居住权文件的俄罗斯公民。俄罗斯公民每获得一个别国国籍,或每获得一个有权在外国长期居住的文件,该公民或其合法代理人都必须按本条规定提交相应的通知。

第7条　给予俄联邦境外的俄联邦公民提供保护和庇护

1. 向在俄联邦境外的俄联邦公民提供俄联邦保护和庇护。

2. 驻俄联邦境外的国家权力机构、外交代表处和领事机构、上述代表处和机构负责人应尽力保障俄联邦公民能完全享受俄联邦宪法、联邦宪法法律、联邦法律、公认的原则和国际法准则、俄联邦国际条约、俄联邦公民居住国或逗留国法律和规定所规定的所有权利,并能保护他们的权利和法律所保障的利益。

第8条　俄联邦国籍与婚姻

1. 俄联邦公民与无俄联邦国籍的人缔结或解除婚姻不要求上述人改变国籍。

2. 夫妻一方改变国籍不要求另一方也改变国籍。

3. 解除婚姻不要求婚内所生子女或夫妻所收养子女改变国籍。

第9条　子女的国籍

1. 父母一方或父母双方在获取或终止俄联邦国籍时,儿童国籍的保留或改变根据本法执行。

2. 14~18岁儿童在获取或终止俄联邦国籍时必须经本人同意。

3. 如果儿童终止俄联邦国籍后就成了无国籍人,则不能终止该儿童的俄联邦国籍。

4. 丧失父母权利的儿童父母在改变国籍时,儿童的国籍不变。如果要改变儿童的国籍,无须丧失父母权利的儿童父母同意。

第10条　证明俄联邦国籍的文件

能证明俄联邦国籍的文件是俄联邦身份证或其他包含该人国籍信息的基本文件。证明俄联邦国籍身份的主要文件种类由联邦法律规定。

第二章　俄联邦国籍的取得

第11条　俄联邦国籍获得的依据

俄联邦国籍的获取方式:

a)按出生;

б)加入俄联邦国籍;

в)恢复俄联邦国籍;

г)按本联邦法或俄联邦国际条约规定的其他依据。

第12条　按出生获取俄联邦国籍

1. 儿童按出生获取俄联邦国籍,如果截至婴儿出生时:

a)父母双方或唯一的父(母)亲有俄联邦国籍(无论婴儿在哪里出生);

б)父母一方有俄联邦国籍,而另一方为无国籍人或失踪或其所在地不明

（无论婴儿在哪里出生）；

в）父母一方有俄联邦国籍，而另一方是外国公民，如果婴儿出生在俄联邦境内或者会成为无国籍人；

г）父母双方或唯一的父（母）亲住在俄联邦境内，他们是外国公民或无国籍人，如果婴儿生在俄联邦境内，其父母或唯一的父（母）亲所属的国家不给予婴儿国籍。

2. 俄罗斯境内的儿童，不知其父母亲为何人，自发现该儿童后 6 个月内父母没出现，则该儿童为俄罗斯公民。

第 13 条　加入俄联邦国籍的普通程序

1. 年满 18 岁以及具有行动能力的外国公民和无国籍人，有权申请加入俄联邦国籍，如果以上公民和人员：

a）从获得居留证到申请俄联邦国籍日的连续五年一直住在俄联邦境内，本条第 2 款规定的情况除外。如果一年内出境时间不超过 3 个月，在俄联邦境内居住的期限视为连续。2002 年 7 月 1 日以前到达俄联邦，如果没有居留证，在俄联邦境内居住的期限从在居住地登记之日算起。

б）必须遵守俄联邦宪法和俄联邦法律。

в）有合法收入维持生计。

г）到外国全权机关申请放弃现有的其他国籍。如果俄联邦国际条约或本联邦法有规定，或者由于当事人无法控制的原因不能放弃其他国籍，则不要求放弃其他国籍。

д）掌握俄语；确定俄语知识掌握程度的程序由"俄联邦国籍问题审议程序条例"规定。

2. 有下列依据之一的情况，本条第 2 款"a"项规定的在俄联邦境内居住期限可缩短为一年：

a）– в）2003 年 11 月 11 日删除；

a）在科学、技术、文化领域取得巨大成绩；掌握俄联邦感兴趣的职业和技能；

б）在俄联邦境内提供政治庇护；

в）按联邦法规定的程序承认为难民。

3. 对俄联邦有特殊贡献，可以不按本条第 1 款规定的条件而给予俄联邦国籍。

4. 在俄联邦武装力量、其他部队或军事单位服满 3 年以上兵役的苏联国家公民有权申请加入俄联邦国籍,无须满足本条第 1 款"a"项规定的条件,也不需提供居留证。

第 14 条 加入俄联邦国籍的简易程序

1. 年满 18 岁、有完全行动能力的外国公民和无国籍人有权申请以简易程序加入俄联邦国籍,无须满足第 13 条第 1 项"a"项的要求,如果该外国公民和无国籍人:

a)至少父(母)一方有俄联邦国籍并居住在俄联邦境内;

б)曾经有苏联国籍,以前和现在一直住在苏联国家,未获得这些国家的国籍,因此成了无国籍人;

в)2014 年 6 月 23 日失效。

2. 居住在俄联邦境内的外国公民和无国籍人有权以简化程序加入俄联邦国籍,无须满足本法第 13 条第 1 款"a"项的要求,如果以上外国公民或无国籍人:

a)出生在俄罗斯苏维埃联邦社会主义共和国并曾有苏联国籍。

б)与俄联邦公民结婚 3 年以上。

в)无劳动能力,但有有行为能力的、年满 18 岁并为俄联邦公民的儿子或女儿。

г)其婴儿是俄联邦公民,如果该婴儿父母的另一方为俄联邦公民,但已死亡或被法院判决失踪、无行为能力人或行为能力受限、被剥夺父母监护权或父母监护权受限。

д)有年满 18 岁的儿子或女儿,并且都是俄联邦公民,法院判决儿子或女儿为无行为能力或行为能力受限,如果上述俄罗斯公民的父母另一方是俄联邦公民,并且已死亡或法院判决其失踪、无行为能力或行为能力受限、被剥夺父母监护权或父母监护权受限。

e)2002 年 7 月 1 日以后在俄罗斯教育或科研机构接受了有国家资质的、按基础职业教育大纲实施的职业教育,在提交加入俄罗斯国籍前已在俄罗斯从事劳务活动总计超过 3 年。并且在这期间雇主向俄罗斯养老基金为这些外国公民或无国籍人交纳了保险。

ж)是个体企业主,在提交加入俄罗斯国籍申请前的一年,已连续在俄罗斯从事经营活动不少于 3 年,从事俄罗斯政府规定的经济活动种类。在此期间,该公民每个日历年纳税总额度要符合俄罗斯法律(自然人财产税、土地税、交通税、国税和依税法在此阶段退还的多缴的税除外),还要向俄罗斯养老基金交纳不少于 100 万卢布的保险费。

з)是投资人,占按俄罗斯政府规定的经济活动种类俄罗斯法人注册(联合)资金份额不少于 10%,在提交加入俄罗斯国籍前一年的连续经营不少于 3 年。同时,该法人的注册(联合)资金不应少于 1 亿卢布,在此期间他每个日历年纳税额要符合俄罗斯法律要求(国税和依税法在此阶段退还的多缴的税除外),向俄罗斯养老基金交纳的保险不少于 600 万卢布。

и)在提交加入俄罗斯国籍前,在俄罗斯按列入外国公民和无国籍人职业(专业、职务)清单的职业(专业、职务)从事劳务活动不少于 3 年,是负责制定和实施居民就业和失业国家政策和法律调控职能的联邦权力机构批准的、有权按简易程序加入俄罗斯国籍的高水平专家。同时,在此阶段雇主为该外国公民和无国籍人缴纳了俄罗斯养老基金保险费。

2.1　在下列情况下,有合法依据在俄罗斯长期居住的、根据本联邦法第 33.1 条被承认为操俄语的外国公民或无国籍人士,有权提交简易程序加入俄罗斯国籍的申请:

а)遵守俄联邦宪法和俄罗斯法律;

б)有合法收入维持生活;

в)已放弃现有的外国国籍。如果俄联邦国际法有规定,或因本人无法决定的原因不能放弃外国国籍,则不要求放弃外国国籍。

3. 从苏联国家来到俄联邦的没有劳动能力的外国公民和无国籍人,在 2002 年 7 月 1 日前按俄联邦居住地登记的,有权申请以简化程序加入俄联邦国籍,无须遵守本法第 13 条第 1 款“a”项规定的在俄联邦境内居住期限的条件,也不用提供居留证。

4. 从苏联国家来到俄联邦的、曾经有苏联国籍的外国公民和无国籍人,在 2002 年 7 月 1 日前在俄联邦居住地登记的,或在俄联邦获得临时居住证和居留证的,可按简化程序加入俄联邦国籍,无须满足本法第 13 条第 1 款“a”“в”和“д”项规定的条件,如果他们在 2009 年 7 月 1 日前申请愿意获得俄联邦国籍。

5. 曾经有苏联国籍并住在俄联邦境内的参加过伟大卫国战争的老兵可以用简化程序加入俄联邦国籍,无须满足本法第 13 条第 1 款“a”“в”“г”和“д”项的要求,也不用提供居留证。

6. 作为外国公民或无国籍人的儿童和无行动能力人,用简化程序加入俄联邦国籍,无须遵守本法第 13 条第 1 款规定的条件:

а)父母一方有俄联邦国籍,并提出申请,在父母另一方同意时,其儿童可以取得俄联邦国籍。如果儿童居住在俄联邦境内,则不需要父母另一方同意。

6)如果儿童的唯一父(母)亲有俄联邦国籍,需单亲提出申请。

в)确定了监护权或保护权的儿童或无行动能力人,需要有俄联邦国籍的监护人或保护人提出申请。

г)除俄联邦《家庭法》第155.1条第2款规定的情况除外,儿童被安置在孤儿院或无父亲监护的儿童机构,由儿童所在俄罗斯机构领导提出申请。

д)俄联邦《保护监护法》第11条第4部分规定的情况除外,安置在俄罗斯教育机构、医疗机构、社会服务机构或其他俄罗斯机构的无行为能力人,由被安置的无行为能力人所在的俄罗斯机构领导提出申请。

7. 如果外国公民和无国籍人是住在国外的"协助同胞自愿回归俄联邦国家项目"参加者,其家庭成员有在俄联邦主体境内居住的登记,他们可以通过简易程序加入俄联邦国籍,无须满足本联邦法第13条第1款"a""в"和"д"项规定的条件。

第15条　俄联邦国籍的恢复

1. 以前有俄联邦国籍的外国公民和无国籍人可根据本联邦法第13条第1款恢复俄联邦国籍。此时他在俄联邦境内居住的期限可缩短至3年。

2. 住在俄联邦境内以前有俄联邦国籍,按规定办理了退出俄联邦国籍手续的外国公民和无国籍人,可以根据本联邦法第13条第2-4款按普通程序恢复俄联邦国籍,如果他属于本联邦法第13条第2-4款和第14条规定的人员,也可按简易程序恢复俄联邦国籍。

第16条　加入和恢复俄联邦国籍申请被驳回的依据

1. 下列人员提交的加入和恢复俄联邦国籍申请会被驳回:

a)支持暴力改变俄联邦宪法体制或用其他行动对俄联邦安全构成威胁;

6)现在或以前参加过国际、民族、地区或其他武装冲突,或者在上述冲突过程中实施过针对维和力量中的俄罗斯人员的行动及阻碍他们执行维和使命或针对俄联邦武装力量或在实施恐怖活动、进行活动或准备实施上述行动、在俄联邦境外实施针对俄联邦公民、在外国和国际组织实施针对俄联邦政府、俄联邦主体代表处及其人员的行动;

в)过去或现在参加实施或准备实施包括有极端活动特征之一的违法行动,俄联邦法律规定实施此类行动需负刑事、行政或民事法律责任,或者参加对俄联邦安全或俄联邦公民构成威胁的其他行动;

г)被行政驱逐出俄联邦国境、遣送出境或被俄联邦根据俄联邦相互遣返国

际协定移交给外国而限制入俄联邦国境(规定限制入境俄罗斯联邦期限未满);

д)正在外国服兵役、在安全机关或执法机关服役,如果有俄联邦国际条约没规定的其他情况;

ж)在俄罗斯境内有因蓄意犯罪没有撤销或未服满刑期的判罪或在境外有根据联邦法律认为类似的犯罪;

з)因犯联邦法律认定的犯罪而被俄联邦主管机关或外国主管机关以刑事程序予以追究(法院审判或对案件做出判决之前);

и)因犯联邦法规定追究的行为被判刑,被剥夺自由,正在服刑(在服刑期满以前);

2. 以本条第1款"а""6"和"в"项为依据,要求承认俄联邦公民的申请不予受理。

第17条 当俄联邦国界发生变化时国籍的选择

当俄联邦国界根据俄联邦国际协议发生改变时,居住在国家属性要发生变化地区的人有权根据程序选择国籍和相应俄联邦国际条约规定的期限。

第三章　俄联邦国籍的终止

第18条 俄联邦国籍终止的依据

下列情况下俄联邦国籍终止:

а)退出俄联邦国籍;

6)根据本联邦法或俄联邦国际条约规定的其他依据。

第19条 退出俄联邦国籍

1. 居住在俄联邦境内的人退出俄联邦国籍应根据自愿意思的表示,以普通程序进行,本联邦法第20条规定的情况除外。

2. 居住在外国领土上的人退出俄联邦国籍,要根据自愿意思表示,以简易程序进行,本联邦法第20条规定的情况除外。

3. 儿童父母一方为俄联邦国籍,另一方为外国公民或其单亲父(母)为外国公民,儿童退出俄联邦国籍根据父母的申请或单亲父(母)的申请以简易程序办理。

第20条 拒绝退出俄联邦国籍的依据

如果俄联邦公民有下列情况,不允许退出俄联邦国籍:

a)有联邦宪法规定的对俄联邦应尽义务没履行完；

б)被俄联邦主管机关作为被告提审或有法院的终审判决需要执行；

в)没有其他国籍或取得其他国籍的保证。

第21条 在俄联邦国界发生变化时其他国籍的选择

根据国际条约，俄联邦国界线变化造成领土发生变化时，居住在发生变化区域的俄联邦公民按照该国际条约有权保留或改变自己的国籍。

第四章 俄联邦国籍问题决定的撤销

第22条 俄联邦国籍问题决定撤销的依据

俄联邦国籍的获取或终止决定在下列情况下应予撤销，如果该决议是以申请人提交的伪假证件或故意提交的假信息为基础做出的。使用伪假证件或故意提交假信息的事实通过法律程序来确定。

第23条 俄联邦国籍问题决定撤销的程序及撤销的后果

1. 俄联邦国籍问题决定的撤销由俄联邦总统或负责俄联邦国籍事务及做出该决议的全权机关实施。

2. 俄联邦国籍问题的决议一旦根据本联邦法第22条撤销，该决定自通过之日起算作无效。

第五章 父母、监护人、保护者国籍改变时儿童的国籍

无行为能力人的国籍

第24条 儿童父母的俄联邦国籍获取或终止时，儿童国籍的改变

1. 如果儿童的父母双方或单亲父（母）获得了俄联邦国籍，儿童可获取俄联邦国籍。

2. 儿童在其父母或单亲父（母）终止俄联邦国籍时，如果儿童不会出现无国籍的情况，则该儿童的俄联邦国籍终止。

第25条 父母之一获取或终止俄联邦国籍时婴儿的国籍

1. 如果有其他国籍的父母一方获取了俄联邦国籍，其居住在俄联邦境内的儿童由已获取俄联邦国籍的父母一方申请可以获取俄联邦国籍。

2. 如果有其他国籍的父母一方获取了俄联邦国籍,其居住在俄联邦境外的儿童由父母双方申请可以获取俄联邦国籍。

3. 如果有其他国籍的父母一方获取了俄联邦国籍,而另一方为无国籍人,其儿童由已获取俄联邦国籍的父母一方申请可以获取俄联邦国籍。

4. 如果正在获取俄联邦国籍的父母一方是无国籍人,另一方是外国国籍,儿童由父母双方申请可获取俄联邦国籍。

5. 如果父母一方的俄联邦国籍将终止,而另一方还是俄联邦公民,则儿童保留俄联邦国籍。儿童的俄联邦国籍可与父母一方的俄联邦国籍同时终止,如果有作为俄联邦公民的父母另一方的书面同意,而且是在儿童不会成为无国籍人的情况下。

第 26 条 收养时的儿童国籍

1. 儿童为俄联邦公民,在被外国公民收养时保留俄联邦国籍。被外国公民收养的儿童的俄联邦国籍可经收养人双方申请或在儿童不会成为无国籍人的情况下由唯一收养人申请,以普通程序终止。

2. 被俄联邦公民一人收养或被俄联邦公民夫妇收养的儿童或收养的夫妇一方是俄联邦公民,而另一方为无国籍人,该儿童由俄联邦公民收养人申请,自收养之日起获取俄联邦国籍,不论居住地在哪里。

3. 被夫妇收养的儿童,夫妇一方是俄联邦公民,而另一方为其他国籍,儿童由收养人双方提出申请可以简易程序获取俄联邦国籍,不论儿童居住地在哪里。

4. 在本条第三款规定的情况下,如果自收养之日起 1 年内收养人双方没有提出申请,如果儿童和其收养人居住在俄联邦境内,儿童自收养之日起获取俄联邦国籍。

第 27 条 确定了监护权或保护权的儿童和无行为能力人的国籍

1. 除联邦《保护监护法》第 13 条第 1 部分规定的情况外,已经确定俄联邦公民为监护人和保护人的儿童和无行为能力人,可以根据本联邦法第 14 条第 6 部分"в"按简易程序获取俄联邦国籍。

2. 除俄联邦《家庭法》第 155.1 条第 2 款规定的情况外,安置在俄罗斯孤儿院机构和无父母监护儿童机构的儿童和无行为能力人,可以根据本联邦法第 14 条第 6 部分"г"按简易程序获取俄联邦国籍。

2.1 俄联邦《保护监护法》第 11 条第 4 部分规定的情况除外,安置在俄罗斯教育机构、医疗机构、社会服务机构或其他俄罗斯机构的无行为能力人,根据本联邦法第 14 条第 4 部分"д"按简化程序获取俄罗斯国籍。

3. 已确定由正在获取俄联邦国籍的外国人作为监护人或保护人的儿童和无行为能力人,由上述监护人或保护人提出申请,可与其同时获取俄联邦国籍。

4. 儿童和无行为能力人是俄联邦公民,被他确定的监护人或保护人为外国公民,则儿童和无行为能力人保留俄联邦国籍。

第六章　负责俄联邦国籍的全权机构

第 28 条　负责俄联邦国籍的全权机构

1. 负责俄联邦国籍事务的全权机构有:

俄联邦总统;

授权对移民领域进行管理和监督的联邦权力机构及其下属地方机构;

负责外国事务的联邦权力机构、在国外设立的俄联邦外交代表处和领事机构。

2. 负责俄联邦国籍事务的机构的权限由本联邦法规定。

第 29 条　俄联邦总统的权限

1. 俄联邦总统解决下列问题:

a)根据本联邦法第 13 条的普通程序加入俄联邦国籍;

б)根据本联邦法第 15 条的普通程序恢复俄联邦国籍;

в)根据本联邦法第 19 条第 1 款和第 26 条第 1 款的普通程序退出俄联邦国籍;

г)根据本联邦法第 23 条撤销俄联邦国籍问题的决定。

2. 俄联邦总统批准"俄联邦国籍问题审议程序规定"。

3. 俄联邦总统保证负责俄联邦国籍法事务的授权机关在执行本联邦法时相互协调。

4. 俄联邦总统就俄联邦国籍法问题发布命令。

5. 当出现本联邦法第 16 条第 1 款"г"-"и"项规定的情况时,俄联邦总统有权根据本联邦法第 13－15 条审议外国人或无国籍人加入俄联邦国籍或恢复俄联邦国籍的问题。

第 30 条　授权履行管理和监督移民领域事务的联邦权力执行机构及其地方机构的权限

授权履行管理和监督移民领域事务的联邦权力执行机构及其地方机构的权限如下:

a) 确定居住在俄联邦境内的人有俄联邦国籍;

6) 接收居住在俄联邦境内的人就俄联邦国籍问题提出的申请;

в) 查明事实和提交的作为申请俄联邦国籍依据的文件,如有必要可向相应的国家机构查询补充信息;

в.1) 为核对本联邦法第 14 条第 2 部分"е"-"и"所指的事实,在监督税收法执行情况的联邦权力执行机构查询并获取相应的信息,包括税收秘密,查询作为个体企业主和农场主的法人和自然人的国家注册系统、查询俄罗斯养老基金和证券市场;

г) 出现本联邦法第 29 条第一款规定的情况时,向俄联邦总统提交俄联邦国籍法问题申请,提交作为依据的文件或其他材料以及对这些申请、文件和材料的意见;

д) 执行俄联邦总统做出的、有关居住在俄联邦境内人员的俄联邦国籍问题决定;

е) 审议居住在俄联邦境内人员提交的俄联邦国籍问题申请,根据本联邦法第 14 条、第 15 条第 2 款、第 19 条第 3 款和第 26 条第 3 款适用简易程序的俄联邦国籍问题做出决定;

ж) 授权履行管理和监督移民领域事务的联邦权力执行机构或地方机构对做出决定改变国籍的人员进行登记;

ж.1) 对俄罗斯公民提交的拥有其他国籍的情况进行登记,进行这种登记的规定由俄联邦政府确定;

з) 根据本联邦法第 12 条第 2 款和第 26 条第 2、4 款办理俄联邦国籍;

и) 根据本联邦法第 23 条撤销俄联邦国籍问题的决定。

第 31 条 负责外国事务的联邦权力机构、在国外设立的俄联邦外交代表处和领事机构的权限

负责外国事务的联邦权力机构、在国外设立的俄联邦外交代表处和领事机构:

a) 确定居住在俄联邦境外的人有俄联邦国籍;

6) 接收居住在俄联邦境外的人提交的有关俄联邦国籍问题的申请;

в) 查明事实和提交的作为申请俄联邦国籍依据的文件,如有必要可向相应的国家机构查询补充信息;

г) 出现本联邦法第 29 条第 1 款规定的情况时,向俄联邦总统提交俄联邦国籍法问题申请,提交作为依据的文件或其他材料以及对这些申请、文件和材料的意见;

д) 执行俄联邦总统做出的、有关居住在俄联邦境外人员的俄联邦国籍问题的决定;

е) 审理居住在俄联邦境外人员提交的俄联邦国籍问题的申请,根据本联邦法第 14 条、第 19 条第 2、3 款和第 26 条第 3 款适用简化程序的俄联邦国籍问题做出决定;

ж) 在国外设立的俄联邦外交代表处和领事机构对通过改变国籍决定的人员进行登记;

з) 根据本联邦法第 26 条第 2 款办理俄联邦国籍;

и) 根据木联邦法第 23 条撤销俄联邦国籍问题的决定。

第七章 俄联邦国籍的办理程序

第 32 条 俄联邦国籍问题申请的递交程序

1. 俄联邦国籍问题申请按申请人的居住地提交:

a) 居住在俄联邦境内的人向授权履行移民管理和监督的地区联邦权力机构提交;

б) 居住在俄联邦境外和在俄联邦没有居住地的人向境外俄联邦外交代表处或领事机构提交。

2. 申请须由申请人亲自提交。

3. 如果申请人因特殊原因和文件规定的情况不能亲自提交,申请书和必要的文件可通过其他人转交或邮寄。这种情况下申请书是否由本人签字,申请书所附文件是否真实必须经过公证。

4. 儿童或无行为能力人改变国籍的申请由其父母或其他合法代表按申请人的居住地或儿童或无行为能力人居住地进行提交。

5. 外国公民向授权履行移民监督职能的联邦权力执行机构或其地方机构提交加入俄联邦国籍的申请。此申请向根据本联邦法第 33.1 条做出此外国公民为操俄语者的委员会决定的相应机构提交。

第 33 条　俄联邦国籍问题申请的办理程序

1. 俄联邦国籍问题申请按规定格式起草书面文本。申请人的个人签字由接收申请的授权负责俄联邦国籍事务机构的负责人查明属实。

2. 如果申请人因文盲或身体缺陷不能签字,他可以请别人代签,代签之人签字的真实性由公证书认定。在俄联邦境外,境外的俄联邦外交代表处和领事机构负责人要将公证书放入申请书中。

3. 在本联邦法规定的情况下,相关人员对获取或终止俄联邦国籍的同意函以书面形式提交,上述人员签字的真实性由公证书认定。居住在俄联邦境外的人签字的真实性由驻俄联邦境外的外交代表处或俄联邦领事机构负责人确认。

4. 申请书的样式和申请书中作为获取或终止俄联邦国籍具体依据所列的信息和必要文件的清单由俄联邦总统批准的“俄联邦国籍问题审议程序规定”所确定。

第 33.1 条　承认外国公民或无国籍人为操俄语者

1. 外国公民或无国籍人根据承认外国公民或无国籍人为操俄语者委员会(以下称委员会)与他们交谈的结果,可以被承认为操俄语者,即掌握俄语并在日常家庭生活和文化活动中使用俄语的人,他们或其长辈直接亲属长期或之前长期居住在俄联邦境内,或长期住在之前属于俄帝国或苏联的境内,在俄联邦国界内。

2. 由负责移民监督功能的联邦权力执行机构及其地方机构组建委员会。委员会的组建和工作程序、对加入委员会人员的要求、委员会进行本条第 1 部分所指与外国公民或无国籍人交谈的规则、对外国公民和无国籍人申请为操俄语者申请书的样式的要求,以及委员会关于承认外国公民和无国籍人申请为操俄语者的决议的样式,由负责移民监督功能的联邦权力执行机构与负责制定教育国家政策和法律调节的联邦权力执行机构协商后确定。

3. 承认临时居住在俄联邦境内的外国公民或无国籍人为操俄语者的申请,应在外国公民或无国籍人在俄罗斯境内临时居住期结束前不迟于 15 天向委员会提交。

4. 承认居住在俄联邦境内的外国公民或无国籍人为操俄语者的申请,应在外国公民或无国籍人在俄罗斯境内居住期结束前不迟于 3 个月向委员会提交。

5. 委员会根据与外国公民或无国籍人交谈结果,做出承认或不承认这名外国公民或无国籍人为操俄语者的决定。

6. 委员会做出承认外国公民或无国籍人为操俄语者的决定,颁发给这名外国公民或无国籍人,用于办理居留证申请,或根据本联邦法第14条第2.1部分申请加入俄罗斯国籍,还用于外国公民或无国籍人离开俄罗斯去办理再次入境俄罗斯国境的问题。

7. 委员会做出承认外国公民或无国籍人为操俄语者的决定,有效期没有限制。

8. 已承认外国公民或无国籍人为操俄语者,不允许再次进行本条第1部分所指的交谈。

9. 没有被承认为操俄语者的外国公民和无国籍人,在做出该决定满1年之后,有权再次提交被承认为操俄语者的申请。

第34条 国税和领事费的征收

1. 在递交加入、恢复或退出俄联邦国籍申请,以及在根据俄联邦境内相关人员申请确定俄联邦国籍时要征收国家税,征税的额度和程序由俄联邦税法规定。

2. 如果因本法第16条和第20条规定的理由驳回俄联邦国籍问题的申请,不向申请人退回所交的国税和领事费。

第35条 就俄联邦国籍问题做出决定的程序和期限

1. 普通程序的俄联邦国籍问题决定由俄联邦总统做出。

2. 以普通程序审理俄联邦国籍问题的申请,加入、退出俄联邦国籍的决定从递交申请书和符合要求的所有必需文件之日算起1年内做出。

3. 根据本联邦法第14条、第19条第3款、第26条第3款以简易程序办理的加入和退出俄联邦国籍的决定由授权履行移民领域管理和监督权的联邦权力执行机构及其地方机构做出。

根据本联邦法第14条第1、6款、第19条2、3款、第26条第3款以简易程序办理的加入和退出俄联邦国籍的决定由负责外国事务问题的联邦权力机构和驻俄联邦境外的俄联邦外交代表处和领事机构做出。

4. 以简易程序审理俄联邦国籍问题的申请,加入和退出俄联邦国籍的决定在递交申请和所有符合要求的必要文件之日的6个月之内做出。

4.1 根据本联邦法第14条第2和7条简易程序加入俄联邦国籍申请的审理,在递交申请和所需文件之后3个月之内完成。

4.2 授权履行移民监督功能的联邦权力执行机构或其地方机构,在递交申请加入俄联邦国籍申请和所需文件后3个月内审理并就此做出决定。

5. 俄联邦国籍问题的决定以书面形式办理,指明做出决定的根据。

第 36 条　审议俄联邦国籍问题的重复申请

1. 对某人已做出俄联邦国籍问题的决定,该人有权在做出上一决定一年后再次提交俄联邦国籍问题的申请。

2. 当存在申请人当时未知或不可能知道的情况时,重复申请可以审议,不受本条第 1 款规定时间的限制。

第 37 条　获取和终止俄联邦国籍的日期

1. 俄联邦国籍取得:

根据本联邦法第 12 条,从儿童出生之日算;

根据本联邦法第 26 第 2、4 部分,从儿童收养之日算;

其他情况,按负责履行俄联邦国籍事务授权机构做出相应决定之日算。

2. 俄联邦国籍的终止按负责履行俄联邦国籍事务授权机构做出相应决定之日算。

第 38 条　俄联邦国籍问题决定的执行

1. 负责履行俄联邦国籍事务和审理国籍问题申请的授权机构应通知相关人员所做出的决定,并向他们颁发相应的文件。

2. 联邦权力执行机构、授权管理和监督移民事务的机构、负责外国事务问题的权力执行机构应监督俄联邦国籍决定的执行,在俄联邦总统批准的"俄联邦国籍问题审议程序规定"的规定期限内向俄联邦总统通报有关情况。

第八章　对负责俄联邦国籍事务全权机构决定及其负责人行为的申诉、俄联邦国籍问题争议的解决

第 39 条　对俄联邦国籍问题决定的申诉

对负责履行俄联邦国籍事务全权机构做出驳回俄联邦国籍问题申请的决定可以按俄联邦法律规定的程序向法院提出申诉。

第 40 条　对负责俄联邦国籍事务全权机构负责人行为的申诉

负责俄联邦国籍事务全权机构负责人拒绝审理俄联邦国籍问题申请,或其行为违反俄联邦国籍事务程序、违反执行俄联邦国籍问题决定程序都可向负责人所属上级机构或法院提出申诉。

第 41 条　关于儿童和无行为能力人国籍争议的解决

父母之间、父母一方与监护人或保护人就儿童或无行为能力人国籍的争议

从保障儿童或无行为能力人利益出发,通过司法程序解决。

第八(一)章 居住在俄联邦境内个别人的法律地位调节

第 41.1 条 调节对象和本章有效的范围

1. 本章规定了居住在俄联邦境内个别人加入俄联邦国籍的条件和程序,上述人包括:

a)至 1991 年 9 月 5 日有苏联国籍、2002 年 11 月 1 日前来到俄联邦但没按规定程序获取俄联邦国籍的有行为能力人,如果他们没有外国国籍,也没有有效文件证明有权在外国居住;

6)本条"a"项规定人的年满 18 岁、有行为能力的子女,如果他们没有外国国籍,也没有有效文件证明其有权在外国居住;

в)本条"a"项规定人未满 18 岁子女(以下称未成年子女),如果他们没有外国国籍,也没有有效文件证明其有权在外国居住;

г)符合本条"a"项规定人所监护的成年无行为能力人,如果他们没有外国国籍,也没有有效文件证明其有权在外国居住;

д)有苏联国籍,也于 2002 年 7 月 1 日以前获得过俄联邦公民身份证的人,后来负责俄联邦国籍事务的全权机构确认其无俄联邦国籍,他们有外国国籍,如果他们没有有效文件证明其有权在外国居住。

2. 符合本条第一部分的人可根据本联邦法或根据 2002 年 7 月 25 日通过的联邦法《俄联邦外国公民地位法》中关于"居留证的颁发",在加入俄联邦国籍意愿表示的基础上调节自己的法律地位。

3. 本章还规定了居住在俄联邦境内的曾有苏联国籍,在 2002 年 7 月 1 日前获得了俄联邦身份证,但没按规定程序取得俄联邦国籍的人及其未成年子女承认为俄联邦公民的条件和程序,如果他们没有外国国籍或有效文件证明其有权居住在外国。

4. 符合本条第 3 款的人如果不愿意被承认为俄联邦公民,根据 2002 年 7 月 25 日通过的"俄联邦外国公民法律地位"法,他们有权申请颁发居留证。

5. 符合本条规定的人违反俄联邦入境条例、在俄联邦居住条例、在俄联邦非法进行劳务活动或违反移民规定,如果这些违章行为是因为他们递交了承认其为俄联邦公民、加入俄联邦国籍或发放居留证的申请,则对这些人不追究行政责任。

第41.2条　承认俄联邦公民的条件和程序

1. 符合本联邦法第41.1条第3款的人,如果申请被承认为俄联邦公民,则被承认为俄联邦公民,本条第4款规定的情况除外,而且没有本联邦法第16条第1款分"а""б"和"в"项规定的申请驳回的理由。

2. 符合本条第3款的人根据地方负责移民管理和监督联邦权力执行机构(以下称地方机构)的决定可以承认为俄联邦公民。

3. 符合本联邦法第41.1条第3款人的未成年子女,如果之前没有按规定程序获取俄联邦国籍,可承认为俄联邦公民。此时年龄为14～18岁的未成年子女承认为俄联邦国籍时,须经本人同意。

4. 有下列情况的人,不能承认为俄联邦国籍:

а)颁发了俄联邦公民身份证,但依据的是故意编的假信息或申请人的个人信息不可信;

б)俄联邦公民身份证是用丢失的(窃取的)俄联邦公民身份证表格办理的,别人来申请俄联邦公民身份时才得知此事;

в)某人以前是外国人或无国籍人,在外国的要求下因刑事侦查或履行协议被俄联邦引渡;

г)某人起初获取俄联邦公民身份证后又按本联邦法规定的程序获得俄联邦国籍;

д)某人起初获取了俄联邦公民身份证后,又根据法律规定的自愿意思表示被允许退出俄联邦国籍;

е)某人起初获取了俄联邦公民身份证后,又获取了外国国籍或能证明有权在外国居住的有效文件,根据联邦法或俄联邦国际条约此人有外国国籍(双重国籍)的情况除外。

第41.3条　加入俄联邦国籍的条件

1. 本联邦法第41.1条第1款规定的人加入俄联邦国籍,无须满足本联邦法第13条第1款"а""в"和"д"项规定的要求,在没有根据驳回本联邦法第16条规定的申请时也不用提交临时居住证和居留证。

2.14～18岁的未成年子女经本人同意可加入俄联邦国籍。

第41.4条　承认为俄联邦公民的申请和加入俄联邦国籍的申请

1. 符合本联邦法第41.1条的人,承认其俄联邦公民的申请和加入俄联邦国籍的申请以书面形式和规定格式的表格由申请人亲自递交给申请人居住地或逗留地的地方机构(要有居住证或暂住证),如果申请人没有居住证或暂住证,则按申请人实际居住地提交。

2. 承认申请人未成年子女为俄联邦公民和加入俄联邦国籍根据父母的申请,申请中要写明未成年子女的信息。

3. 关于受理申请人递交的承认为俄联邦公民和加入俄联邦国籍的申请,向申请人出具规定格式并附接收文件清单的回执。回执表格的形式由授权负责移民事务管理和监督的联邦权力执行机构规定。

4. 没有有效证件能证明自己身份的申请人,包括被没收了俄联邦公民身份证,在接收承认为俄联邦公民和加入俄联邦国籍申请用于审议的当天向申请人出具审议承认为俄联邦公民和加入俄联邦国籍申请期间的身份证明文件,文件中要写明申请人的个人信息并贴照片。在向申请人颁发俄联邦身份证时该文件收回。该证明文件是制式表格,其样式和有效期由授权负责移民事务管理和监督的联邦权力执行机构规定。

5. 在审议承认为俄联邦公民和加入俄联邦国籍申请期间,如果申请人没有有效证件证明身份,则他的身份按 2002 年 7 朋 25 日通过的联邦法"俄联邦外国人法律地位"来确认。

6. 承认为俄联邦公民的申请书样式以及所附文件清单由俄联邦总统批准的"俄联邦国籍问题审议程序规定"确定。

7. 加入俄联邦国籍的申请书样式以及所附文件清单由本联邦法第 33 条确定。

第41.5条 审议并按承认为俄联邦公民和加入俄联邦国籍申请做出决定的期限

1. 审议承认为俄联邦公民的申请并按该申请做出决定,根据本联邦法由地方机构进行,期限为自申请和所有规定格式的文件提交之日起的 2 个月之内。

2. 审议加入俄联邦国籍的申请并按该申请做出决定,根据本联邦法由地方机构进行,期限为自申请和所有规定格式的文件提交之日起的 6 个月之内。

3. 如果需要确定申请人身份,本条第 1 和第 2 款指出的期限会延长用于确定申请人身份,但不会超过 3 个月。

第41.6条 实施本联邦法地方机构的权限

为实施本章规定,地方机构须:

a)审议承认为俄联邦公民和加入俄联邦国籍的申请并就该申请做出决定;

6)执行做出的决定,颁发相应的证件;

в)对申请要求承认为俄联邦公民或加入俄联邦国籍的人进行登记;

г)收集、固定、检查、评估本联邦法规定的能证明是否有可认定为俄联邦公民、能做出决定给予俄联邦国籍的依据和条件的证据,并在相应文件中记录上述行为;

д)确定申请人在2002年11月1日之前来到俄联邦境内的事实,以及一直到申请俄联邦国籍之日居住在俄联邦境内的事实,做出决定是否将申请人归入本联邦法第41.1条第1款"a"项规定的一类人的范围,并说明理由;

е)进行国家强制性录入指纹和拍照,如果联邦法律规定,在进行国家指纹录入过程中输入信息内容;

ж)如果有本联邦法第41.4条第5款规定的情况,要确定人的身份;

з)履行本联邦法、其他联邦法和其他俄联邦标准法律规定的其他职能。

第41.7条 就承认为俄罗斯公民和加入俄联邦国籍申请做出决议,获取俄联邦国籍的日期

1. 承认为俄联邦公民或同意加入俄联邦国籍的决定由地方机构做出,以书面形式办理,并指出做出这一决定的依据。

2. 俄联邦国籍的获取:

a)根据本联邦法第41.2条,从初次获取俄联邦公民身份证之日起算;

б)根据本联邦法第41.3条第1款,从做出同意加入俄联邦国籍决定之日起算。

第41.8条 承认俄联邦公民和加入俄联邦国籍决议的撤销

1. 如果已澄清,承认为俄联邦公民或加入俄联邦国籍的决定是依据伪假证件或假的或不可信的信息做出的,则撤销关于承认为俄联邦公民或加入俄联邦国籍的决定。

2. 撤销关于承认为俄联邦公民或加入俄联邦国籍的决定由授权负责移民事务管理和监督的联邦权力机构领导或其代理人实施。

3. 关于承认为俄联邦公民或加入俄联邦国籍的决定一旦被撤销,自做出该决定之日起该决定无效。

4. 对撤销承认为俄联邦公民或加入俄联邦国籍的决定可诉诸法院。

第41.9条 重复提交承认为俄联邦公民和加入俄联邦国籍申请的审议

1. 符合本章规定、其承认为俄联邦公民或加入俄联邦国籍的申请被驳回的人,当本联邦法第16条第1款第"г""д""е""ж""з""и"项规定的情况终止后,有权再次提交申请,但必须是在做出上次决定的1年之后。

2. 在妨碍承认为俄联邦公民或加入俄联邦国籍的情况终止之前,符合本条第 1 款的人可在地方机构的允许下临时居住在俄联邦境内。居住证的办理形式为在地方机构向上述人员颁发的移民卡上加注。

第九章 最后条款

第 42 条 按先前有效的俄联邦国籍法颁发的文件的有效性

根据之前有效的关于俄联邦国籍法律颁发的文件,如果是按正规方式办理的,则保留法律效力,并且到本联邦法生效之日一直有效。

第 43 条 本联邦法生效前接收的俄联邦国籍问题申请审议程序

1. 本联邦法生效前接收的俄联邦国籍问题申请的审议,根据本联邦法做出决定,本条第 2 款规定的情况除外。

2. 如果"俄联邦国籍法"规定的获取或终止俄联邦国籍程序与本联邦法相比更加优惠,那么对本条第 1 款规定的申请审理和对其做出决定按照上述联邦法规定的程序进行。

第 44 条 根据本联邦法执行标准法律文件

1. 自本联邦法生效之日,承认以下法律失效:

1981 年 6 月 29 日俄罗斯苏维埃联邦社会主义共和国最高苏维埃主席团关于"加入俄罗斯苏维埃联邦社会主义共和国国籍程序"的命令;

1981 年 6 月 29 日俄罗斯苏维埃联邦社会主义共和国最高苏维埃主席团关于"批准俄罗斯苏维埃联邦社会主义共和国主席团审议与加入俄罗斯苏维埃联邦社会主义共和国国籍有关问题的程序规定"的命令;

1981 年 7 月 8 日关于"俄罗斯苏维埃联邦社会主义共和国主席团关于批准'加入俄罗斯苏维埃联邦社会主义共和国国籍程序'的命令"(俄罗斯苏维埃联邦社会主义共和国最高苏维埃公报,1981 年第 28 期第 982 页);

俄联邦 1991 年 11 月 28 日联邦法《关于俄联邦国籍》(俄联邦和俄联邦最高苏维埃人民代表大会公报,1992 年第 6 期第 243 页)。第 18 条第"a"-"в"项,第 19 条第 3 款,第 20 和 41 条除外,与本联邦法相比,其规定的获取或终止俄联邦国籍程序更优惠,对以上人员俄联邦国籍问题的申请在本联邦法生效前进行审理;

1993 年 6 月 17 日的俄联邦法《关于对〈俄罗斯苏维埃联邦社会主义共和国

国籍法〉进行修订和补充》(俄联邦人民代表大会和俄联邦最高苏维埃大会公报,1993 年第 29 期第 1112 页)第 2 - 4,7 - 18 点;

1995 年 2 月 5 日联邦法《关于对〈俄联邦国籍〉进行修订》(俄联邦法律汇编,1995 年第 7 期第 496 页);

1999 年 5 月 24 日联邦法《关于俄联邦国外同胞国家政策》(俄联邦法律汇编,1999 年第 22 期第 2670 页)。

2. 根据本联邦法在其生效之日起 6 个月内向俄联邦总统和俄联邦政府提议执行自己的标准法律文件。

第 45 条 本联邦法的生效

本联邦法于 2002 年 7 月 1 日

俄联邦总统　普京

2002 年 5 月 31 日

莫斯科　克里姆林宫

外国公民在俄联邦法律地位法

2017 年 3 月 7 日修订

第一章　总　　则

第 1 条　本联邦法调节的对象

本联邦法对外国公民在俄联邦的法律地位做出规定,并对外国公民与国家权力机关、地方自治机关以及上述机关负责人员之间因外国公民在俄联邦境内逗留(居住),在俄联邦境内劳动、经营或从事其他活动而产生的关系予以调节。

第 2 条　基本概念

1. 本联邦法使用以下基本概念:

"外国公民"指有证据证明有外国国籍且不是俄联邦公民的自然人。

"无国籍人"指无证据证明有外国国籍且不是俄联邦公民的自然人。

"入境邀请函"是向外国公民颁发签证所依据的文件,包括电子文件。联邦法律和俄联邦国际条约规定的免签证情况下,是入境俄联邦所依据的文件。

"邀请方"是指联邦权力执行机构、外国驻俄联邦的外交代表处和领事机构、国际组织及其驻俄联邦的代表处、外国设在驻俄联邦国际组织的代表处、俄联邦主体国家权力机构、地方自治机构、法人、俄联邦公民及其常住俄联邦的外国公民和无国籍人,以及其他根据联邦法律有权申请办理邀请入俄联邦国境的机构、组织和自然人,他们可以向外国公民或无国籍人发出入境俄联邦的邀请,依据该邀请颁发入境签证或在联邦法或俄联邦国际条约规定的情况下直接凭该邀请函入境。

"移民卡"指包含入境俄联邦的外国公民或无国籍人资料和临时在俄联邦

境内居住期限的文件,它能证明用免签程序到来到俄联邦的外国公民或无国籍人有权临时逗留在俄联邦,它还用于监督在俄临时逗留的外国公民和无国籍人。

"临时居留许可"是外国公民或无国籍人获得居留证前在俄临时居住的证明文件,标注在外国公民或无国籍人的身份证件上,对无身份证件的无国籍人,则向其颁发固定格式的证件。临时居住许可不可能为电子文件的形式。

"居留证"是外国公民或无国籍人在俄长期居住并自由出入俄境的证件,对无国籍人来说,居留证也是其身份证件,居留证不可能为电子文件的形式。

"在俄合法停留的外国公民"指持有有效的居留证、临时居留许可、签证和(或)移民证,或俄联邦法律及国际条约规定的其他在俄居留(逗留)证明的外国公民。

"在俄临时逗留的外国公民"指凭签证或根据免签证规定并获取移民卡入境,但无居留证或临时居留许可的外国公民。

"在俄临时居留的外国公民"指获得临时居留许可的外国公民。

"在俄长期居住的外国公民"指获得居留证的外国公民。

"外国公民的劳动活动"指外国公民在俄罗斯联邦根据劳动合同或关于完成工程(或提供服务)的民事法律合同所从事的工作。

"外国劳动者"指在俄临时逗留并根据规定从事劳动的外国公民。

"注册为个体经营者的外国公民"指在俄罗斯联邦注册为个体经营者并以非法人结构从事活动的外国公民。

"工作许可"指证明凭签证来俄罗斯的外国公民和本法规定的其他范围的外国公民有权在俄罗斯进行临时劳务活动的文件。

"执照"指根据本联邦法证明免签入境俄罗斯的外国公民,除本联邦法规定的个别范围的外国公民有权在俄罗斯进行临时劳务活动的文件。

"遣返"指外国公民丧失或终止在俄继续逗留(居留)的法律基础,采取强制措施将其驱逐出俄罗斯联邦。

"以免签证规定来到俄联邦的外国公民"指以免签程序来到俄联邦的外国公民(没有签证,按照对个别类别外国公民规定的程序来到俄联邦的外国公民除外,包括外交护照、公务护照持有人,游轮上的旅客、海船或河船或其他交通工具的司乘人员,从俄联邦过境的人员、边民),以及因特殊目的所规定的程序来到俄联邦的外国人,包括在边境地区经商、生产活动、旅游、建设。

2. 在本法中,"外国公民"的概念也包含了"无国籍人"概念,但联邦法律对无国籍人确定的有别于外国公民的特殊规定时除外。

条 3 条 关于外国公民在俄罗斯联邦法律地位的法规

关于外国公民在俄联邦法律地位的法规以俄宪法为基础,由本联邦法及其他联邦法律组成。俄联邦签署的国际条约也对外国公民在俄的法律地位做出了规定。

条 4 条 外国公民在俄联邦法律地位的基础

除联邦法律规定的情况外,外国公民与俄联邦公民在俄联邦平等地享有权利并承担义务。

第 5 条 外国公民在俄罗斯联邦临时逗留

1. 外国公民在俄罗斯联邦临时逗留的期限由其签证有效期决定,本法另有规定除外。

根据免签制度来俄联邦的非高技术专家外国公民在俄联邦临时逗留的期限每 180 天不得超过 90 天,本法另有规定除外,根据本联邦法延期的情况除外。此时上述外国公民在俄罗斯连续短期逗留时间不得超过 90 天。

根据免签程序来俄联邦的高技能外国专家在俄联邦临时逗留的期限,以及其家庭成员在俄联邦临时逗留的期限由本联邦法第 13.2 条向该专家颁发的劳动许可的期限确定。

2. 在俄罗斯联邦临时逗留的外国公民,在签证有效期满,或者本联邦法或俄联邦国际条约规定的期限已满必须离开俄联邦,以下情况除外:在上述期限到期日之前他的签证有效期或临时逗留许可期限延长了,或者为他颁发了新的签证或临时逗留许可或居留证,或按照本联邦法第 6.1 条规定的程序接收了他的获得临时居住许可申请和必需的文件,或者外国公民根据 2002 年 5 月 31 日通过的《国籍法》第 33.1 条承认其为操俄语人员并接受了该外国公民提交的批准入俄罗斯国籍的申请,或者联邦权力执行机构在强制执行移民管理、监督和提供国家服务(以下称联邦移民权力执行机构)时接受了雇主或完成工程(提供服务)劳务主提出的引进外国公民作为高技能专家参加劳动活动的申请或雇主或完成工程(提供服务)劳务主根据本联邦法第 13.2 条提出的延长高技能专家工作许可有效期的申请,或外国公民接受全日制或全日制 – 函授教育的、有国家资质的教育机构延长了外国公民的临时居留期限。

3. 如条件发生变化或外国公民获准入境的因素已不存在,外国公民在俄临时逗留的期限可予相应地延长或缩短。如果按规定做出禁止外国公民入俄境的决定,则该外国公民的临时逗留期限会缩短。

4. 是否延长或缩短外国公民在俄临时逗留的期限,由负责外交问题的联邦权力执行机构或移民领域的联邦及地方权力执行机构决定。

做出延长或缩短外国公民在俄临时逗留期限的程序,由相应的负责外交问题的联邦权力执行机构或移民领域的联邦及地方权力执行机构来确定。

5. 外国公民临时逗留期限在向外国公民发放工作许可或特许证时延长,或根据本联邦法第13.2或13.3条在工作许可或特许证延期时延长。

在给外国公民颁发工作许可、延长工作许可有效期或根据本联邦法第13.3条重新办理工作许可时,外国公民在俄罗斯临时居留期限可延长,本联邦法规定的情况除外。

本段2015年1月1日失效。

根据本款第1—3段,对于免签入境俄联邦根据本法第13.3条进行劳动活动的外国公民不允许延长临时逗留期限,如果按照相互免签旅行跨部门协议,这些外国公民要进行超过跨部门协议规定期限的劳动活动,必须获得签证。

如果外国公民现有的工作许可没延期,或颁发给他的工作许可被注销,该外国公民在临时居留期限期满时必须出境。

6. 在俄联邦逗留并按俄联邦政府规定和程序服合同兵役的外国公民,在俄联邦临时居留的期限由俄联邦政府确定。

7. 来俄罗斯学习并进入教育机构接受全日制或全日制-函授形式教育,有国家资质的教育机构可以将该外国公民的逗留期限延长至在本教育机构学习结束。

如果从一个教育机构转到另一个教育机构,本款第1段所指的外国公民在俄罗斯临时逗留的期限延长到本外国公民在上述教育机构学习结束。

本款第1、2或3段所指的外国公民学习的教育机构必须不晚于临时逗留期限结束前20天到负责移民的地方联邦权力执行机构办理该公民临时逗留延期手续。

结束全日制或全日制-函授教育教学计划的外国公民在俄罗斯逗留期限可以从一个院校注销学籍开始延长30个日历日,以便结束这个教学大纲进入高一级教学计划的院校学习。

本款第5段所指外国公民临时逗留期限可延长30个日历日,可由此外国公民或他所在学校,或他将要学习的学校向负责移民的地方联邦权力执行机构提交申请。

对免签制度来到俄罗斯学习的外国公民的临时逗留期限的延长,标注在移民卡上。

本款第1、2、3或5段所指外国公民学习的教育机构应在注销学籍后的3个工作日内将外国公民结束或中止学习的情况告知负责移民的地方联邦权力执行机构。

本款第8段所指通知的形式和程序由负责移民的地方联邦权力执行机构确定。

外国公民在教育机构学习结束和中止是缩短外国公民在俄罗斯临时居留期限的依据,本联邦法有其他规定的情况除外。

第5.1条 临时逗留期限的改变

1. 为保障国家安全、维持合理的劳动力资源平衡、协助俄联邦公民优先就业,也为了解决国家内外政策的其他任务,俄联邦政府有权将外国公民在俄联邦一个或几个主体内以及整个俄联邦境内的临时逗留期限延长至180天或减少本法第5条第1款第二段的规定期限,只针对临时逗留在俄联邦的个别类别的外国公民。

2. 在根据本条第1款做出缩短本法第5条第1款第二段规定的期限时,俄联邦政府要确定临时逗留在俄联邦的外国公民在接到俄联邦政府相应决定必须离开俄境的期限。

第6条 外国公民在俄联邦临时居留

1. 外国公民可获得临时居留许可,此种许可的配额由俄罗斯联邦政府确定,有效期为3年。

2. 俄联邦政府每年根据各联邦主体行政机关的建议,并参考该联邦主体人口状况及安排外国公民的能力决定向外国公民颁发临时居留许可的配额。

3. 在下列情况下,外国公民可在俄联邦政府确定的配额外获得临时居留许可:

1)出生于俄罗斯苏维埃联邦社会主义共和国境内、过去曾有苏联国籍或出生于俄联邦境内;

2)本人无劳动能力,其子(女)有行为能力并具有俄罗斯国籍;

3)父母中至少一人无劳动能力且具有俄罗斯国籍;

4)与俄罗斯联邦公民结婚,并在俄有居所;

5)在俄投资额符合俄罗斯联邦政府规定的数额;

6)正在服兵役,期限为兵役期限;

6.1)为"协助海外同胞自愿回归俄联邦国家计划"参与者,并且其家庭成员同他一起迁回俄联邦；

6.2）其子女有俄联邦国籍；

6.3）其子（女）年满 18 岁，且为俄联邦国籍，法院生效的判决承认其为无行为能力人或行为能力受限；

6.4）未满 18 岁，获得了与本款第 1 – 6.3 项规定的外国人父（母）（收养人、监护人、保护人）一起临时居留许可的；

6.5）未满 18 岁，有俄联邦公民父母（收养人、监护人、保护人）申请的临时居留许可的；

6.6）年满 18 岁，根据外国法律被认定为无行为能力或行为能力受限，获得了与本款第 1 – 6.3 项规定的外国人父（母）（收养人、监护人、保护人）共同临时居留许可的；

6.7）年满 18 岁，根据外国法律被认定为无行为能力或行为能力受限，根据俄联邦公民父（母）（收养人、监护人、保护人）申请获得了临时居留许可的；

7）在联邦法律规定的其他情况下。

4. 地方联邦移民权力执行机构根据在俄临时逗留的外国公民向指定机构提交的申请或外国公民在其居住国向俄联邦外交代表机构或领事机构提交的申请，在 6 个月内向申请人颁发临时居留许可或拒绝颁发此类许可。

向地方联邦移民权力执行机构提交申请可以是电子文档，可利用公用信息和电信网络，包括互联网和国家和市政服务统一门户网站。

5. 地方联邦移民权力执行机构在审查外国公民关于颁发临时居留许可的申请时，可向安全、司法、社会保障、卫生、内务部门等其他有关部门进行咨询。各有关部门须在接到咨询后 2 个月内提供信息，说明是否存在妨碍向外国公民颁发临时居留许可的情况。在有技术保障的情况下，发送咨询和获取信息可使用跨部门电子通信工具。

6. 如外国公民关于颁发临时居留许可的申请被拒绝，或者以前发给他的临时居留许可被撤销，他有权在申请被拒之日或取消之前的居留许可 1 年后按照相同的程序再次提出申请。

7. 临时居留许可包含以下信息：外国公民的姓名（用俄文和拉丁文写成）、出生日期及地点、性别、国籍、编号、颁发日期、有效期及发证机关名称。临时居留许可的办理是在俄联邦承认的身份证件上加注的方式，或者是联邦移民权力执行机构批准样式的文件。

8. 临时居住许可的颁发程序及与申请一起提交的颁发临时居住许可的文

件清单由授权的联邦权力执行机构批准。

临时居留许可的颁发程序、颁发临时居留许可申请书的格式和与申请书一起提交文件的清单，以及使用公用信息和电信网络，包括互联网和国家和市政服务门户网站提交电子文档申请的程序由授权的联邦权力执行机构批准。

9. 临时居住在俄联邦的外国公民，从他获取临时居留许可之日起满1年之前的2个月内须亲自或用公用信息和电信网络，包括互联网和国家和市政服务门户网站向获得临时居留证所在地地方联邦移民权力执行机构提交证明自己居住在俄联邦的通知，并附收入证明和纳税证明以及能证明该外国公民在获得临时居留证1年来收入额度和收入来源的其他文件。该通知和所附文件可以以电子形式提交。如果外国公民愿意以提交纳税凭证的方式证明收入额度和收入来源，也有权向地方联邦移民权力执行机构提交。此时纳税凭证由地方联邦移民权力执行机构根据该外国公民证明自己居住在俄联邦的通知自行向外国人登记地的税务部门索取。

在有正当理由时，外国公民可以晚提交上述通知，但不能超过获得临时居留许可1年结束后的6个月，并要附上本条第1段所列的文件以及证明无法近期提交通知的文件。证明无法近期提交通知的文件可以是电子文档。

10. 本条第9款的通知包括下列信息：

1）临时在俄联邦居住的外国人姓名，包括姓、本名、父称（如果有的话）；

2）该外国公民居住地；

3）该外国公民工作地和自己获得临时居留许可1年内的连续劳动活动时间；

4）该外国公民自获得临时居留许可1年内在俄联邦境外逗留的时间。

11. 地方联邦移民权力执行机构在接收通知时，外国公民须出示俄联邦承认的身份证件和临时居留许可，或通过俄联邦政府规定的办理程序接收电子文档，文档的提交可利用公用信息和电信网络，包括互联网。

12. 除了本条规定之外，不允许要求外国公民提交其他文件或信息。本条第9款规定的通知提交格式和程序由俄联邦政府规定。

第6.1条 以免签制度来到俄联邦的外国公民的临时居留

1. 除本法第6条第3款规定的外国公民以外，以免签制度来到俄联邦的外国公民，其临时居留许可的颁发要考虑俄联邦政府根据本法第6条第2款批准的配额。

2. 以免签制度来到俄联邦的外国公民要获得临时居留许可，须向地方联邦移民权力执行机构提交下列文件：

1）颁发临时居留许可申请书。

2）俄联邦承认的外国公民身份证明。

3）移民卡，带有该外国公民入境时的边防检察机关的标记或地方联邦移民权力执行机构关于向该外国公民颁发移民卡的标记。如果不能提交移民卡，地方联邦移民权力机构要根据本单位保存的外国移民信息进行核实。

4）颁发临时居留许可付款凭证。外国公民有权自愿向联邦移民权力执行机构或其下属地方机构提交以上凭证。如果不提交上述付款凭证，联邦移民权力机构或其下属地方机构须利用国家和市政支付国家信息系统核实该公民交纳颁发临时居留证的国税情况。

5）如果是本法第 15.1 规定的情况，证明外国公民掌握俄语、了解俄罗斯历史和俄联邦基础法律的材料。

2.1　临时居留许可颁发申请书可以通过公用信息和电信网络，包括互联网和国家和市政服务统一门户网站提交电子文档。此时外国公民在获取临时居留许可时向地方联邦移民权力执行机构提交本条第 2 款第 2 和 5 项指定的文件。

3. 利用公用信息和电信网络，包括互联网和国家和市政服务统一门户网站提交电子文档申请的格式和提交程序由联邦移民权力执行机构批准。

4. 移民卡上要标注收到了以免签程序入境俄联邦的外国公民提交的颁发临时居留许可的申请。如果提交的是电子文档申请，则收到申请的通知也以电子文档的形式发给申请人。不允许拒绝接收该申请，本条第 2 款规定的文件缺少或没交纳国税的情况除外。

5. 以免签程序入境俄联邦的外国公民要向接收颁发临时居留申请的地方联邦移民权力执行机构提交下列文件：

1）证明本人没有对周围人构成危险的俄联邦政府授权的联邦权力执行机构批准的疾病清单中的吸毒和传染病的文件，以及证明不是免疫系统缺乏症病毒（艾滋病毒感染）携带者的纸质证书，如果颁发临时居留许可的申请为电子文档，则在提交申请 30 天之内提交电子文档证书。

2）外国公民纳税证明（通知），在外国公民入境俄罗斯 1 年内进行审理。如果外国公民入境俄联邦 1 年内税务机关的纳税信息没有到达地方联邦移民权力执行机构，则由地方联邦移民权力执行机构通过向税务机关发送跨部门查询的方式索取外国公民纳税登记，以便检查外国公民的纳税义务执行情况。

6. 当以免签程序入境俄联邦的外国公民有文件证明的正当理由时,地方联邦移民权力执行机构领导有权做出决定,延长他提交本条第 5 款规定文件的期限。

7. 地方联邦移民权力执行机构在收到以免签程序入境俄联邦的外国公民提交的颁发临时居留申请时,要向安全机构和卫生部门发出查询,后者须在收到相应查询的 1 个月内向上述地方机构提供是否有妨碍向外国公民颁发临时居留许可的情况,或者说明撤销已颁发临时居留许可的理由。

8. 地方联邦移民权力执行机构在收到以免签程序入境俄联邦的外国公民提交的颁发临时居留申请后,如果提交了本条第 5 款第 1 项的文件,则必须在 60 天内向外国公民颁发授权联邦执法机关批准格式的临时居留许可,或者本法第 7 条第 1 款第 2 项规定的拒绝颁发临时居留许可通知。

第 7 条 拒绝颁发或撤销临时居留许可的依据

1. 在下列情况下,可拒绝向外国公民颁发临时居留许可或撤销已颁发的临时居留许可:

1)主张强行改变俄联邦的宪法体制基础,或采取其他行为对俄罗斯联邦及其公民的安全构成威胁者。

2)资助、筹划、协助、从事或以其他方式支持恐怖主义(极端主义)活动者。

3)临时居留许可的申请提交之日前 5 年内曾被行政驱逐或自俄境被遣返者,或根据俄联邦关于相互遣返国际条约被俄联邦移交外国,或临时居留许可的申请提交之日前 10 年内多次(两次或两次以上)被俄联邦行政驱逐出境、遣返或根据俄联邦关于相互遣返国际条约被俄联邦移交外国。

4)使用伪造文件或故意提供虚假材料者。

5)因犯有严重或特别严重罪行、这种罪行的累犯被认为很危险,或犯有与贩毒、贩卖精神类药物及替代品或易制毒化学品、含有麻醉品或精神药物的植物或易制毒化学品有关的罪行,被法院宣判,判决已生效者。

6)因在俄联邦境内严重犯罪或在境外犯有被俄联邦法律认定为同等罪行而被判刑的人。

7)1 年内多次(两次或两次以上)因破坏公共秩序和社会安全或违反俄联邦关于外国公民逗留(居留)法规或违反在俄联邦境内从事劳动活动程序被追究行政责任者,或者因犯有与贩毒、贩卖精神类药物及替代品或易制毒化学品、含有麻醉品或精神药物的植物或易制毒化学品有关的行政违法被追究责任者。

8)在颁发临时居留许可的 1 年内有 180 天没有进行俄联邦法律规定的劳

动活动,或者没有收入,或者没有足够的资金在他所临时居住的俄联邦主体规定的最低生活标准之上无须国家帮助供养本人及家人者。

本条不适用下列外国公民:

其平均月收入或其家庭成员平均每月每人不低于他所允许临时居住的俄联邦主体最低生活标准。外国公民的平均月收入和外国公民家庭成员平均每月每人的收入按俄联邦政府授权的联邦执法机关规定的程序确定。

在俄联邦职业教育机构全日制就读;

在俄联邦高等教育机构全日制就读,包括教学科研干部和研究生;

退休人员或残疾人;

属于俄联邦政府规定的其他类别人员。

9)入境俄3年后仍不能根据俄联邦法律的规定拥有住所者。

10)自俄联邦出境前往他国定居者。

11)在俄联邦境外停留逾6个月者。

12)因与俄公民结婚而获得临时居留许可,但此婚姻被法庭宣布为无效者。

13)吸毒者、无证明文件证明不是免疫系统缺乏症病毒(艾滋病毒感染)患者及危险性传染病患者。此类疾病清单及确定是否患有此类疾病的方法由俄罗斯联邦政府授权的联邦权力执行机构确定。

14)以免签程序入境俄联邦,但没在规定时间内提交本法第6.1条第5款第1项规定的文件。

1.1　已失效。

1.2　如果按规定的程序做出不欢迎外国公民在俄联邦逗留(居留)或不允许其入俄境的决定,不向外国公民颁发临时居留许可,并撤销已颁发的临时居留许可,本条第1款规定的情况除外。

1.3－1.4　已失效。

1.5　如果外国公民被法院判决剥夺对国籍为俄联邦的儿童的父母监护权或父母权受限,则按照本法第6条第3款第6.2项规定向外国公民颁发的临时居留许可要撤销。

1.6　有本条第1款第1－7、10、11项和第1.2款规定的情况,撤销向居住在海外的"协助同胞自愿返回俄联邦国家计划"参加者及其与他同时迁居俄联邦的家庭成员的临时居留许可。

2. 如果做出拒绝向外国公民颁发临时居留许可或撤销之前颁发的临时居留许可,做出该决定的地方联邦移民权力执行机关要向外国公民发出相应的通知,或向外国公民的电子邮件地址发出电子文档通知。

3. 2014 年 1 月 1 日失效。

4. 对地方联邦移民权力执行机构关于拒绝向外国公民颁发临时居留许可或撤销之前颁发的临时居留许可的决定,外国公民可以在收到通知后的三个工作日内向联邦移民权力执行机构或法院进行申诉。在审理外国公民申诉阶段,他有权临时居留在俄联邦境内,俄联邦法律规定的其他情况除外。联邦移民权力执行机构对外国公民申诉的决议副本在做出决议后的 3 个工作日内发给受理申诉决定的地方机构和外国公民。

5. 如果联邦移民权力执行机构取消了下属地方机构关于拒绝向外国公民颁发临时居留许可或撤销之前颁发的临时居留许可的决定,则上述地方机构在取消相应决定的 3 个工作日内应向该外国公民颁发(恢复)临时居留许可。

第 8 条　外国公民在俄罗斯联邦长期居留

1. 在临时居留许可有效期内外国公民可凭合法理由申请颁发居留证。外国公民关于获得居留证的申请应于其临时居留许可有效期不少于 6 个月时向地方联邦移民权力执行机构提出。获得居留证的申请可提交电子文档,利用公用信息和电信网络,包括互联网和国家和市政服务统一门户网站。

2. 获得居留证前,外国公民持临时居留许可在俄居住不少于 1 年。

3. 向外国公民颁发的居留证有效期 5 年。外国公民可在有效期满两个月前向地方联邦移民权力执行机构申请予以延期,每次延期 5 年,延期次数不限。

3.1　本条第 1 – 3 款不适用于本法第 13.2 条规定的高技能专家及其家庭成员。颁发居留证的情况:

1)根据本联邦法第 13.2 条,向高技能专家及其家庭成员;

2)根据 2002 年 5 月 31 日的《国籍法》第 33.1 条,承认为操俄语的外国公民;

3)大量外国人紧急入境俄罗斯、被承认为俄罗斯境内难民或在俄罗斯获得临时避难权,是"国外同胞自愿回俄罗斯国家计划"参加者及其共同迁移的家庭成员。

3.2　本条第 3.1 款第 2 段所指的外国公民提交居住证申请的同时要提交放弃现有外国国籍的外国授权机构的证明文件或无法放弃外国国籍的文件。俄罗斯国际条约规定的不要求放弃外国国籍的情况除外。

3.3　本条第 3.1 款条 2 段所指的外国公民的居住证为 3 年。

3.4　本条第 3.1 款第 3 段所指的外国公民及其家庭成员的居住证的期限

是"协助国外同胞自愿回俄罗斯国家计划"参加者证书的期限。

4. 居留证包含以下信息：持证外国公民的姓名（用俄文和拉丁文写成）、出生日期及地点、性别、国籍、编号、颁发日期、有效期及发证机关名称。居留证的格式由联邦移民权力执行机构规定。

4.1 按申请于 2013 年 1 月 1 日之后颁发给无国籍人的居留证，包含电子信息载体，可存储本条第 4 款的持有人个人信息，还可存储持有人的生物个人信息（此人的电子人脸图像和食指的电子指纹图像）。

为获取无国籍人记录在信息载体上的生物个人信息，提交颁发居留证申请者或由别人代替提交申请的人应拍摄数码相片，年满 12 岁的人在地方联邦移民机构内扫描食指指纹。

如果无国籍人不能扫描食指指纹，应扫描其他手指的指纹。

对人脸电子图像和食指指纹电子图像的要求由联邦移民权力执行机构与制定和实施信息技术领域国家政策的联邦执法部门及授权的个人信息主体权利保护联邦执法部门协商制定。

地方移民权力执行机构对无国籍人提交申请办理居留证的个人信息进行加工。

联邦移民权力执行机构对颁发给无国籍人的包含电子信息载体和持有人个人信息的居留证的种类在移民登记国家信息系统进行登记。移民登记国家信息系统信息的保存和使用条件由联邦法律规定的程序确定。

5. 居留证的颁发程序、居留证颁发及延期申请书格式以及利用公用信息和电信网络，包括互联网和国家和市政服务统一门户网站提交电子文档申请书的，由联邦移民权力执行机构规定。

随颁发或延期居留证申请书一同提交的文件清单，包括电子文档，由联邦移民权力执行机构规定。

6. 常住俄联邦的外国公民必须每年向颁发居留证所在地地方联邦移民权力执行机构提交自己在俄联邦居住的证明。外国公民本人上交证明或按规定程序邮寄，要提交俄联邦承认的身份证明及居留证，或者利用公用信息和电信网络，包括互联网和国家和市政服务门户网站提交电子文档。除了以上通知规定的材料，不要求外国公民提交其他文件或其他资料。以上通知要求附下列信息：

1）常住俄联邦的外国公民姓、本名、父称（如果有）；

2）外国公民常住地；

3）工作地点和获取居留证后 1 年内进行劳动活动的连续时间；

4）外国公民获取居留证后 1 年内在国外停留的时间（指出出境国）；

5）外国公民获取居留证后 1 年内收入额度和来源。

7. 本条第 6 款要求的上交通知的格式和程序由俄联邦政府规定。

第 9 条 拒绝颁发或撤销居留证的根据

1. 在下列情况下，可拒绝向外国公民颁发居留证或撤销已颁发的居留证：

1）主张强行改变俄联邦的宪法体制基础，或采取其他行为对俄罗斯联邦及其公民的安全构成威胁者；

2）资助、筹划、协助、从事或以其他方式支持恐怖主义（极端主义）活动者；

3）临时居留许可的申请提交之日前 5 年内曾被行政驱逐或自俄境被遣返者，或根据俄联邦相互遣返国际条约被俄联邦移交外国，或临时居留许可的申请提交之日前 10 年内多次（两次或两次以上）被俄联邦行政驱逐出境、遣返或根据俄联邦相互遣返国际条约被俄联邦移交外国者；

4）使用伪造文件或故意提供虚假材料者；

5）因犯有严重或特别严重罪行、这种罪行的累犯被认为很危险，或犯有与贩毒、贩卖精神类药物及替代品或易制毒化学品、含有麻醉品或精神药物的植物或易制毒化学品有关的罪行，被法院宣判，判决已生效者；

6）因在俄联邦境内严重犯罪或在境外犯有被俄联邦法律认定为同等罪行而被判刑的人；

7）1 年内多次（两次或两次以上）因破坏公共秩序和社会安全或违反俄联邦关于外国公民逗留（居留）法规或违反在俄联邦境内从事劳动活动程序被追究行政责任者，或者因犯有与贩毒、贩卖精神类药物及替代品或易制毒化学品、含有麻醉品或精神药物的植物或易制毒化学品有关的行政违法被追究责任者；

8）无法证明可在俄最低生活标准之上无须国家帮助供养本人及家人者，但无劳动能力的外国公民除外；

9）入境俄 3 年后仍不能根据俄联邦法律的规定拥有住所者；

10）自俄联邦出境前往他国定居者；

11）在俄联邦境外停留逾 6 个月者；

12）因与俄公民结婚而获得临时居留许可，但此婚姻被法庭宣布为无效者；

13）吸毒者、无证明文件证明不是免疫系统缺乏症病毒（艾滋病毒感染）患者及危险性传染病患者。此类疾病清单及确定是否患有此类疾病的方法由俄罗斯联邦政府授权的联邦权力执行机构确定。

2. 做出不欢迎外国公民在俄联邦逗留（居留）或不允许其入境俄联邦的决定时,不向该外国公民颁发居留证,之前颁发的居留证不延期或按规定撤销已颁发的居留证,除本条第 1 款规定的情况除外。

3. 已失效。

4. 本法第13.2条第27款所指的居留证如果有本条第1款第1—7项和第 2 款的情况以及本法第 13.2 条第 11 款第三段的情况时要予以撤销.

5. 向住在海外的参加"协助同胞自愿回归俄联邦国家计划项目"的外国公民及同他一道返回俄联邦的家庭成员颁发的居留证,如果出现本条第 1 款第1—7、10、11项和第2条的情况时予以撤销。

6. 本法第 8 条第 3.1 款第 2 段所指外国公民居留证在下列情况下不颁发:

1）本条第 1 款第1—7、10、11、13 和第 2 款的情况。

2）不提交外国授权机构证明接收放弃本公民现有外国国籍的文件。本段所指的依据不适合下列情况:

本外国人无法提交放弃外国国籍的文件;

俄罗斯国际条约规定的不要求放弃外国国籍的情况。

3）如果之前外国公民根据 2002 年 5 月 31 日的《俄罗斯国籍法》被承认为操俄语人员而被颁发居住证,外国公民再次提交居住证申请。

7. 本联邦法第 8 条第 3.1 款第 1 段所指的外国公民的居住证根据本条第 1 款1—7、10、11、13 和第 2 段规定被注销,或获得居留证两年期满,外国公民没提交加入俄罗斯国籍的申请。

第 10 条　俄联邦外国公民的身份证件

1. 证明俄罗斯联邦外国公民身份的证件包括外国公民的护照、俄联邦法律和俄签署的国际条约中规定的其他证件。

2. 其他国家向无国籍人颁发的且被俄联邦签署的国际条约所承认的身份证件;

3. 临时居留许可;

4. 居留证;

5. 俄联邦法律和俄罗斯签署的国际条约中规定的无国籍人的其他证件。

第 10.1 条　没有有效身份证件的外国公民身份的确定

1. 对非法居住在俄联邦境内的没有身份证明的外国公民的身份确认,以及在俄联邦法律和国际条约规定的条件下对外国公民身份的确认由联邦移民权力执行机构倡议,或外国公民提出身份确定申请。

外国公民身份确定按本条规定的程序依据联邦移民权力执行机构领导的决定实施。

2. 在用表格办理的身份确定申请中,外国公民要填写个人信息[姓、名、父称(如果有的话)、出生日期和地点],以及入俄境的目的和日期。为实施身份确认程序,外国公民将现有的包含个人信息文件原件和(或)复印件与申请书一同上交。这些文件包括证明身份的失效证件、出生证、证明姓、名和(或)父称或其他个人信息改变的文件、缔结(解除)婚姻的文件、受教育文件、军人证、就业证、退休证、驾驶证、劳改释放证等其他包含申请人个人信息的文件。

3. 接收外国公民身份确认申请要颁发固定格式的回执和申请所附文件清单。

4. 为确定外国公民身份,地方联邦移民权力执行机构有权:

1)要求外国公民以书面形式提交确定其身份所需的信息;

2)按居住地和逗留地进行相应的检查、询问外国公民指定的证人,按证言进行辨认;

3)利用国家移民信息登记系统中的外国公民信息;

4)利用国家指纹录入时提取的指纹信息。

5. 询问外国公民提供的证人要由地方联邦移民权力执行机构人员进行。询问结果要做记录,其中注明进行询问的地点、时间、询问人的职务、姓名、父称、证人的个人信息及身份证件。

6. 要向参加询问的证人出示证人询问记录。证人可以向记录中加入由他签字的补充意见和说明。记录要由起草记录的地方联邦移民权力执行机构人员和参加询问的证人签字。如证人拒绝签字,地方联邦移民权力执行机构人员要将相应的录音放入记录并签字。

7. 为辨认外国公民,地方联邦移民权力执行机构人员要让证人见该外国公民,证人须提前告知本人信息,以及与该外国公民认识的情况。

8. 辨认与其外表相近的外国公民。用于辨认的总人数不得少于3人。辨认之前让外国公民在被辨认的人中随便占位,在辨认记录中要做相应记录。如果不能直接辨认外国公民,可同时使用几张外表相近的照片,用照片辨认。照片数量不得少于3张。如果辨认人指出其中一人或一张照片,则让他解释是根据哪些特征和特点辨认的,并要说出被辨认者的姓、名和父称。

9. 根据辨认结果起草辨认记录,上面指明进行辨认的地点和日期,起草记录者的职务、姓名以及参加辨认者的姓名、父称,必要时还有他们的居住地(逗留地)和其他信息。

10. 辨认记录要让所有参加辨认者看到。上述人员可以将补充意见的说明签字后放入记录中。

11. 辨认的记录由地方联邦移民权力执行机构人员和参加辨认者签字。如果参加辨认者拒绝签字,则地方联邦移民权力执行机构人员要将相应的录音放入记录并签字。

12. 如果按检查、询问证人和辨认结果确认外国公民个人信息可靠,地方联邦移民权力执行机构起草外国公民身份确认结论并由地区机构领导签字。外国公民提交的进行身份确认文件的原件返还外国公民,地方联邦移民权力执行机构关于外国公民身份确认结论副本如外国公民索取则可提供。

13. 外国人身份确定的期限不应超过 3 个月。

14. 确定身份的申请、接收身份确定申请的回执、证人询问记录、外国人身份辨认和鉴定记录的格式由联邦移民权力执行机构确定。

第 11 条　外国公民在俄罗斯联邦境内迁移

1. 外国公民持本法规定的证件在俄罗斯联邦境内享有自由行动的权利,无论为个人或是公务目的,但联邦法律规定的需要特别进入许可的区域、机构和设施除外。

需要特别进入许可的区域、机构和设施清单由俄罗斯联邦政府确定。

1.1　在符拉迪沃斯托克自由港用电子签证经口岸入境俄罗斯的外国公民,有权在入境的联邦主体境内自由迁移,限制条件在本条第 1 款。

2. 在俄罗斯联邦境内临时居住的外国公民无权在允许其临时居住的联邦主体境内根据个人意愿改变住址,也无权在该联邦主体境外选择住址。

3. 外国驻俄外交代表机关和领事机构成员、国际组织成员以及常驻外国记者在俄的行动自由将根据对等原则确定,但本条第 1 款的规定除外。

第 12 条　外国公民与选举权

1. 外国公民对于俄罗斯联邦境内的联邦国家机构和联邦主体国家机构的选举无选举权和被选举权,并无权参加联邦及联邦主体的全民公决。

2. 在俄罗斯联邦长期居留的外国公民在联邦法律规定的情况下并按照法律规定的程序,可在地方自治机构的选举中享有选举权和被选举权,并有权参加地方的公决。

第 13 条　外国公民从事劳动的条件

1. 外国公民有权自由支配自己的劳动能力,选择劳动种类和职业,并有权自由支配其能力及财产以从事不被法律所禁止的经营及其他经济活动,但须考虑到联邦法律规定的某些限制。

2. 雇主是指根据本法的规定,按照确定的程序获得使用外国员工的许可,并在签订劳动合同的基础上使用外国员工的法人或自然人,可以是注册为个体经营者的外国公民。

3. 劳务主是指根据本法的规定,按照确定的程序获得使用外国员工的许可,并在签订关于完成工程(或提供服务)的民事法律合同的基础上使用外国员工的法人或自然人,可以是注册为个体经营者的外国公民。

4. 雇主和劳务主有权凭许可证使用外国员工。年满18岁的外国公民有权凭工作许可从事劳动,但此规定不涉及下列外国公民:

1)在俄罗斯联邦临时或长期居留的外国公民。

2)住在海外的"协助同胞志愿回归俄联邦国家计划"参加者及与其一同回国的家庭成员。

3)外国驻俄外交代表机构、领事机构工作人员和国际组织的工作人员及其私人家庭服务人员。

4)为售俄技术设备提供装配(辅助装配)、保险、维修等售后服务的外企(生产商或供货商)的员工。

5)外国常驻记者。

6)在俄职业教育机构和高等教育机构学习并在假期从事工作(或提供服务)的外国学生。

7)在俄职业教育机构和高等教育机构学习并在课余时间在他们所在的公办或自治教育机构开办的教育机构、经营团体或经营企业工作的外国学生。

8)应邀来俄联邦的学者或教育工作者,如果他们是受高等教育机构、国家科学院及其地区分院、国家研究中心、国家科研中心及其他有按俄联邦法律成立的学位委员会的科研机构和符合俄联邦政府批准的标准和(或)清单的其他创新机构邀请来按通过国家认证的高等教育教学大纲进行科研和教学的,或者是作为教育工作者在进行教育活动的其他机构进行授课,但在宗教教育机构进行授课活动除外。

8.1)因公务或人道目的被邀请来进行劳动活动,此外还按通过国家认证的高等教育教学大纲在科研机构和高等教育机构进行授课的,但在宗教教育机构进行授课活动的除外;

8.2)来俄罗斯进行不超过30天的巡回演出(根据民事合同进行的有偿活

动,期间外国公民是创作人员,对文学、艺术或民间创作进行表演);

8.3)作为医疗、教育或科研人员受邀请来俄罗斯的国际医疗集聚区进行相应活动。

9)按规定程序在俄联邦境内认证的、以法律规定的程序在俄联邦注册的外国法人代表处工作人员,上述代表处的人员数量在认证时授权认证机关根据俄联邦国际条约的互惠原则已经商定。

10)俄联邦《劳动法》第 63 条第 4 部分和第 348.8 条规定的情况下从事劳动活动。

11)在俄罗斯被承认为难民直至失去难民地位或被剥夺难民地位;

12)在俄罗斯获得临时避难权,直至失去或被剥夺避难权。

4.1 本法第 13.1,13.2 和 13.3 条规定的个别类别外国公民进行劳动活动的特点。

4.2 在俄联邦临时逗留的外国公民无权在向他颁发劳动许可的俄联邦主体以外进行劳动活动。雇主或工程(服务)需求方无权使用外国公民在颁发工作许可证联邦主体以外从事劳务活动,也不能让外国公民从事许可证上没标记的职业(专业、职务、劳务种类),本联邦法和其他联邦法有规定的其他情况除外。

4.3 由于 2014 年索契市组织和举办第 XXII 届冬季奥运会和第 XI 届冬季残奥会,联邦法"关于 2014 年索契市第 XXII 届冬季奥运会和第 XI 届冬季残奥会的组织和举办、索契作为山区气候疗养地的发展和对俄联邦个别法律修订"规定了外国公民在俄联邦进行劳动活动的特点。

4.4 由于 2012 年"亚太经济合作"论坛参加国国家和政府首脑要在符拉迪沃斯托克市会见,为组织这次活动,联邦法"关于 2012 年亚太经济合作论坛参加国首脑会见的组织、符拉迪沃斯托克市作为亚太地区国际合作中心的发展以及俄联邦个别法律的修订"规定了外国公民在俄联邦进行劳动活动的特点。

4.5 雇主和劳务主有权引进和使用未经允许的外国公民,如果外国公民:

1)以免签程序进入俄联邦;

2)是高技能专家,按本法第 13.2 条引进来俄联邦进行劳动活动;

3)是按本法第 13.2 条引进来俄联邦进行劳动活动的高技能专家的家庭成员;

4)在俄联邦全日制职业院校或有国家资质的高等教育机构按初级职业培训大纲学习;

5）根据本联邦法第13.5条来俄罗斯从事劳务活动。

4.6　如果有俄联邦国际条约未规定的情况,外国公民免签来到俄联邦,在向他颁发工作许可时需拍照片并按联邦移民权力执行机构规定强制录入国家指纹,之后将获取的信息输入根据本法第18.2条建立的外国公民劳动活动数据库。本条不适用于根据本法第13.2条获得工作许可的高技能外国专家。

4.7　俄联邦境内的外国人就业服务组织在外国公民就业3个工作日后必须通知地方联邦移民权力执行机构。提交外国公民在俄联邦境内就业通知的程序和格式由联邦移民权力执行机构规定。

4.8　在斯科尔科沃创新中心进行劳动活动的外国公民的特点由"斯科尔科沃创新中心法"规定。

4.9　由于联邦法"关于准备和举办2018年俄罗斯世界杯、2017年国际足联联合会杯足球赛以及俄联邦个别法律修订"规定的一些措施,外国公民在俄联邦进行劳动活动的特点由上述法律确定。

4.9-1　外国公民在超前发展地区进行劳务活动的特点由《俄联邦劳动法》确定。

4.10　本条第4款第6和7段的规定不适用于在俄联邦兼职的外国学生,如果这些外国公民以免签证制度来俄罗斯从事劳务活动或以普通工作签证来俄。

4.11　如果外国公民是第15届柴可夫斯基国际比赛评委,他们在俄罗斯从事劳务活动的特点由联邦法《调节个别与2015年在俄罗斯举办第15届柴可夫斯基国际比赛有关的问题,及对俄联邦个别法律进行修订》确定。

4.12　在国际医疗单位从事劳务活动的外国公民的特点由联邦法《国际医疗集聚区及对俄罗斯个别法律的修订》确定。

5.临时居留在俄联邦的外国公民无权在颁发给他临时居留许可的联邦主体之外进行劳动活动。

6.考虑到地区经济联系,俄联邦政府授权的联邦权力执行机构可以规定进行劳动活动的情况:

1）临时逗留在俄联邦的外国公民在颁发工作许可的联邦主体之外;

2）临时居住在俄联邦的外国公民在允许临时居住的联邦主体之外。

7.负责移民的联邦权力执行机构或其地方机构在收到为外国公民办理工作许可的文件后,要根据移民登记国家信息系统的资料在税务系统对该外国公民的登记事实进行检查。

如果缺乏上述资料,负责移民的联邦权力执行机构或其地方机构在收到为外国公民办理工作许可文件的 1 天内应将该外国公民在居住地进行移民登记的资料发往当地税务机构。税务机构在收到信息的 1 天内将外国公民税务登记的信息发给负责移民的联邦权力执行机构或其地方机构。信息交流要使用跨部门电子系统和联网的地区跨部门电子系统或其他电子形式,但要遵守俄罗斯个人信息方面的法律规定。

8. 使用外国公民的雇主或工程(服务)需求方,应通知外国公民进行劳务活动的所在俄联邦主体负责移民的联邦权力执行机构,关于与外国公民签署或中止了劳动合同或完成工程(提供服务)的民事合同,期限为签署或中止劳动合同的 3 个工作日内。

本款第 1 段的通知可以由雇主或工程(服务)需求方送给负责移民的地方机构,纸质或电子形式,电子形式要使用公用信息网络,包括互联网和国家及市政服务统一门户网站。

上述通知(包括电子形式)提交的形式和程序由负责移民的联邦权力执行机构确定。

负责移民的地方权力执行机构在收到本款第 1 段所指的通知后,要在统一的国家法人或个体企业主目录表中检查作为法人或个体企业主的注册信息。

负责移民的地方权力执行机构与相应联邦主体的居民就业权力执行机构和税务机构就雇主或工程(服务)需求方吸引和使用外国公民进行劳务活动进行交流。信息交流要使用跨部门电子系统和联网的地区跨部门电子系统或其他电子形式,但要遵守俄罗斯个人信息方面的法律规定。

9. 根据负责移民的联邦权力执行机构和俄联邦主体签署的协作协议,本联邦主体授权的组织参与向外国公民提供颁发工作许可的国家服务,包括接收申请书和颁发和重新办理工作许可的文件,协助实施对申请工作许可的外国公民指纹录入和拍照。这种参与和协助工作没有国家预算。

上述协议的样本和对联邦主体授权组织和负责移民的地方联邦权力执行机构信息交流的要求,包括使用信息系统进行数据交流的规则由负责移民的联邦权力执行机构规定。

10. 在进行劳务活动时,外国工人应当持有在俄罗斯有效的自愿医疗保险合同,或根据雇主或工程(服务)需求方与医疗机构签署的向外国人提供有偿医疗服务的合同有权获得医疗救助。自愿医疗保险合同(保单),或雇主或工程(服务)需求方与医疗机构签署的向外国人提供有偿医疗服务的合同应保证向外国工人提供紧急医疗救助。

11. 如果本联邦法没有别的规定,假如在工作许可有效期内外国公民要改名或更改在俄罗斯证明其身份并承认有效的信息,该外国公民应在到达俄罗斯后,或改名或修改身份信息后的 7 个工作日内到颁发工作许可的、负责移民的地方联邦权力执行机构,对工作许可上的相应信息进行修改。

第 13.1 条　以免签程序入境俄联邦的外国公民的劳动活动

1. 允许免签程序入境俄联邦的外国公民工作,工作许可由联邦移民权力执行机构或其下属地方机构根据外国公民提交的工作许可申请颁发,本法第 18 条第 4 款规定的情况除外。

1.1　向外国公民颁发工作许可:

1)期限为临时逗留期间;

2)期限为外国公民签订的劳动合同有效期或完成工程(提供服务)民事法律合同有效期,但自入境俄联邦之日不超过 1 年,本法第 13.2 条规定的情况除外。

1.2　根据本法第 18 条第 9、9.1 和 9.2 款可撤销已颁发给外国人的工作许可。

1.3　根据本法第 5 条第 1 款第二段的规定,工作许可是外国公民在俄联邦临时居留期限延长的根据。工作许可中包含的外国公民的资料清单、对上述资料(包括颁布上述许可或延长其有效期时)进行更改的程序和工作许可表格的格式由联邦移民权力执行机构确定。

2. 以免签程序来到俄联邦的外国公民须亲自递交颁发工作许可的申请,也可通过俄联邦安排外国公民就业的机构,或通过俄联邦法律规定的外国公民代理人提交。

3. 外国公民在提交本条第 2 款所指的申请时还应提交下列文件:

1)俄联邦承认的外国公民身份证明文件。

2)有边防机关入境检查标注的移民卡,移民卡上还要有地方联邦移民权力执行机构颁发给该外国公民移民卡时的标注。如果不能提交本项规定的文件,则联邦移民权力机构或其地方下属机构须根据机构中保存的移民卡信息核查该公民信息。

3)颁发工作许可缴纳国税的凭证。外国公民有权主动向联邦移民权力执行机构或其地方下属机构提交付款凭证。在不提交凭证的情况下,联邦移民权力机构或其地方下属机构须利用国家和市政支付国家信息系统核实该公民缴纳颁发工作许可的国税情况。

4）根据俄联邦法律签订的劳动合同或完成工程（或提供服务）的民事法律合同（如果有的话）。

3.1 在外国公民提交根据俄联邦法律签订的劳动合同或完成工程（划提供服务）民事法律合同时，与外国公民签订相应合同的雇主和劳务主的银行信息也要放入颁发给外国公民的工作许可中。

4. 联邦移民权力执行机构或其地方下属机构将向外国公民颁发工作许可的信息发给相应俄联邦主体负责居民就业的权力执行机构。

5. 不允许拒绝接收以免签程序进行俄联邦的外国公民提出颁发工作许可的申请，外国公民不提交本条第3款第1、4项和第8.2款的文件，或者缺乏证明缴纳了颁发工作许可国税信息的情况除外。

6. 如果俄联邦政府确定了配额，地方联邦移民权力执行机构负责审理向外国公民颁发工作许可的申请，同时要考虑这些许可的配额，对俄联邦政府规定的情况，由授权联邦权力执行机构审理。

7. 联邦移民权力执行机构或其地方下属机构自收到以免签程序入境俄联邦的外国公民提交的颁发工作许可之日不超过10个工作日向其颁发许可。在外国公民出示俄联邦承认的身份证明文件之时，将工作许可颁发给他本人。对于拒绝向外国公民颁发工作许可的决定可在收到通知之日起的3个工作日内向联邦移民权力执行机构或法院申诉。

7.1 颁发给外国公民的工作许可期限可以延长。外国公民应在到期前不晚于15个工作日向地方联邦移民权力执行机构提交下列文件：

1）工作许可延期申请；

2）根据俄联邦法律签订的劳动合同或完成工程（或提供服务）的民事法律合同；

3）外国公民根据获得的工作许可进行劳动活动的种类信息，用联邦移民权力执行机构批准的格式提交；

4）证明外国公民没有对周围人构成危险的吸毒和卫生部门批准的疾病清单里的传染病的文件，以及证明不是免疫系统缺乏症病毒（艾滋病毒感染）患者的证书；

5）证明外国人在居留地登记的文件。

7.2 已失效。

7.3 对工作许可的延期不考虑配额。不允许拒绝接收外国公民的工作许可延期,外国公民不提交本条第7.1款第1－4项文件的情况除外。如果外国公民不提交工作许可,又要延期,则地方联邦移民权力执行机构须根据联邦移民权力执行机构的信息检查他是否有工作许可。

7.4 延长工作许可的决定自外国公民提交申请和所要求其他文件后的3个工作日内做出。

如果有本法第18条第9、9.1或9.2的情况,允许拒绝工作许可延期,如果联邦移民权力执行机构没有外国公民拥有本条第7.1款第5项和第7.2款第2、3项规定的文件,外国公民在提交申请时没有同时提交这些文件,可以拒绝工作许可延期。

7.5 临时在俄联邦逗留的外国公民在提前解除作为颁发工作许可或延期该许可依据的劳动合同或完成工程(或提供服务)的民事法律合同后的15个工作日之内有权签订新的劳动合同或完成工程(或提供服务)的民事法律合同,或在本法第5条第1款第2段规定的临时居留到期时应离开俄境。

如果新的劳动合同或完成工程(或提供服务)的民事法律合同的有效期超过外国公民现有的工作许可的有效期,可根据本条第7.1款延长工作许可有效期,无须提供本款第4项规定的文件。

7.6 如果外国公民在工作许可有效期内签订了新的劳动合同或完成工程(或提供服务)的民事法律合同,他必须在7个工作日内到地方联邦移民权力执行机构更改工作许可信息。

如果新的劳动合同或完成工程(或提供服务)的民事法律合同规定外国公民在住房与公共事业、商品零售或日常服务领域进行劳动活动,该外国公民应当证明掌握俄语,程度不低于本条第8.2款要求的基础水平。

7.7 如果外国公民不能与工作许可延长申请一同提交本条第7.1款第5项规定的文件,可自行使用该公民提交逗留地登记的国家移民登记信息系统的资料。

8. 如果颁发给以免签程序入俄境的外国公民90天以上的工作许可,他必须在获得许可后的30天内向地方联邦移民权力执行机构提交证明自己没有俄联邦政府授权联邦权力执行机构批准的疾病清单所列的对周围人构成危险的吸毒和传染病的文件,以及不是免疫系统缺乏症病毒(艾滋病毒感染)患者的证书。

8.1 在住房与公共事业、商品零售或日常服务领域进行劳动活动的外国公民应当证明掌握俄语,水平不低于基础俄语。

8.2 除本条第8.3款规定的情况,外国公民在获得本条第8.1款规定的领域的工作许可时,须提交下列文件中的一项以证明掌握俄语的水平不低于基础俄语。

1)授权联邦权力执行机构规定的俄语作为外语国家统测通过证书和证明外国公民掌握俄语不低于基础俄语水平的证书;

2)2012年12月29日俄联邦《教育法》第107条规定的证件;

3)1991年9月1日苏联教育机构颁发的国家统一的受教育文件(不低于基础普通教育水平);

4)1991年9月1日后颁发给在俄联邦境内通过国家最终考核的教育或技能证书。

8.3 本条第8.1款规定领域获得工作许可掌握俄语的证明,俄语为官方语言的国家外国公民无须提交,联邦法和俄联邦国际条约规定的其他情况也无需提交。

8.4 本法第8.2条规定的文件不能提交电子文档。

8.5 对本法第8.2条规定的文件中信息的登记、保存和核实的程序由联邦移民权力执行机构规定。

9. 吸引和使用有工作许可、以免签程序入境俄联邦的外国公民进行劳动活动的雇主和劳务主,须通知地方联邦移民权力执行机构和相应联邦主体的负责居民就业问题的权力执行机构关于与外国公民签订和解除劳动合同或完成工程(或提供服务)的民事法律合同情况,以及1年内向其提供1个月以上不带薪休假的情况。上述通知的格式和递交程序由授权的联邦权力执行机构规定。

第13.2条 高技能外国专家进行劳动活动的特点

1. 本法认定的高技能外国专家是指在某个具体活动领域有工作经验、技能或成就,俄联邦引进其从事劳动活动建议的薪酬为:

1)1个日历月不低于83500卢布。高技能专家为科研工作者或教员,被高等院校、国家科学院及其地区分院、国家研究中心或国家科研中心邀请来按已有国家认证的教育大纲从事科研或教学活动,以及被工业企业、旅游休闲、经济特区外侨邀请来参加劳动活动的高技能专家(个体企业主除外),还包括被本条第5款第2、3段所指的从事信息技术领域的单位和以俄联邦政府规定程序获得国家机构认证文件,从事信息技术领域活动的单位邀请来的专家(有技术应用经济特区外侨地位的单位除外);

1.1)1个日历月不低于58500卢布。被技术应用经济特区外侨邀请来参加

劳动活动的外国公民(个体企业主除外);

1.2)1 年(365 个日历日)不少于 100 万卢布。为医疗、教育或科研工作人员的高水平专家,他们被邀请来国际医疗集聚地从事相应的活动;

1.3)1 个日历月不低于 167000 卢布。对于其他外国公民。

1.1 本法规定高技能专家的家庭成员指其配偶、子女(包括收养的子女),子女的配偶、父母(包括养父母)、父母的配偶、祖父母、外祖父母、孙子孙女。

1.2 从事传教或其他宗教活动的外国公民不能被引进作为高技能专家在俄联邦进行劳动活动,包括进行祈祷仪式、其他宗教仪式、对某一宗教的信徒进行教育。

1.3 雇主和劳务主无权吸引外国员工作为高技能专家在民用商品(包括药品)零售过程中为顾客服务,不论所售商品的种类、销售面积和顾客服务形式,与贸易活动有关的领导和协调的员工除外。与进行贸易活动的领导和协调有关的工作人员的职业(职务、专业)以及对这些工作人员的技术要求由负责制定和实施居民就业和失业领域国家政策和标准法律调节的联邦权力执行机构批准。

1.4 本条第 1 款第 1、1.1、1.2 或 3 段所指的高技术水平专家因生病、休假而造成劳务活动中断或其他情况造成不发工资或工资所得不能满足按高水平专家吸引该外国公民的条件,如果在一个统计阶段 3 个日历月的工资总和是本条第 1 款规定的月工资的三倍,则算作遵守规定。

2. 俄联邦政府规定的向外国专家发邀请来俄联邦进行劳动活动的配额、向外国公民颁发工作许可的配额、俄联邦一个或几个主体以及整个俄联邦境内经营主体在各个经济领域所使用外国员工所允许的比例不适用于高技能专家及其家庭成员。

3. 雇主和劳务主自行评估他们想作为高技能专家引进的外国公民的资格和技能水平,并承担相应的风险。

4. 为评估所邀请高技能专家的资格和技能水平,雇主和劳务主可使用该专家拥有的证明职业知识和技能的证件和资料、外国公民劳动活动结果资料,包括其他雇主和劳务主的反映、包括外国人的反映,专业鉴定和选人机构的资料,外国公民参加的或合作参加的智力活动的结果,职业奖励和其他形式职业成就证明,雇主或劳务主举办的竞赛结果以及其他客观、可信或经过验证的文件和资料。

5. 符合本条规定的下列雇主和劳务主有权引进高技能专家：

1）俄罗斯营利性组织；

俄联邦科研机构、职业教育机构和高等教育机构（宗教教育机构除外），卫生机构，其他符合俄联邦科学、技术优先发展方向的进行科研、科技和创新活动、实验开发、试验、干部培训机构，如果他们有法律规定的国家认证；

按规定在俄联邦认证的外国法人的分支机构；

在俄罗斯境内活动，但不是俄罗斯赢利组织的体育机构，以及全俄体育协会按照 2007 年 12 月 4 日批准的《俄罗斯体育法》邀请外国公民和无国籍人士作为体育方面的高水平专家担任名单所列职务。

2）在提交引进高技能专家申请时，没有因外国公民或无国籍人破坏俄联邦居留制度而受到行政处罚或违反实施劳务活动规定受处罚而未执行的情况。

3）在提交引进高技能专家申请时，没有仍生效的禁止引进外国公民作为高技能专家在俄罗斯从事劳务活动的决议。

6. 要为高技能专家颁发工作许可和延长在俄联邦的临时逗留期限，办理劳动活动入境邀请函，（必要时）雇主和劳务主应向联邦移民权利执行机构或其授权的地方机构按联邦移民权力执行机构（以下称其授权地方机构）规定的清单提交下列材料：

1）引进高技能专家申请；

2）与引进专家签订的劳动合同或完成工程（或提供服务）民事法律合同，其有效期为专家获得工作许可的时间；

3）支付俄联邦可能将该高技能专家行政驱逐出境或遣返相关费用的书面保证；

4）自 2011 年 7 月 1 日失效。

6.1 在审理引进高技能专家的申请时，联邦移民权力执行机构或其授权地方机构须到进行法人国家注册的联邦权力执行机构查询本条第 5 款第 1 项第二、三段规定的法人国家注册情况。如果根据本条第 5 款第 1 项第四段雇主是外国法人分支机构，并且相应的文件没有与引进高技能专家的申请一起提交，则到俄联邦政府授权的联邦权力执行机构查询外国法人在俄联邦分支机构的认证情况。

6.2 引进高技能专家的申请附本条第 6 款第 2、3 项规定的必要文件，可向联邦移民权力执行机构或其下属地方机构递交纸质文件，也可以利用公用信息和电信系统，包括互联网和国家和市政服务统一门户网站提交电子文档。

如果引进高技能专家申请提交的是本条第 6 款第 2、3 项规定的电子文档，雇主或劳务主还须在申请审理期间向联邦移民权力执行机构及其下属地方机构提交纸质文件。

7. 在引进专家申请书中雇主和劳务主反映出本条第 4 款规定的外国公民的资格和技能水平等级信息、证明专家受过中等职业教育或高等教育（如果俄联邦法律对个别种类职业有相应要求）的证件信息，目的是将上述信息输入根据本法第 18.2 条建立的外国公民从事劳动活动数据库。上述申请的格式由俄联邦政府规定。

8. 雇主和劳务主引进高技能专家的申请不允许被拒绝，雇主和劳务主不提交本条第 6 款规定的某些文件除外。

9. 引进高技能专家的申请的审理期限自申请递交之日不超过 14 个工作日。

10. 如有本法第 18 条第 9 款 1—7 项和第 9.1 和 9.7 款情形的其中之一，可做出拒绝向高技能专家颁发劳动许可、撤销工作许可或拒绝颁发进行劳动活动的入境邀请函的决定。

11. 提前解除劳动合同或完成工程（或提供服务）民事法律合同之后的 30 个工作日内，高技能专家有权寻找其他雇主或劳务主并依据本条的程序和条件获得新的工作许可。在上述期限内颁发给专家及其家庭成员的工作许可、签证和居留证视为有效。

颁发给高技能专家的工作许可的有效期及颁发给专家及其家庭成员的签证、居留证的有效期在审理本条第 5 款规定的、与之签订新的劳动合同或完成工程（或提供服务）的民事法律合同的雇主和劳务主提交的申请期限可以延长。

如果高技能专家在本款第一段规定的时间结束时没签订新的劳动合同或完成工程（或提供服务）民事法律合同，或者引进专家的雇主或劳务主申请颁发给该专家的工作许可被驳回，则颁发给该专家及其家庭成员的签证和居留证在本款第一段规定的期限结束日或做出驳回申请日后的 30 个工作日内有效。在上述 30 日内专家及其家庭成员应根据俄联邦法律离开俄联邦。

12. 颁发给高技能专家的工作许可的期限为雇主或劳务主与引进专家所签订劳动合同或完成工程（或提供服务）民事法律合同的期限，但不能超过 3 年。上述工作许可合同可按劳动合同或完成工程（提供服务）民事法律合同的期限多次延期，但每次延期不能超过 3 年。如果根据劳动合同或完成工程（提供服务）民事法律合同要在两个或两个以上联邦主体进行劳动活动，则给专家颁发在这几个联邦主体境内有效的工作许可。

12.1 在工作许可有效期内,高技能专家及其家庭成员如果有根据本法获得的工作许可,有权在俄联邦境内进行劳动活动、在教育机构受教育并从事俄联邦法律不禁止的活动。

13. 本条第5款指定的雇主和劳务主必须每季度一次,不迟于报告季度下个月的最后一天向联邦移民权力执行机构报告向专家支付工资的情况、与专家解除劳动合同或完成工程(或提供服务)民事法律合同情况、一年内超过一个日历月的不带薪休假情况。上述通知的格式由联邦移民权力执行机构确定。

本款第一段的通知可以由引进专家的雇主或劳务主向联邦移民权力执行机构及其下属地方机构递交纸质文件,也可以利用公用信息和电信网络包括互联网和国家和市政服务统一门户网站提交电子文档。

14. 作为外国公民的高技能专家及来到俄联邦的家庭成员在俄境内应有有效的医疗保险并有权根据雇主或劳务主与医疗机构签订的相应合同获得紧急医疗救护和专业医疗救助。保证专家及其家庭成员在劳动合同有效期内享受医疗救助是劳动合同的必要条件或完成工程(或提供服务)民事法律合同的重要条件。

15. 如果在高技能专家国籍国有联邦移民权力执行机构或其下属地方机构指定的代表处或代表,则他们可向该专家颁发工作许可。向专家颁发工作许可时专家须出示俄联邦承认的、证明其身份的证件。

16. 2014年1月1日失效。

17. 要为高技能专家延长工作许可,雇主或劳务主要在该许可有效期结束前30天内向联邦移民权力机构或其下属地方机构提交下列文件:

1)雇主或劳务主关于为高技能专家工作许可有效期延长申请;

2)根据俄联邦法律与专家签订的劳动合同或完成工程(或提供服务)民事法律合同;

3)医疗保险合同或雇主或劳务主与医疗机构签订的专家及其长住俄联邦境内家庭成员享受紧急医疗救护和专业医疗救助的合同复印件;

4)雇主或劳务主支付高技能专家工资额度资料;

5)高技能专家在逗留地登记证明;

6)2014年1月1日失效。

17.1 高技能专家工作许可延期申请连同本条第17款第2-4条规定的纸质文件,由引进专家的雇主和劳务主提交到联邦移民权力执行机构或其下属地方机构,同时通过公用信息和电信网络,包括互联网和国家和市政服务统一门户网站提交电子文档。

如果提交的是电子文档的高技能专家工作许可延期申请及本条第 17 款第 2－4 条规定的文件,则在审理专家工作许可延期期间应向联邦移民权力执行机构或其下属地方机构提交纸质文件。

18. 拒绝接收雇主或劳务主提交的为高技能专家延长工作许可申请是不允许的,雇主或劳务主没提交本条第 17 款第 1－4 项规定的某些文件除外。如果雇主或劳务主不提交专家的逗留地登记信息,则使用国家移民登记信息系统查询该专家的逗留登记信息。

19. 处理专家工作许可延期申请自提交到联邦移民权力执行机构或其下属机构之日起不超过 14 个工作日。

如果雇主或劳务主不遵守本条第 1、5 款的条件,本款第一段所指的申请被驳回。

19.1 如果在工作许可有效期内,高技能专家改名或更改证明身份的文件信息,则该专家要在入境俄联邦或更改身份证件信息或改名 7 个工作日内到负责移民的、颁发工作许可的联邦权利执行机构或地方机构更改许可证上相应的信息。

如果高技能专家必须按许可证上没标明的职业(专业、职务、劳务活动种类)实施劳务活动,该高技能专家有权到颁发工作许可的、负责移民的联邦权力执行机构或地方机构更改许可证上的信息。

20. 外国公民有权自行作为专家为自己向驻在国籍国联邦移民权力执行机构的代表处或外交代表处或俄联邦领事机构递交申请,申请应包含证明工作经验、在具体活动领域的技能或成就(包括个人或组织推荐专家资格和技能水平证明),将上述信息输入依据本法设立的外国公民劳动活动数据库并提交上述信息给俄联邦境内的潜在雇主和劳务主的同意函。填写该申请表的程序及其申请表格式由联邦移民权力执行机构规定。

21. 外国公民根据本条第 20 款提交的信息发布在联邦移民权力执行机构官方网站上。俄联邦不负责外国公民根据本条第 20 款提交信息的可靠性。

22. 本条第 20 款所指申请的格式和填写程序发布在联邦移民权力执行机构官方网站上。

23. 将高技能专家的资料发布在联邦移民权力执行机构网站上是为了让外国公民与雇主或劳务主谈判并签订劳动合同或完成工程(或提供服务)民事法

律合同,这样就可以办理入境俄联邦的 30 天普通商务签证。给外国公民办理普通商务签证要有雇主或劳务主发给外国公民的入境俄联邦进行相应谈判的书面建议。

对本款第一段入境俄联邦书面建议的内容和必要要件的要求以及在为外国公民办理普通商务签证时联邦移民权力执行机构与俄联邦外交代表处或领事机构的协调程序由联邦移民权力执行机构与负责外交问题的联邦权力执行机构协调确定。

24. 为本条第 20 款所指外国公民颁发普通商务签证无须办理入俄境邀请函。外国公民应该证明有根据普通商务签证在俄居住和允许逗留期限结束离开俄境的费用。

25. 根据普通商务签证引进外国公民来俄劳动要根据本条规定进行。如果雇主和劳务主引进外国公民作为高技能专家申请,颁发给外国公民的普通商务签证撤销,同时办理普通工作签证。

26. 如果雇主或劳务主有下列情况,两年内不能按本法规定的条件引进外国高技能专家:

1)没有对高技能专家履行本联邦规定的义务或与高技能专家签订的劳务合同的义务,或没遵守完成工程(或提供服务)民事法律合同的主要条件;

2)向负责移民的联邦权力执行机构或地方机构提供虚假或伪造的文件。

26.1 在查清本条第 26 款第 1、2 段所指的情况时,负责移民的联邦权力执行机构或其下属地方机构要做出禁止相应雇主或劳务主两年内不能向俄罗斯引进高技能专家进行劳务活动的决定。

本款第 1 段所指的决定形式及其做决定和程序由负责移民的联邦权力执行机构规定。

如果针对雇主或劳务主做出不能向俄罗斯引进高技能专家进行劳务活动的决定,而该雇主或劳务主申请给高技能专家延长工作许可期限或申请引进高技能专家直至本款第 1 段所指期限结束,则负责移民的联邦权力执行机构或其授权地方机构不必审理该申请,书面通知雇主或劳务主可以再次提交申请的日期。

27. 在俄联邦逗留期限为劳动合同或完成工程(或提供服务)民事法律合同期限的高技能专家及其家庭成员以书面形式提出申请,地方联邦移民权力执行机构可为其办理居留证。在本法第 9 条第 1 款第 1 - 7 项和第 2 款规定的情况下可拒绝为上述人员办理居留证。

为外国高技能专家及其家庭成员颁发的居留证,期限应该为外国公民作为高技能专家进行劳动的工作许可期限。

28. 为监督雇主或劳务主遵守引进和利用高技能专家的条件,税务部门应联邦移民权力执行机构的查询可提供高技能专家个人收入所得税支付情况。联邦移民权力执行机构使用以上信息只是为了监督本条规定的雇主或劳务主执行引进人才的情况,除法律规定外不会泄露。提交以上信息,包括电子文档的程序由联邦移民权力执行机构与授权监督税收的权力执行部门商定。

29. 为高技能专家办理和颁发工作许可、工作许可延期的程序、上述许可的格式、颁发居留证的程序由联邦移民权力执行机构规定。

如果引进专家的雇主和劳务主是使用公用信息和电信网络,包括互联网和国家和市政服务统一门户网站提交的文件,为高技能专家办理和颁发工作许可、工作许可延期的程序由联邦移民权力执行机构批准。

30. 获得工作许可的高技能专家的收入所得税特点由俄联邦税法确定。

31. 为有效组织引进高技能专家到俄联邦劳动,联邦移民权力执行机构及其下属地方机构可以成立专门的部门为专家、雇主或劳务主办理高技能专家到俄联邦进行劳动活动的手续。

第 13.3 条 外国公民为自然人劳动活动的特点

1. 作为法人或个体企业主或私家公证员、律师、律师事务所或根据联邦法其职业活动需要进行国家登记和(或)认证的其他人作为雇主或劳务主,有权使用合法居住在俄联邦境内的、以免签程序来到俄联邦、年龄达到 18 岁的外国公民进行劳务活动,只要这名外国公民拥有根据本联邦法颁发的特许证。

作为俄联邦公民的雇主或劳务主有权吸引以免签程序来到俄联邦、年龄达到 18 岁的外国公民进行劳务活动,保障与雇主或劳务主企业活动无关的个人、家庭和其他需求,只要这名外国人根据本法规定颁发了特许证。

在与外国公民签订劳务合同或完成工程(或提供服务)民事法律合同时,没有因在俄罗斯非法使用外国公民进行劳务活动行政违法而未处理完毕的雇主或劳务主,有权根据本条规定的条件吸引外国公民进行劳务活动。

2. 合法居住在俄联邦境内、以免签程序来到俄联邦的外国公民要获取特许证须亲自或通过本联邦法第 13 条第 9 款授权的单位向地方联邦移民权力执行机构提交下列文件:

1)特许证颁发申请。

2)俄联邦承认的、证明外国人身份的证件。

3）入境目的为劳务,有联邦安全局边防局入境标注或地方联邦移民权力执行机构关于向该外国公民颁发该移民卡的标注的移民卡。如果不提交本项规定的文件,地方联邦移民权力执行机构要根据本单位现有信息对该外国公民移民卡信息进行核实。

4）在俄罗斯劳务期间有效的、外国公民与按俄联邦法律成立的保险机构签订的自愿医疗保险合同(保单),或该外国公民与所在联邦主体医疗单位签订的有偿提供医疗服务的合同。自愿医疗保险合同(保单)或与医疗机构签订的有偿提供医疗服务的合同应保证给予外国公民紧急医疗救护。

俄联邦主体最高国家权力执行机构有权确定授权与外国公民签订提供有偿医疗救助单位的清单,用于申领特许证,并做出外国公民为获得特许证提交本款某一种文件的决定。

5）证明外国公民不是吸毒者和体检结果文件,证明经过化学检测没有俄联邦政府授权机构批准清单内危险性传染病,以及没有免疫系统缺乏症病毒(艾滋病毒感染)的证书。上述文件由俄联邦境内的医疗机构出具,如果俄联邦国际法和其他联邦法没有别的规定。

俄联邦主体最高国家权力机构必须确定授权在本联邦主体境内颁发本款所指文件的医疗机构清单。

6）如果是本联邦法第15.1条规定的情况,提交外国公民掌握俄语、俄罗斯历史知识和俄罗斯基本法律知识的证明。

7）在提交本款第1－6和8段的文件时,办理特许证时已交纳逾期罚款的证明文件,如果入境俄罗斯已超过30个日历日。

8）外国公民已在居住地进行登记的文件。如果不提交上述文件,负责移民的地方联邦权力执行机构可根据本单位现有信息对该外国公民移民卡信息进行核实。

3. 不允许拒绝接受颁发特许证申请,不提交本条第2款1、2、4－7段规定的某个文件除外,或负责移民的联邦权力执行机构做出在一定阶段在某个俄联邦主体暂停发放特许证的决定,或俄联邦政府做出在某个阶段在俄联邦主体暂停发放特许证的决定,或提交申请前一年有拒绝发放或重新办理特许证或注销特许证的情况。

因负责移民的联邦权力执行机构做出在一定阶段在某个俄联邦主体暂停发放特许证的决定,或俄联邦政府做出在某个阶段在俄联邦主体暂停发放特许证的决定而拒绝接受发放特许证的申请,要在做出相应决定后满10天实施。

负责移民的联邦权力执行机构根据俄联邦主体联邦权力执行机构或最高负责人(俄联邦主体最高权力执行机构领导)理由充分的建议,在一定的时间段暂停办理俄联邦主体境内的特许证发放。俄联邦主体最高负责人(俄联邦主体最高权力执行机构领导)理由充分的建议是对俄联邦主体相应时期社会经济发展状况分析的基础上,考虑当地社会劳动关系三方委员会的观点形成的决议。

俄联邦政府暂停一个阶段在俄联邦境内特许证的发放,是根据实施居民就业和失业的国家政策制定和实施功能的联邦权力执行机构的建议,根据本联邦法第18.1条第7款所指监测结果做出的,并考虑俄罗斯调节社会劳动关系三方委员会的观点形成的决议。

4. 在审理本条第2款的文件时,负责移民的地方联邦权力执行机构通过利用本机构现有的信息和(或)向其他国家机构查询来确定信息的真实性。

负责移民的地方联邦权力执行机构在收到外国公民许可证颁发申请后的10个工作日内应向该外国公民颁发特许证或拒绝颁发的通知。

5. 特许证的有效期为1—12个月。

特许证可多次延期,每次1个月或以上。考虑到延期,特许证的总有效期自颁发之日不能超过12个月。

以俄联邦税法程序支付固定预交形式纳税(以下称为税)期间视为特许证有效期延长。此时不需要到负责移民的地方联邦执行机构办理。

其他情况下,以固定缴费形式交个人所得税的阶段结束后的第二天特许证有效期中止。

6. 在外国公民出示俄联邦承认的身份证明和根据本条第5款俄罗斯法律规定的纳税程序的本阶段纳税证明后,特许证颁发给外国公民本人。

7. 发放特许证两个月内,本条第1款第1段所指外国公民须亲自提交或用挂号信向负责移民并发放特许证的地方联邦权力执行机构寄送劳动合同或完成工程(提供服务)的民事合同复印件。

本款第1段所指文件到达后,负责移民并发放特许证的地方联邦权力执行机构要在国家统一法人和个体企业主目录册中核实作为法人或个体企业主的雇主或劳务主的注册信息。

8. 特许证颁发日12个月结束前不晚于10天,外国公民有权找负责移民、发放特许证的地方联邦移民权力执行机构获取新的特许证。此时重新办理特许证不能超过1次。

9. 要重新办理特许证,外国公民须亲自或通过俄联邦主体授权的、本联邦法第13条第9款所指的单位向外国公民打算进行劳务活动的俄联邦主体境内负责移民的地方权力执行机构提交下列文件：

1）重新办理特许证申请。

2）俄联邦承认的、证明外国公民身份的证件。

3）入境目的为劳动的移民卡,并有联邦安全局边防局对该外国公民入境俄罗斯的签注或负责移民的地方联邦权力执行机构关于发放上述移民卡签注的入境卡。如果不能提交上述文件,负责移民的地方联邦权力执行机构根据本机构现有信息对移民卡上的外国公民进行核查。

4）证明法人按俄联邦法律规定的程序,以支付固定预交形式对特许证有效期纳税的文件。

5）在外国公民在俄罗斯进行劳务活动期间,与按俄罗斯法律成立的保险公司签订的、有效的自愿医疗保险合同,或与医疗机构签署的向外国人提供有偿医疗服务的合同有权获得医疗救助。自愿医疗保险合同(保单)或与医疗机构签署的向外国人提供有偿医疗服务的合同应保证向外国工人提供紧急医疗救助。

俄联邦主体最高权力执行机构有权确定授权与外国公民签订重新办理特许证所需自费医疗救助单位的清单,有权做出决定让外国公民提交其中一份文件用于重新办理本联邦主体的特许证;

6）证明外国公民不是吸毒者和体检结果文件,证明经过化学检测没有俄联邦政府授权机构批准清单内危险性传染病,以及没有免疫系统缺乏症病毒(艾滋病毒感染)的证书。上述文件由俄联邦境内的医疗机构出具,如果俄联邦国际法和其他联邦法没有别的规定。

俄联邦主体最高权力执行机构有权确定授权发放本条规定文件的俄联邦主体境内医疗单位的清单。

7）如果是本法第15.1规定的情况,证明外国公民掌握俄语、了解俄罗斯历史和俄联邦基础法律的文件。如果不提交上述文件,地方联邦移民权力执行机构要根据本单位现有信息对该外国公民移民卡信息进行核实。

8）雇主、劳务主关于重新为外国公民办理特许证的申请。

9）为法人或个体企业主或私人公证员、律师、律师事务所或根据联邦法律需要进行国家注册和(或)认证的人员工作的外国人,需提交劳动合同或完成工程(提供服务)的劳动合同或民事法律合同。

10. 不允许拒绝接收该申请,不提交本条第9款第1、2、4—6、8、9 段规定的文件除外,或违反本条第 8 款规定的重新办理特许证期限的情况除外。

11. 审理本条第 9 款的文件时,负责移民的地方联邦权力执行机构通过利用本机构现有的信息和(或)向其他国家机构查询来确定信息的真实性。

12. 负责移民的地方联邦权力执行机构在收到外国公民特许证颁发申请后的 10 个工作日内应向该外国公民颁发特许证或拒绝颁发的通知。

13. 外国公民重新办理特许证的期限为 1—12 个月。

重新办理的特许证的有效期可多次延期,期限 1 个月以上。此时考虑延期的特许证总期限从重新办理之日起不超过 12 个月。

以俄联邦税法程序支付固定预交形式纳税期间视为特许证有效期延长。此时不需要到负责移民的地方联邦执行机构办理。

其他情况下,以固定缴费形式交个人所得税的阶段结束后的第二天重新办理的特许证有效期中止。

14. 在外国公民出示俄联邦承认的身份证明和根据本条第 13 款俄罗斯法律规定的纳税程序的本阶段纳税证明后,重新办理的特许证颁发给外国公民本人。

15. 假如在重新办理的特许证有效期内,外国公民要改名或更改在俄罗斯证明其身份并承认有效的信息,该外国公民应在到达俄罗斯后,或改名或更改身份信息后的 7 个工作日内到颁发特许证的、负责移民的地方联邦权力执行机构,对特许证上的相应信息进行修改。

如果外国公民必须按特许证上未注明的职业(专业、职务、劳务活动种类)实施劳务活动,该外国公民有权到颁发特许证的、负责移民的联邦权力执行机构或地方机构更改特许证上的信息。

16. 外国公民无权在给他发放特许证的俄联邦主体外从事劳务活动。雇主或劳务主无权吸引在一个联邦主体获得特许证的外国公民到另一个联邦主体从事劳务活动。

如果俄联邦主体高级负责人(最高权力执行机构领导)做出决定在本联邦主体发放给外国公民的特许证上标明职业(专业、职务、劳务种类),则外国公民无权在本联邦主体从事特许证上未标明的职业。

外国公民要想到另一联邦主体从事劳务活动,他必须到他准备去工作的联邦主体负责移民的地方权力执行机构获取特许证,无须遵守本条第 2 款的期限。

外国公民要想获取本款第 3 段所指的特许证,必须亲自向负责移民的地方联邦权力执行机构提交申请和证明按俄联邦税法对特许证上一阶段纳税证明和本条第 2 款 2、4、5 段所指的文件。

如果俄联邦主体有授权单位并有负责移民的联邦权力执行机构与俄联邦主体权力执行机构根据本联邦法第 13 条第 9 款签订的协议,外国公民可将本款第 4 段所指的文件亲自或通过该单位送交负责移民的地方联邦权力执行机构。

17. 不允许拒绝接受颁发本条第 16 款规定的特许证申请,不提交本条第 16 款第 4 段所指的某个文件除外,或负责移民的联邦权力执行机构做出在一定阶段在某个俄联邦主体暂停发放特许证的决定,或俄联邦政府做出在某个阶段在俄联邦主体暂停发放特许证的决定除外。

18. 审理本条第 16 款的文件时,负责移民的地方联邦权力执行机构通过利用本机构现有的信息和(或)向其他国家机构查询来确定信息的真实性。

19. 负责移民的地方联邦权力执行机构在收到外国公民办理本条第 16 款所指的特许证申请后的 10 个工作日内,应向该外国公民颁发特许证或拒绝颁发的通知。

20. 在外国公民出示俄联邦承认的身份证明和根据本条第 16 款俄罗斯法律规定的纳税程序的本阶段纳税证明后,本条第 16 款所指的特许证颁发给外国公民本人。

21. 本条第 16 款所指的特许证的有效期不能超过最初发放特许证的有效期。

22. 在下列情况下,地方联邦移民权力执行机构不为外国公民颁发特许证,不重新办理特许证,撤销已颁发的特许证:

1)如果是第三方引进的外国人进行劳动活动;

2)有本法第 18 条第 9 款第 1—10、15 项和第 18 条第 9.1、9.2 和 9.7 第 1 段和 9.8 款规定的情形;

3)如果外国公民已获得特许证,但他提出申请注销此特许证;

4)如果没按本条第 7 款要求提交劳动合同或完成工程(提供服务)的民事法律合同;

5)如果国家统一法人或个体企业主目录册中无雇主或劳务主信息。

23. 如果负责移民的地方联邦权力执行机构中无外国公民特许证有效期内进行劳务活动的信息,则不能重新办理特许证。

24. 如果外国公民被拒绝发放或重新办理特许证,或之前发放的特许证被注销,则该外国公民有权在被拒绝后或注销后 1 年后再次提交发放特许证的申请。

25. 如果特许证遗失或损坏,外国公民有权到负责移民的地方联邦权力执行机构申请补发特许证。

26. 为补发特许证,外国公民须亲自向负责移民的地方联邦权力执行机构提交下列文件:

1)补发特许证申请。

2)俄联邦承认的外国公民身份证明文件。

3)有联邦安全局边防机关入境检查标注的、劳务目的的移民卡,或有地方联邦移民权力执行机构颁发给该外国公民移民卡时的标注。如果不能提交本项规定的文件,则地方移民权力机构须根据机构中保存的移民卡信息核查该公民信息。

4)证明外国公民按俄联邦法律规定的程序,以支付固定预交形式对遗失或损坏的特许证有效期纳税的文件。

27. 负责移民的地方联邦权力执行机构在收到外国公民补发特许证申请的 3 个工作日内,应向外国公民补发特许证,表格内要标注补发,或下达拒绝补发的通知。

28. 负责移民的地方联邦权力执行机构在做出注销特许证决定的 3 个工作日内,向吸引和使用外国公民进行劳务活动的雇主或劳务主以及外国公民寄送注销特许证通知。

29. 特许证的办理、重新办理、发放、特许证信息更改的程序、补发程序及决定在俄联邦主体暂停发放特许证的程序由负责移民的联邦权力执行机构批准。

特许证的形式,办理、重新办理特许证、补发特许证或对特许证信息进行更正而提交申请的形式,由负责移民的联邦权力执行机构批准。

如果负责移民的联邦权力执行机构有相应标准法律文件的形式规定,在俄联邦主体境内根据负责移民的联邦权力执行机构与俄联邦主体签署的协作协议,该联邦主体可以使用带电子芯片的特许证。这种情况下,因使用这种特许证产生的费用不使用国家预算资金。上述协议的样本由负责移民的联邦权力执行机构规定。

俄联邦主体高级负责人(最高权力执行机构领导)有权决定在本联邦主体发放给外国公民的特许证上标明职业(专业、职务、劳务种类)。如果做出这样的决议,俄联邦主体权力执行机构须在 1 个工作日内通知相应联邦主体负责移民的地方权力执行机构关于所做出的决定。

负责移民的地方权力执行机构在得到俄联邦主体高级负责人（最高权力执行机构领导）做出发放这种特许证通知的 10 日后，发放注明职业（专业、职务、劳务种类）的特许证。

在使用带电子芯片特许证的俄联邦主体，向外国公民传达发放或拒绝发放特许证的通知，可以通过申请书上的电话号码，用短信的方式通知。发送上述通知的开销不用联邦预算资金。

第 13.4 条　在俄联邦全日制学习的个别范畴外国公民进行劳务活动的特点

1. 在有国家资质的俄罗斯联邦教育机构或高等教育机构按基础职业教育大纲学习的外国公民，有权根据工作许可进行劳务活动，本联邦法第 13 条第 4 款 6、7 段规定的情况除外。

2. 负责移民的联邦权力执行机构及其地方机构根据外国公民发放工作许可申请向外国公民颁发工作许可。

3. 本条第 1 款所指外国公民的工作许可发放的期限是与其签订劳动合同或完成工程（提供服务）民事法律合同期限，但不超过 1 年。上述工作许可的有效期不可能超过该外国公民在有国家资质的俄罗斯联邦教育机构或高等教育机构按基础职业教育大纲学习的期限。

本条第 1 款所指外国公民的工作许可的有效期可以按与其签订劳动合同或完成工程（提供服务）民事法律合同期限多次延期，但每次延期不能超过 1 年。

4. 如有本联邦法第 18 条第 9 款 1—10、14 和 15 段，第 9.1、9.2 和 9.6 款规定的依据之一，则不向外国公民发放工作许可，已发放的许可要注销。

5. 工作许可包含的外国公民信息清单、对上述信息（包括发放许可或许可证延期时）进行修改的程序和许可证表格形式，由负责移民的联邦权力执行机构确定。

6. 本条第 1 款所指的外国公民亲自或通过外国人在俄罗斯就业机构，或通过根据俄罗斯民法认定的外国公民代理人提交工作许可申请。

7. 与本条第 6 款同时提交的文件有：

1）俄罗斯承认的、证明外国公民身份的文件。

2）移民卡，带有该外国公民入境时的联邦安全局边防检察机关的标记或地方联邦移民权力执行机构关于向该外国公民颁发移民卡的标记。如果不能提交移民卡,地方联邦移民权力机构要根据本单位保存的外国移民信息进行核实。

3)负责移民的联邦权力执行机构规定形式的证明外国公民在有国家资质的俄罗斯联邦教育机构或高等教育机构按基础职业教育大纲学习的证明,证明须由上述教育机构办理。

4)根据俄罗斯法律签订的劳动合同或完成工程(提供服务)民事法律合同。

5)外国公民办理工作许可缴税凭证。如果没提交上述凭证,则负责移民的联邦权力执行机构或其地方机构可利用国家税务系统税收信息核查外国公民支付工作许可国税的情况。

6)证明外国公民没有对周围人构成危险的俄联邦政府授权的联邦权力执行机构批准的疾病清单中的吸毒和传染病的文件,以及证明不是免疫系统缺乏症病毒(艾滋病毒感染)携带者的纸质证书。

8. 不允许拒绝接收本条第 1 款所指外国公民提出颁发工作许可的申请,外国公民不提交本条第 7 款第 1、3、4 和 6 项规定文件的情况除外。

9. 负责移民的联邦权力执行机构或其地方机构在审理本条第 1 款所指外国公民工作许可时,无须考虑这种许可的配额。

10. 负责移民的联邦权力执行机构或其地方机构自收到本条第 1 款所指外国公民提交的颁发工作许可之日不超过 10 个工作日向其颁发许可,或拒绝发放许可的通知。在外国公民出示俄联邦承认的身份证明文件之时,将工作许可颁发给他本人。

11. 本条第 1 款所指外国公民应在工作许可到期前不晚于 15 个工作日,向联邦移民权力执行机构或其地方机构提交下列文件,以便延期工作许可:

1)工作许可延期申请;

2)负责移民的联邦权力执行机构规定形式的证明外国公民在有国家资质的俄罗斯联邦教育机构或高等教育机构按基础职业教育大纲学习的证明,证明须由上述教育机构办理;

3)根据俄联邦法律签订的劳动合同或完成工程(或提供服务)的民事法律合同;

4)证明外国公民没有对周围人构成危险的吸毒和卫生部门批准的疾病清单里的传染病的文件,以及证明不是免疫系统缺乏症病毒(艾滋病毒感染)患者的证书;

12. 做出对本条第 1 款所指外国公民工作许可延期决定,无须考虑发放这种许可的配额。

13. 不允许拒绝接收本条第 1 款所指外国公民提出延长工作许可的申请，外国公民不提交本条第 11 款规定文件的情况除外。

14. 自收到本条第 1 款所指外国公民提交的延长工作许可所需文件之日不超过 3 个工作日做出延长有效期的决定。

15. 在有本联邦法第 18 条第 9 款 1—10、14 段，第 9.1、9.2 和 9.6 款规定的情况，可拒绝本条第 1 款所指外国公民的工作许可延期。

16. 本条第 1 款所指外国公民如果提前解除作为发放劳动许可依据的劳动合同，或完成工程(提供服务)民事法律合同，他有权签订新的劳动合同或完成工程(提供服务)民事法律合同。

17. 如果本条第 1 款所指外国公民签订了新的劳动合同或完成工程(提供服务)民事法律合同，他须在 7 个工作日内到负责移民的联邦权力执行机构或其地方机构对工作许可信息进行修改。

如果外国公民必须按工作许可上的职业(专业、职务、劳务活动种类)实施劳务活动，该外国公民有权到颁发工作许可的、负责移民的联邦权力执行机构或地方机构更改许可证上的信息。

在有国家资质的俄罗斯联邦教育机构或高等教育机构按基础职业教育大纲学习的外国公民的工作许可上信息修改程序，由负责移民的联邦权力执行机构确定。

18. 吸引本条第 1 款所指外国公民进行劳务活动的雇主和劳务主，必须通知负责移民的联邦权力执行机构和负责本联邦主体居民就业的联邦机构关于与外国公民签订和解除劳动合同或完成工程(提供服务)民事法律合同的情况，以及 1 年中提供超过 1 个日历月带薪休假情况。

负责移民的地方联邦权力执行机构发出本款第 1 段所指通知的形式和程序由负责移民的联邦权力执行机构确定。

负责本联邦主体居民就业的联邦机构发出本款第 1 段所指通知的形式和程序，由实施居民就业和失业国家政策制定和实施及法律调节功能的联邦权力执行机构确定。

19. 本条第 1 款所指外国公民就学的教育机构必须通知负责移民的地方联邦权力执行机构和对教育进行管理的俄联邦主体权力机构关于外国公民在上述教育机构结束或中止学习的情况或向外国公民提供学术休假的情况。

负责移民的地方联邦权力执行机构发出本款第 1 段通知的形式和程序由

负责移民的联邦权力执行机构确定。

对教育进行管理的俄联邦主体权力机构发出本款第 1 段通知的形式和程序由负责制定和实施教育领域国家政策并进行法律调节的联邦权力机构确定。

20. 本条第 1 款所指外国公民无权在其学习的联邦主体之外从事劳务活动。

第 13.5 条　被注册在世界贸易组织成员国的商业组织派到俄罗斯分部、代表处、子公司工作的外国公民劳务活动的特点

1. 本条确定了被注册在世界贸易组织成员国的商业组织(以下称外国商业组织)派往俄罗斯进行劳务活动的外国公民获得工作许可的条件和程序:

1)是按规定程序在俄罗斯境内注册的法人,根据组织文件提供服务,是外国商业组织的子公司(以下称外国商业组织子公司);

2)是外国商业组织分部;

3)是外国商业公司代表处。

2. 本条第 1 款所指外国公民根据本条规定和程序获取工作许可,如果这些外国公民在被派往俄罗斯以前已在被派出的外国商业组织连续工作 1 年以上,此时被派到:

1)外国商业代表处来任职、对代表处进行领导和协调工作(包括代表处领导职务);

2)作为重要人物到外国商业组织分部或子公司:

来担任外国商业机构分部或子公司领导职务;

来担任其他职务,如果被派出的外国公民进行提供服务的劳务活动,其在俄罗斯境内的年收入(365 个日历日)不少于 200 万卢布,并有很高的技术水平和(或)渊博的知识,符合俄联邦政府规定的分部或子公司向外国商业组织提供服务的要求。

3. 根据本条规定向在俄罗斯的外国商业组织代表处实施劳务活动的外国公民发放工作许可的总数不超过 5 人,银行最多 2 人,这些信息可在派驻分部、外国法人代表处国家目录表中查到。

4. 本联邦法第 18 和 18.1 条规定的向外国公民发放来俄务工邀请函和工作许可配额不适用于本条第 1 款所指的外国公民。

5. 俄联邦政府为保证安全,根据优先使用本国劳动力资源原则,考虑劳动力市场情况,可能会对本条第 1 款所指外国公民的劳务活动进行限制,如果俄联邦国际法没有别的规定。

6. 来到俄罗斯的本条第 1 款所指外国公民应当持有在俄罗斯境内有效的医疗保险合同(保单),或有权根据雇主与医疗机构签订的合同获得紧急医疗救助。

7. 本条第 1 款所指外国公民的工作许可颁发的期限是外国公民根据外国商业组织的委派决定赴外国商业组织分部、代表处或子公司工作的期限,但不超过 3 年。如果外国商业组织通过延长外国公民赴分部、代表处、子公司的期限,则工作许可的期限可多次延长,但每次延期不超过 3 年。

如果根据委派决定和(或)与外国商业公司签订的劳动合同,建议本条第 1 款所指外国公民在俄罗斯两个或以上联邦主体工作,向他发放的工作许可在这些联邦主体境内都有效。

8. 如有下列情况,不向本条第 1 款所指外国公民发放工作许可,之前发放的工作许可注销:

1)有本联邦法第 18 条第 9 款 1—7、9、10 段,第 9.1、9.2 款规定的情况。

2)不遵守本条第 2 款规定的条件。

3)如果外国公民参与提供的服务不在世界贸易组织框架内根据俄罗斯责任所确定的清单。

9. 本条第 1 款所指外国公民要想获得工作许可,本条第 1 款所指外国商业公司的分部、代表处或子公司应向负责移民的联邦权力执行机构提交下列文件:

1)向外国商业公司的分部、代表处或子公司派遣的外国公民发放工作许可申请(以下称发放工作许可申请);

2)俄罗斯承认的、证明外国公民身份的文件复印件;

3)证明被外国商业公司派遣的外国公民在被派往俄罗斯以前在派出公司从事 1 年以上的劳务活动;

4)外国商业公司向外国商业公司分部、代表处或子公司派遣外国公民的决定;

5)根据俄联邦法律证明属于外国公司子公司的法人信息;

6)被派遣的外国公民与外国商业公司子公司签订的劳动合同文本;

7)向俄罗斯支付外国公民因可能行政驱逐出境或根据本条进行劳务活动被遣返的花费的书面保证;

8)被派遣的外国公民与外国商业公司(针对派往分部和代表处的外国公民)签订的劳动合同复印件;

9）外国公民与保险公司签订的合同或雇主与医疗机构签订的享受紧急医疗救护和专业医疗救助的合同复印件。

10. 与本条第9款所指文件一起,向联邦移民权力执行机构提交工作许可缴费凭证。如果不提交上述付款凭证,负责移民的联邦移民权力机构须利用国家和市政支付国家信息系统核实该公民交纳颁发工作许可证的国税情况。

11. 在审理发放工作许可的申请时,联邦移民权力执行机构须到法人国家目录册、国家派驻外国法人分部、代表处目录册查询法人国家注册情况,或证明外国商业公司派驻分部或代表部的情况。

12. 外国商业公司的分部或子公司在提交工作许可申请时应包含下列信息:

1）工资水平符合本条第2款要求;

2）所用外国公民的职务,与担任该职务有关的责任;

3）外国公民的业务和知识水平符合俄联邦政府规定的外国商业分部或子公司所提供服务的要求。

13. 派遣外国公民的外国商业公司、分部或子公司独立对本条第2款第2段规定的外国公民业务能力和(或)知识水平进行评价并承担相应的风险。

14. 发放工作许可的申请不允许被拒绝,不提交本条第9款规定的某些文件除外。

15. 要想延期工作许可,本条第1款第1－3段所指的分部、代表处或子公司在工作许可有效期结束前不少于60个日历日向负责移民的联邦权力执行机构提交下列文件:

1）延长工作许可申请书;

2）外国商业公司关于延长在分部、代表处或子公司工作的外国公民期限的决定;

3）被派遣的外国公民与外国商业公司子公司签订的劳动合同;

4）外国公民与保险公司签订的合同或雇主与医疗机构签订的享受紧急医疗救护和专业医疗救助的合同复印件;

5）被派遣的外国公民与外国商业公司(针对派往分部和代表处的外国公民)签订的劳动合同复印件。

16. 延长工作许可的申请不允许被拒绝,不提交本条第15款规定的某些文件除外。

17. 审理发放工作许可或延长工作许可有效期的申请时间,从申请到达负责移民的联邦权力执行机构之日起不超过 30 个工作日。

17.1 假如在工作许可有效期内,本条第 1 款所指外国公民要改名或更改在俄罗斯证明其身份并承认有效的信息,该外国公民应在到达俄罗斯后,或改名或更改身份信息后的 7 个工作日内到颁发特许证的、负责移民的地方联邦权力执行机构,对特许证上的相应信息进行修改。

如果外国公民必须按工作许可上未标明的职业(专业、职务、劳务活动种类)实施劳务活动,该外国公民有权到颁发特许证的、负责移民的联邦权力执行机构或地方机构更改特许证上的信息。

18. 如果雇主未履行本联邦法规定的对外国公民的应尽义务,或者与外国公民签订的劳动合同,外国商业组织分部、代表处或子公司有权再次以本联邦法规定的条件吸引外国公民,则只能在负责移民的联邦权力执行机构了解相应情况的两年后才行。

如果外国商业组织分部、代表处或子公司在本款第 1 段规定的期限结束前想申请工作许可延期或申请发放工作许可,负责移民的联邦权力执行机构不必审理其申请,直接书面通知雇主可以开始申请的日期。

19. 本条第 1 款所指外国公民办理和发放工作许可、工作许可延期、上述许可的形式和发放工作许可申请、工作许可延期申请的形式都由负责移民的联邦权力执行机构确定。

证明法人属于外国商业公司子公司的信息,以及外国商业公司派遣外国公民到外国商业公司分部、代表处或子公司的决定的必填项目由俄联邦政府授权的联邦权力执行机构确定。

20. 本条第 1 款所指的外国公民的家庭成员[配偶、子女(包括领养子女)、子女的配偶、父母(包括养父母)、父母的配偶、祖父母、孙子孙女]入境和出境俄罗斯,按照俄联邦政府规定的办法,如果俄联邦国际法没有其他规定。

第 13.6 条 为符拉迪沃斯托克自由港侨民工作的外国公民劳务活动的特点

1. 根据联邦《符拉迪沃斯托克自由港法》,被认定为符拉迪沃斯托克自由港侨民的雇主,按照《俄联邦外国公民地位法》规定的程序引进并在符拉迪沃斯托克自由港使用外国公民进行劳务活动,同时:

雇主不需要获得引进和使用外国公民许可;

符拉迪沃斯托克自由港侨民使用的外国公民进行劳务活动的工作许可的发放要考虑《符拉迪沃斯托克自由港法》第 7 条第 2 部分的规定,无须考虑向外国人发放入境俄罗斯从事劳务活动邀请函的配额,也不考虑《俄联邦外国公民地位法》中俄联邦政府规定的向外国公民发放工作许可配额。

在招工和其他同等条件下,优先考虑俄罗斯公民。

2. 向被引进在符拉迪沃斯托克自由港务工的外国公民发放工作许可的形式由负责移民的联邦权力执行机构确定。

第 14 条　外国公民与国家、市政公职及特定种类工作

1. 外国公民的权利:

1)外国公民与国家公职的关系由本法确定。

2)根据俄罗斯联邦商船航行法的限制性规定,无权在挂有俄罗斯国旗的船舶中任职。

3)无权担任俄军用船舶及其他已投入使用的非商业性船舶、国家航空器和试验用航空器的机组成员。

4)无权担任民用航空器的机长。

5)无权在旨在维护俄联邦安全的设施及机构中工作。此类设施和机构的名单由俄罗斯联邦政府确定。

6)无权从事联邦法律限制的其他活动或担任联邦法律限制的其他职务。

2. 外国公民无权在注册资本 50% 以上股份属于俄联邦或俄联邦政府规定比例的单位担任领导职务。

3. 担任总会计师或其他会计职务的可以是在俄罗斯临时或长期居住的外国公民,还要符合俄罗斯法律要求。

第 15 条　外国公民服兵役

1. 外国公民不能应征服兵役(或民事义务)。

2. 外国公民可以按合同制服兵股,可以根据联邦法律或俄联邦其他标准法律文件作为文职人员进俄联邦武装部队、其他部队和军事集团工作。

第 15.1 条　证明外国公民掌握俄语、俄罗斯历史知识和俄罗斯法律基础

1. 如果俄罗斯国际条约和本法没有别的规定,外国公民在申请临时居住证、居留证、工作许可或本联邦法第 13.3 条所指的特许证时,须提交下列文件之一以证明掌握俄语、俄罗斯历史和俄罗斯法律基础:

1)掌握俄语、俄罗斯历史和俄罗斯法律基础的证书;

2)1991 年 9 月 1 日之前苏联境内国家教育机构颁发的国家标准的受教育文件(不低于普通基础教育水平);

3)1991 年 9 月 1 日以后俄罗斯境内向通过最终考试者颁发的受教育和

(或)培训文件。

2. 俄罗斯境内或境外教育机构向通过俄语、俄罗斯历史和俄罗斯法律基础考试的外国公民颁发的本条第 1 款第 2 段所指的证书。本条第 1 款第 2 段所指的证书信息已录入"受教育和(或)培训文件、学习文件联邦信息目录册"联邦信息系统。

3. 本条第 1 款第 2 段所指的证书的有效期为颁发之日后的五年。

4. 举办俄语、俄罗斯历史和俄罗斯法律基础考试的教育机构加入教育机构名单的程序和标准,教育机构名单、进行考试的形式和程序、考试所需最低知识水平的要求,本条第 1 款第 1 段所指证书的样式、证书发放程序由制定教育政策和法律调节的联邦权力执行机构批准。

5. 下列人员在提交临时居住或居留申请时无须提交证明掌握俄语、俄罗斯历史和俄罗斯法律基础的证书:

1)无行为能力的外国公民或行为受限的外国公民;

2)未满 18 岁的外国公民;

3)达到 65 岁的男性外国公民;

4)达到 60 岁的女性外国公民;

5)外国公民是"协助同胞自愿返回俄联邦国家计划"参加者和其一同迁回俄罗斯的家庭成员;

6)外国公民是高技术水平专家及其家庭成员,申请本联邦法第 13.2 条第 27 款所指的居住证;

7)根据 2002 年 5 月 31 日通过的《俄罗斯国籍法》被承认为操俄语者,申请居留证的外国公民;

8)外国公民是俄罗斯和白俄罗斯俄白联盟国公民。

6. 作为高技术水平专家按本法第 13.2 条规定办法来俄罗斯进行劳务活动的外国公民、作为记者在专门成立的用外语生产和发行大众信息的机构进行劳动活动的外国公民,以及在俄罗斯职业院校或高等院校按现有资质进行的基础职业教育大纲全日制学习和按本联邦法第 13.4 条进行劳务活动的外国公民无须提交证明掌握俄语、俄罗斯历史和俄罗斯法律基础的证书。

7. 除本条第 6 款所指人员,凭签证来到俄罗斯的外国公民,获得工作签证后,都应在获得工作许可后的 30 个日历日内向负责移民的地方联邦权力执行机构提交证明掌握俄语、俄罗斯历史和俄罗斯法律基础的证书。

8. 外国公民在申请本联邦法第 13.3 条所指的特许证时,除本条第 1 款所指的文件,还可用参加俄语、俄罗斯历史和俄罗斯法律基础考试的文件来证明掌握俄语、俄罗斯历史和俄罗斯法律基础。

通过上述考试最低水平要求和上述文件的样式由制定教育政策和法律调节的联邦权力执行机构批准。

俄联邦主体最高权力执行机构有权确定进行俄语、俄罗斯历史和俄罗斯法律基础考试教育机构清单,以及进行上述考试的程序和形式。

第二章 俄罗斯联邦入境邀请函办理方法

第16条 俄联邦入境邀请函办理方法

1. 俄罗斯联邦入境邀请函(以下简称邀请函)由联邦负责外事的权力执行机构或联邦移民权力执行机构或其地方机构办理。

2. 邀请函包含以下内容:被邀请人的姓名(用俄文和拉丁文写成)、出生日期及地点、性别、国籍、居住国、身份证件号码及颁发日期、入境目的、拟在俄停留时间、拟停留地、邀请单位名称、地址或邀请方法人代表姓名、居住地址、邀请函编号、颁发日期及有效期。上述邀请函的格式由俄联邦移民权力执行机构和负责外事的联邦权力执行机构规定。

3. 负责外事的联邦权力执行机构可根据下列机构的申请为外国人办理邀请函:

1)联邦国家机关;

2)外国驻俄外交代表机构及领事机构;

3)国际组织及其驻俄代表机构、国际组织下属的外国驻俄代表机构;

4)俄联邦主体权力机构。

4. 地方联邦移民权力执行机构可根据下列机构(个人)的申请为其办理邀请函:

1)地方自治机构;

2)法人;

3)俄联邦公民和在俄长期居留的外国公民。

4.1 本条第4款的申请表格式由联邦移民权力执行机构规定。

5. 邀请方申请办理邀请函的同时须提供外国公民在俄居住期间的物质、医疗及住宿担保证明。

邀请方要采取措施履行为外国公民在俄居住期间的物质、医疗及住宿担保。

此类担保证明的提交方法由俄罗斯联邦政府确定。

本条规定的申请可使用公用信息和电信网络,包括互联网和国家和市政统一门户网站发送电子文档。

第 17 条 邀请外国公民来俄学习

1. 外国公民来俄学习的邀请函由地方联邦移民权力执行机构根据邀请方学校的申请办理。

2. 如主管国防、安全、海关、预防和消除紧急情况及自然灾害的联邦机关设有相应的职业教育机构,外国公民来此类机构学习的邀请函由联邦移民权力执行机构根据上述机构的申请办理。

颁发邀请函的申请可使用公用信息和电信网络,包括互联网和国家和市政统一门户网站发送电子文档。

3. 邀请外国公民来俄学习的教育机构应:

1)保证外国公民在该机构中接受教育,促其在居住地及时办理登记手续,并保证其学业结束或中止时自俄联邦出境。本条第 4 款规定的外国公民继续学习的情况除外。

2)在外国公民抵达该教育机构后的 3 个工作日内将此通知联邦主体教育管理的权力执行机构。

3)如外国公民擅自离开该教育机构,在此事实确定后 3 个工作日内将此通知联邦主体教育管理部门、地方联邦移民权力执行机构和地方安全部门。

4. 如果外国公民从一个教育机构转到另一个教育机构继续学习,本条第 3 款的义务由接收外国公民继续学习的教育机构承担,必要时向地方联邦移民权力执行机构以书面形式提交本法第 16 条第 5 款规定的延长外国公民在俄临时逗留期限的申请。此时允许外国公民不离开俄联邦而延长临时逗留期限。

外国公民从一个教育机构转到另一个教育机构,如果教学项目也发生变化,包括换成另一水平的项目,允许外国公民根据相应教育机构向地方联邦移民权力执行机构提交的延长外国公民在俄逗留申请,不离开俄联邦而延长在俄逗留期限。

如果外国公民结束一个有国家资质的教育机构的学习,转到另一个有国家资质的全日制或全日制函授院校,接受另一水平的基础职业教育,本条第 3 款所指的义务由外国公民将要继续学习的教育机构承担。此时,外国公民将要继续学习的教育机构向负责移民的地方联邦权力执行机构提交本联邦法第 16 条第 5 款所指的保证,以及该外国公民延长在俄罗斯居留期限的申请。

5. 除本条第 2、3 款所指情况外,教育机构还应通知授权进行移民监督的地区联邦权力执行机构,以及俄联邦主体对教育进行国家管理的机构关于向外国公民提供学术休假、外国公民或无国籍人结束或中止在该教育机构学习的情况。

第 18 条 邀请外国公民来俄工作

1. 邀请外国公民来俄工作的配额由俄政府根据各联邦主体的建议并在考虑有关联邦主体的人口状况及安排外国公民的能力的基础上予以确定。

各联邦主体的此类建议应考虑到劳动力市场状况并在优先使用本国劳动力的原则基础上做出。

外国公民来俄工作的配额的构成和在各联邦主体的分配、增加、减少、配额储备的确定,根据俄联邦政府授权的联邦权力执行机构规定的规则进行。

2. 外国公民来俄工作的邀请函由联邦移民权力执行机构或其地方机构根据雇主及劳务主递交的申请办理,以免签程序来到俄联邦的外国公民除外。

在递交申请的同时雇主及劳务主须向地方联邦移民权力执行机构,或者如果由其办理,则直接向联邦移民权力执行机构提交下列文件:

1)自 2011 年 7 月 1 日失效。

2)为每位外国公民颁发劳动许可所必需的文件。为外国公民办理来俄工作邀请函的同时雇主或劳务主可获得外国公民劳动许可。

在审理邀请函时,地方联邦移民权力执行机构或直接管理的联邦移民权力执行机构根据本单位现有信息核实雇主或劳务主是否有引进外国人工作的许可,本法规定的其他情况除外或邀请函并非雇主或劳务主自己提交。

2.1 颁发邀请函申请和本款规定的文件可以利用公用信息和电信网站,包括互联网和国家和市政服务统一门户网站提交电子文档。

3. 使用外国员工的许可由联邦移民权力执行机构及下属地方机构凭相应的俄联邦主体劳动部门出具的鉴定予以办理。

引进和使用外国员工鉴定的办理和颁发程序和格式由负责居民就业和失业国家政策和法律制定及实施的联邦机构批准。

使用外国员工作为悬挂俄联邦国旗的俄罗斯海船船员(渔船队除外)的许可由联邦移民权力执行机构凭使用外国员工作为悬挂俄联邦国旗的俄罗斯海船船员(渔船队除外)的鉴定予以办理。

使用外国员工作为悬挂俄联邦国旗的俄罗斯海船船员(渔船队除外)的鉴

定的办理和颁发程序,以及格式由负责海洋和内水运输国家政策和标准法律制定的交通部门批准。

使用外国员工作为悬挂俄联邦国旗的渔船队船员(渔船队除外)的许可由联邦移民权力执行机构凭使用外国员工作为悬挂俄联邦国旗的俄罗斯渔船队船员的鉴定予以办理。

使用外国员工作为悬挂俄联邦国旗的渔船队船员鉴定的办理和颁发程序,以及形式由负责渔业国家政策和标准法律调节制定和实施的联邦权力执行机构批准。

上述使用外国员工鉴定的有效期为 1 年。

4. 使用外国员工许可有效期为 1 年。

使用外国员工许可办理的程序、颁发、暂停有效或撤销、信息的更改、副本的颁发以及与使用外国员工许可申请同时提交的文件清单和使用外国员工许可表的格式和用于办理该许可或信息更改的格式由联邦移民权力执行机构确定。

雇主、劳务主、船主在引进外国员工作为俄罗斯海船和渔船队船员时,有权向联邦移民权力执行机构通过公用信息和电信网络,包括互联网和国家和市政服务门户网站提交必要文件的电子文档以获得外国员工使用许可。申请书格式和通过公用信息和电信网络,包括互联网和国家和市政服务门户网站提交必要文件的电子文档的程序由联邦移民权力执行机构批准。

不可能颁发电子文档的使用外国员工许可。

5. 如果在俄联邦进行劳动活动的外国公民没有工作许可而被行政驱逐,从联邦预算支出的保障外国公民离境所乘交通工具费用应通过法律程序按照执行行政驱逐外国公民的诉讼向引进外国公民进行劳动活动的雇主或劳务主追缴。

6. 颁发工作许可的程序和与申请同时提交的文件清单由联邦移民权力执行机构批准。

外国公民工作许可格式和办理该许可、许可延期、颁发许可副本或进行信息更改的申请表格式由联邦移民权力执行机构批准。

不可能颁发电子文档的工作许可。

7. 已失效。

8. 邀请外国公民来俄劳动或与其签订新的劳动合同或完成工程(或提供服务)的民事活动合同的雇主或劳务主必须:

1)持有使用外国员工许可或本法规定的其他情况;

2)保证外国公民获得工作许可;

3)提交外国公民在俄联邦逗留地登记的必需文件；

4)在提交邀请外国公民来俄工作的申请后,或外国公民抵达劳动地或居住地后,或外国公民获得劳动许可后,或与外国公民签订新的劳动合同及关于完成工作(或提供服务)的民事法律合同后,或使用外国员工的许可失效或被吊销后,或注册为个体经营者的外国公民的劳动许可失效或被吊销后,或外国员工的劳动许可被吊销后的 10 天内,通知其注册的税务机关；

5)在与外国员工签订的劳动合同及完成工程(或提供服务)的民事法律合同失效后协助其离境；

6)为外国公民支付因违反本法关于使用外国员工的规定而被行政驱逐和遣返的费用；

7)将外国员工违反劳动合同和劳动合同提前失效的情况通知联邦移民权力执行机构及其地方机构；

8)将外国员工擅自离开工作地或居住地的情况通知联邦移民权力执行机构及负责安全问题的地方权力执行机构。

9. 在下列情况下,外国公民的劳动许可不予颁发,已颁发的劳动许可被地方联邦移民权力执行机构撤销：

1)主张强行改变俄罗斯联邦的宪法制度基础,或采取其他行为对俄罗斯联邦及其公民的安全构成威胁者；

2)资助、筹划、协助、从事或以其他方式支持恐怖主义(极端主义)活动者；

3)工作许可的申请提交之日前 5 年内曾被行政驱逐或自俄境被遣返者,或根据俄联邦关于相互遣返国际条约被俄联邦移交外国,或工作许可的申请提交之日前 10 年内多次(两次或两次以上)被俄联邦行政驱逐出境、遣返或根据俄联邦关于相互遣返条约被俄联邦移交外国；

4)使用伪造文件或故意提供虚假材料者；

5)因犯有严重或特别严重罪行、这种罪行的累犯被认为很危险而被法院宣判,判决已生效者；

6)因在俄联邦境内严重犯罪或在境外犯有被俄联邦法律认定为同等罪行而被判刑的人；

7)1 年内多次(两次或两次以上)因违反俄罗斯联邦关于外国公民逗留(居留)法规被追究行政责任者；

8)自俄联邦出境前往他国定居者；

9)在俄联邦境外停留逾 6 个月者；

10)吸毒者、无证明文件证明不是免疫系统缺乏症病毒(艾滋病毒感染)患者及危险性传染病患者,此类疾病清单及确定是否患有此类疾病的方法由俄罗斯联邦政府授权的联邦权力执行机构确定;

11)2014年1月1日失效;

12)—14)2015年1月1日失效;

15)没达到18岁;

9.1 如果做出了不欢迎此人来俄联邦或不允许其入俄境,则不给外国公民颁发工作许可,之前颁发的工作许可要撤销,本条第9款规定的情况除外。

9.1-1 除本联邦法规定的情况外,如果凭签证入境俄罗斯的外国公民,在获得工作许可的30个日历日内,未向负责移民的地方联邦权力执行机构提交本联邦法第15.1条所规定的掌握俄语、俄罗斯历史和俄罗斯法律基础的文件,已放发的工作许可要被注销。

9.2 如果外国公民被外国根据俄联邦相互遣返国际条约移交到俄罗斯,则给外国公民的工作许可可以不发,之前颁发的工作许可可以撤销。

9.3 在工作许可被撤销或已到期的情况下,如果没有理由延长期限,或外国公民没按本法要求进行延期,则与外国公民签订的劳动合同或完成工程(或提供服务)民事法律合同终止。

9.4 在做出决定撤销工作许可或撤销特许证或工作许可到期后的3日内,会按联邦移民权力执行机构规定的程序将撤销工作许可、被撤销的特许证、工作许可有效期到期的信息发布在公用信息系统。

9.5 地方授权税务监督的联邦权力执行机构在联邦移民权力执行机构及其下属地方机构的查询时要提供法人(雇主或劳务主)终止、自然人作为个体经营者(雇主或劳务主)终止活动的信息和雇主或劳务主连续6个月或以上没向税务机构提交报表的信息。

9.6 除本条第9款规定的情况,如果外国公民按本联邦法第13.4条规定的程序获得了工作许可,但结束或中止了在有国家资质的职业教育机构或高等基础职业教育机构全日制的学习,或者该外国公民获得了学术休假,则他的工作许可注销。

9.7 除本条第9款规定的情况,有以下情况,以免签制度入境俄罗斯的外国公民,工作许可不发放,不延期,已发放的工作许可也会被负责移民的联邦权力执行机构或其地方机构注销:

1)雇主或劳务主向负责移民的联邦权力执行机构或其地方机构提交伪假

文件,或故意提交自己或外国公民的虚假信息;

2)外国公民到负责移民的联邦权力执行机构或其地方机构申请注销已发放的工作许可。

9.8　除本条第9款规定的情况,以免签制度入境俄罗斯的外国公民,如果在入境卡上不注明来俄罗斯的目的,不向其发放工作许可。

10. 已失效。

11. 如雇主或劳务主违反本法规定,联邦移民权力执行机构及下属地方机构可暂停其使用外国员工的许可及注册为个体经营者的外国公民的工作许可,直到其在规定期限内予以改正。

12. 如雇主或劳务主违反本法规定,且未在规定期限内予以改正,联邦移民权力执行机构及下属地方机构可撤销其使用外国员工的许可及注册为个体经营者的外国公民的工作许可。

13. 如雇主和劳务主使用外国员工的许可被撤销或其活动被终止,外国员工有权在其劳动许可期限内同其他雇主或劳务主签订新合同,但其劳动许可有效期不得少于3个月,且新雇主及劳务主须持有使用外国员工的许可。

第18.1条　外国员工劳动力市场调节的特点

1. 俄联邦政府每年确定对外国员工的需求,包括按优先职业技能类,并考虑政治、经济、社会和人口状况,也为评估使用外国劳动力的有效性。确定引进外国员工需求建议,包括优先职业技能类别、批准向外国公民颁发入境劳动邀请函配额和工作许可配额的建议的准备由俄联邦政府授权的联邦权力执行机构根据俄联邦政府的规定程序进行。

2. 俄联邦主体国家权力执行机构每年确定对引进外国员工的需求、估计使用外国劳动效率和外国员工对本俄联邦主体社会经济发展的贡献。俄联邦主体国家权力机构确定的对引进外国员工需求由联邦权力执行机构根据俄联邦政府授权的规则进行。

3. 为了保障国家安全、维持合理的劳动力资源平衡、协助俄联邦公民优先就业,为了解决对内对外政策的其他问题,俄联邦政府有权确定俄联邦一个或几个主体境内和整个俄联邦境内颁发给外国公民劳动许可的配额。颁发给外国公民劳动许可配额的构成、配额在各联邦主体和职业技能类别的分布、配额的增加和减少及储备量的确定,根据俄联邦政府授权的联邦权力执行机构实施。

4. 本条第3款规定的配额可以按外国公民的职业、专业、技能、来源国以及经济和(或)社会标准并考虑劳动力市场的地区特点确定。上述配额不适用于作为高技能专家按其现有职业(专业)就业的外国公民,这些职业(专业、职位)清单是由负责制定居民就业国家政策和标准法律调节的联邦权力执行机构与负责社会经济发展和贸易领域国家政策和标准法律调节制定的联邦权力执行机构协调批准的。

5. 俄联邦政府有权每年根据劳动力市场特点和俄联邦公民优先就业原则,确定俄联邦一个或几个主体以及整个俄联邦境内不同经营主体的经济领域内使用外国公民的可允许的份额。在确定可允许份额时,俄联邦政府要确定经营主体使用外国员工的期限与数量一致。期限的确定要考虑雇主必须遵守俄联邦劳动法规定的解除劳动合同的程序。

6. 俄联邦主体最高领导人(俄联邦主体最高权力执行机构领导)有权每年根据地区劳动力市场特点和俄联邦公民优先就业原则,确定经营主体禁止引进外国公民按特许证在俄联邦主体从事劳务活动和从事个别经济活动。

在确定禁止引进外国公民按特许证从事劳务活动时,俄联邦主体最高领导人(俄联邦主体最高权力执行机构领导)要按俄联邦政府规定的程序决定经营主体已使用外国工人而与禁令相适应的期限。这个期限的确定要考虑雇主必须解除遵守俄联邦法律规定的劳动合同的程序。

7. 负责制定和实施居民就业和失业领域国家政策和标准法律调节的联邦权力执行机构,为维持劳动力资源平衡要对俄联邦主体储备的劳动力状况进行监测。

在对俄联邦主体储备的劳动力状况进行监测时,应考虑引进的外国公民总数、总失业率(按国际劳动组织的方法)、以决议形式形成的调节社会劳动关系俄罗斯三方委员会的观点,还要核实使引进外国公民占经济活跃居民总数和就业人数的份额不能超过俄联邦主体劳动力市场社会经济紧张水平。

对俄联邦主体储备的劳动力状况进行监测的程序、为进行这种监测提交信息的清单和程序,以及这种监测的指标由俄联邦政府确定。

不允许超过俄罗斯和俄联邦主体劳动力市场社会经济紧张的水平由负责制定和实施居民就业和失业领域国家政策和标准法律调节的联邦权力执行机构确定。

根据本款第1段所指监测的结果,负责制定和实施居民就业和失业领域国家政策和标准法律调节的联邦权力执行机构,向俄联邦主体最高负责人(俄联邦主体最高权力执行机构领导)发送监测结果的信息。

第 18.2 条　外国公民从事劳动活动数据库、国家财政支持的形式

1. 联邦移民权力执行机构负责建立在国家信息系统框架内的外国公民劳动活动数据库的移民登记,对根据本法颁发给外国公民的文件信息进行录入。

2. 外国公民劳动活动数据库运行的程序和根据本法输入资料的清单由俄联邦政府规定。

第 19 条　对根据本法规定进行的活动征收的国家赋税

1. 以下活动须征收国家赋税:

1)为外国公民颁发临时居留许可及居留证;

2)为外国公民颁发入境邀请函及其信息更改,但本条第 2 款第 1 项的规定除外;

3)颁发使用外国员工许可及向外国公民颁发工作许可,如本法另作规定除外;

4)为外国公民在俄临时居留办理延期,但本条第二款第二项的规定除外;

5)在外国公民的居留地或停留地为其办理注册。

2. 下列活动的国家赋税可予免除:

1)为外国公民赴俄联邦国家认证的教育机构学习办理邀请函;

2)为从事慈善事业、提供人道主义协助、因急需治疗、严重疾病或近亲属死亡来俄的外国公民办理临时居留延期;

3)为居住在海外的"协助同胞回归俄联邦国家项目"参加者的外国公民和无国籍人及其随迁的家庭成员在俄联邦常住地办理登记。

3. 根据本条规定所征收的国家赋税数额及支付方式由俄联邦法律确定。

第三章　外国公民在俄罗斯联邦办理登记

已失效。

第四章　在俄临时逗留和居留的外国公民的登记

已失效。

第五章　外国公民移民登记及联邦国家移民监督

第 29.1 条　外国公民的移民登记

对俄联邦的外国公民进行移民登记根据《在俄外国公民和无国籍人移民登记法》进行。

第 29.2 条　联邦移民国家监督

联邦国家移民监督包括对外国公民在俄联邦逗留和居留的联邦监督和对外国公民劳动活动的联邦国家监督。

第 30 条　对外国公民在俄逗留及居留的联邦国家监督

1. 对外国公民在俄联邦居留、逗留及中转过境的联邦国家监督由授权联邦权力执行机构按俄联邦总统和政府规定的程序进行,但本条第 2 款所述外国公民除外。

2. 负责外事的联邦权力执行机构对下列外国公民在俄临时逗留进行监督:

1)外国驻俄外交代表机构和领事机构的馆长及工作人员、上述人员的亲友,但以亲友在其官邸或外交、领事机构之内居住为限;

2)外国外交部持外交、公务护照来俄进行工作访问的人员及其家庭成员;

3)来俄进行工作访问并依据国际条约享有外交特权与豁免的国际组织成员、国际组织驻俄代表处成员、总部在俄的国际组织成员及其亲友,但以亲友在其官邸或代表处之内居住为限。

3. 外国公民入境时须填写移民卡,并将该卡及身份证件向俄口岸边检人员出示。外国公民出境时须将移民卡交给俄口岸边检人员。边检人员须在移民卡上填写入出境记录。

第 31 条　外国公民不遵守在俄逗留或居留期限的后果

1. 如外国公民在俄居留或临时逗留的期限被缩短,该外国公民须在 3 日内自俄联邦出境。

2. 如外国公民的临时居留许可或居留证被撤销,该外国公民须在 15 日之内自俄联邦出境。

3. 未执行本条 1、2 款规定的外国公民将被遣返。

4. 根据本条规定对外国公民遣返由联邦移民权力执行机构及其地方机构与负责内务的联邦权力执行机构及地方内务机关及其他有管辖权的联邦权力

执行机构及其地方机构协作实施。

5. 遣返费用由被遣返的外国公民承担,如外国公民无法承担或该外国公民系违反本法有关使用外国员工的规定在俄工作,则由其邀请单位、被遣返人所在国驻俄外交或领事机构、国际组织或其代表处,或本法第 16 条规定的自然人及法人承担。

6. 如邀请方无法确定,遣返行动是俄联邦的义务。为此目的支出方式由俄联邦政府规定。

7. 联邦移民权力执行机构及地方机构将外国公民被遣返的情况通知负责外事的联邦权力执行机构。

8. 负责外事的联邦权力执行机构将外国公民被遣返的情况通知其所在国驻俄外交代表处或领事机构。

9. 被法院判定遣返的外国公民在实施遣返前关押在按俄联邦主体的法律规定设立的专门场所。

9.1 2014 年 7 月 21 日失效。

9.2 由负责移民的地区联邦权力执行机构将需遣返的外国公民送到专门场所,如果有必要送到法院,如有医学指征送到医疗机构,送到外国在俄罗斯的外交代表处或领事机构、送到俄罗斯国境口岸。

根据负责移民的地区联邦权力执行机构的理由充足的请求,内务机构可协助本款第 2 段所指外国公民的运送和押送。

9.3 负责移民的联邦权力执行机构或其地方机构,根据上述联邦机构领导或副职,或相应负责移民的地区联邦权力执行机构领导或其副职的决定,将需遣返的外国公民安置在专门场所的期限不能超过 8 小时。

9.4 除本条第 9.3 款规定的情况,将需遣返的外国公民安置在专门场所,只能根据法院判决。

10. 受遣返的外国公民根据俄联邦相互遣返国际条约,可以按本法第 Ⅴ.1 章的程序被俄联邦移交给外国。

11. 如果负责司法问题的联邦权力执行机构针对被剥夺自由的外国公民判决为在俄联邦不受欢迎的人,自判决之日 3 天内将决议送到联邦移民权力执行机构,由该机构做出遣返或是按涉及该外国公民的国际遣返条约做出遣返决定。

12. 本条第 11 款规定的驱逐外国公民出境的决定或相互遣返决定在该外国公民服完法院判决的刑期后执行。

13. 在实施俄联邦国际相互遣返协议时,联邦移民权力执行机构与对被判决有罪者刑罚执行监督的联邦权力执行机构的互相配合的程序由俄联邦政府规定。

第 32 条　联邦国家外国员工劳动活动监督

1. 对俄联邦境内外国员工的联邦国家监督由授权联邦权力执行机构(以下简称国家监督机构)根据其权限按俄联邦总统或政府规定的程序实施。

2. 对俄联邦境内的外国员工、雇主、劳务主进行联邦国家监督,对法人、个体经营者履行赋予他们作为接待(邀请)方的职责适用 2008 年 12 月 26 日的《在进行国家监督和市政监督时保护法人和个体经营者权利法》条例,要考虑本条第 3—10 款规定的检查的组织与实施的特点。

3. 检查的对象是雇主、劳务主、接待(邀请)方遵守本法、其他联邦法律和俄联邦其他标准法律文件规定的移民领域的要求(以下称强制要求)。

4. 计划内检查归入计划内检查年度计划的依据是进行的最后一次计划内检查结束后 1 年完毕。

5. 进行计划外检查的依据是:

1)国家监督机构下达改正违法要求的命令给雇主、劳务主、接待(邀请)方改正期结束;

2)国家监督机构收到公民包括个体经营者、法人的要求和申请,国家权力机关、地方自治机关、工会、媒体关于雇主、劳务主、接待(邀请)方违反强制要求的信息;

3)国家监督机构对遵守要求进行监视的结果显示雇主、劳务主、接待(邀请)方有违反要求的情况;

4)有国家监督机关领导(副职)的关于根据俄联邦总统或俄联邦政府委托进行计划外检查的命令,或者检察官要求按检察机构收到的材料的请求在监督执法框架内进行计划外检查。

6. 进行计划内检查的期限不会超过 20 个工作日。

7. 进行计划外巡回检查的期限不会超过 7 个工作日。

8. 在特殊情况下必须进行复杂和(或)长时期的专门鉴定和侦查时,根据进行检查的国家监督机构负责人理由充分的建议,检查时间可以由该机构领导延长,但延长不能超过 7 个工作日。

9. 根据本条第 5 款第 2 项,计划外巡回检查由国家监督机构与检察院协调,按俄联邦法律规定的程序进行。

10. 不允许预先通知雇主、劳务主、接待(邀请)方关于按本条第 5 款第 2、3 条进行计划外巡回检查。

11. 在按俄联邦法律规定的程序实施国家监督机构的负责人有权：

1）根据理由充分的书面要求向雇主、劳务主、接待（邀请）方索要和获得实施检查必需的信息和文件。

2）经出示工作证和国家监督机构领导（副职）关于进行检查的命令复印件走访和调查雇主、劳务主、接待（邀请）方所使用的区域、建筑、楼房和其他类似的设施。

3）下达更改违反要求的指示。

4）起草与破坏强制要求有关的行政违法记录、审理上述行政违法案件并采取措施预防类似违法行为。

5）向授权机构发送与违反移民法有关的材料，以便解决按犯罪特征刑事立案的问题。

12. 如外国员工违反劳动或劳务合同规定的条件，联邦移民权力执行机构及其下属地方机构可根据雇主或劳务主的申请撤销向外国员工颁发的劳动许可。

第 32.1 条　已失效。

第 32.1-1 条　俄罗斯人权代表的权限

1. 俄罗斯人权代表根据 1997 年 2 月 26 日通过的《俄罗斯人权代表宪法法》规定的手段协助恢复被违反的外国公民人权，以及完善俄罗斯的外国公民包括难民法律地位的法律。

2. 俄罗斯人权代表在行使自己的职权时，包括在核实外国公民的申诉时，有权去申请承认难民或被迫迁移者或在俄罗斯境内提供临时避难者的临时安置中心和临时关押地，以及专门场所。

3. 俄罗斯人权代表在进行本条第 2 款所指到达临时安置中心、临时关押地和专门场所时，有权与里面的人单独交谈，条件是临时安置中心、临时关押地或专门场所行政代表能看到交谈者，但听不到他们的谈话。

第五（一）章　根据俄联邦相互遣返国际法条约移交和接收外国公民

第 32.2 条　根据俄联邦相互遣返条约移交和接收外国公民的程序

1. 俄联邦根据俄联邦相互遣返国际协议将外国公民移交外国或接收被外国移交的外国公民，由联邦移民权力执行机构或其下属地方机构根据上述联邦机构领导或其副职关于遣返上述外国公民的决定执实施,本条第 1.1 款规定的情况除外。

1.1 如果外国公民被扣押在边境地区,则俄联邦根据俄联邦相互遣返国际条约向外国移交该外国公民按简易程序,由相应的负责安全问题的边防联邦权力执行机构根据负责安全问题的被领导授权的联邦权力执行机构负责人做出的遣返决定实施。

1.2 如果有相应的俄联邦相互遣返国际条约规定,俄联邦从外国接收外国公民可以按简易程序进行。

1.3 入境俄联邦或在俄联邦逗留不符合外国公民在俄联邦地位法的相应规定,则该外国公民应当根据俄联邦相互遣返国际条约被移交给外国。

2. 如果有联邦法或俄联邦国际条约没规定的情况,则应被俄联邦根据俄联邦相互遣返国际条约向外国移民的外国公民和俄联邦根据俄联邦相互遣返国际条约从外国接收但没有理由在俄联邦逗留(居住)的外国公民(以下简称应遣返的外国公民),可以临时安置在用于临时安置需遣返的联邦移民权力执行机构的专门场所里(以下称遣返专门场所)。

3. 地方联邦移民权力执行机构负责将应遣返的外国公民押运到遣返专门场所,如果需要,押运到法院、医疗卫生机构、外国驻俄外交外表处或领事机构,将按俄联邦相互遣返国际条约应当被俄联邦移交外国的公民送到移交地点或俄联邦边防口岸。

根据地方联邦移民权力执行机构理由充分的要求,如果对本款第一段所指的外国公民需要增加押运力量或有联邦法律规定的情况,则外国公民的押运由上述地方机构与内务机关共同实施。

4. 将应遣返的外国公民临时安置在专门遣返机构不超过 48 小时的,由联邦移民权力执行机构及其地方机构根据上述机构领导或其副职或相应的地方机构领导及其副职的决定实施。

5. 除本条第 4 款规定的情况,应当遣返的外国公民临时安置在专门遣返机构只能根据法院的判决执行。

6. 将应遣返的外国公民临时安置在专门遣返机构,在俄联邦将外国公民根据俄联邦相互遣返条约移交给外国之前实施,或根据本条第 12 款规定的俄联邦法律将外国公民遣返前实施。

7—10 2014 年 1 月 1 日失效。

11. 对应遣返并不应临时安置在专门遣返机构的外国公民在俄联邦境内逗

留的监督由联邦移民权力执行机构实施。

12. 俄联邦根据俄联邦相互遣返国际条约从外国接收的、没有合法理由在俄联邦逗留(居住)的外国公民,如果俄联邦与该外国公民所属国或常住国之间没有签署相互遣返国际条约,则应当遣返。

13. 联邦移民权力执行机构与负责安全问题的联邦权力执行机构在实施俄联邦相互遣返国际条约时,相互协作的办法由俄联邦政府规定。

14. 联邦移民权力执行机构及其地方机构和专门遣返机构实施俄联邦相互遣返国际条约的办法由联邦移民权力执行机构决定。

第32.3条 2014年7月21日失效。

第32.4条 相互遣返程序的暂停和中止

1. 在有下列情况之一时,暂停已开始的对应遣返外国公民的遣返程序:

1)外国公民有医学结论证明患病,离开俄境会使这种病对外国公民本人的身体和健康和(或)对周围人的生命和健康构成威胁;

2)在俄联邦临时逗留(居留)的近亲属有证明生重病的医学结论或正逗留(居留)在俄联邦的近亲属已死亡,有死亡证明;

3)外国公民提出难民申请或给予临时避难权,在做出承认为难民或提供临时避难或做出拒绝承认难民或拒绝提供临时避难权决定前;

4)外国公民参加侦查行动或诉讼期间;

5)外国公民被判剥夺自由,根据生效的法院判决;

6)出现紧急情况、自然灾害、灾难、传染病等其他事故或不可抗力情况,紧急情况结果消除后;

2. 做出决定暂停遣返程序的应遣返外国公民临时安置在专门遣返场所不中止。

3. 在有下列情况之一时,中止已开始的对应遣返外国公民的遣返程序:

1)外国公民死亡,有死亡证明;

2)外国公民被宣布死亡,根据法院已生效的公告;

3)承认外国公民失踪,根据法院已生效的公告;

4)承认外国公民为难民;

5)向外国公民提供临时避难权;

6)外国公民根据本法第32.5条自动离开俄境。

4. 对应遣返外国公民遣返程序的暂停和中止由联邦移民权力执行机构或其地方机构根据上述联邦机构领导或副职或相应地方机构领导或副职的决定

实施。联邦移民权力执行机构根据俄联邦相互遣返国际条约将所做的决定通知上述外国公民将要移交的外国。

第 32.5 条　由于外国公民自愿离开俄境而中止相互遣返程序

1. 如果联邦法和俄联邦国际条约没有其他规定,如果外国公民自费、邀请方付费或接待方付费或有其他资金来源(联邦预算或俄联邦主体预算除外)并协助确定自己身份,则针对该应遣返外国公民的遣返程序中止。外国公民离俄境的期限由联邦移民权力执行机构确定,不应超过俄联邦相应相互遣返国际条约规定的俄联邦向外国移交该外国公民的期限。

2. 已做出决定中止遣返程序的外国公民临时安置在专门遣返场所不中止,一直到该外国公民离开俄境。

3. 对做出中止遣返程序的外国公民在俄联邦的逗留和出境的监督由联邦移民权力执行机构或其地方机构实施。

4. 对其做出中止遣返程序的外国公民,他们根据本条第 1 款自动离开了俄境,根据俄联邦相互遣返国际条约,其不视为被俄联邦移交给外国的人员。

5. 没有根据做出的中止遣返程序按时离开俄境的外国公民,针对其开始新的遣返程序。

6. 因为外国公民自动离开俄境而中止遣返程序的程序由联邦移民权力执行机构确定。

第六章　违反本法须承担的责任

第 33 条　外国公民的责任

违反俄联邦法律的外国公民将被追究法律责任。在俄非法停留或根据俄联邦相互遣返国际条约被移交的或根据俄联邦相互遣返国际条约被接收的外国公民须登记、照相并进行国家指纹鉴定,此后上述资料将存入根据本法第 26 条规定设立的中央数据库中。

第 34 条　外国公民被行政驱逐出境

1. 外国公民被行政驱逐出境的资金由被驱逐出境外国公民支付,如果外国公民没有资金,而接收外国公民工作违反了本法的引进和使用外国员工办法,则由邀请机构、被驱逐外国公民国家的外交代表处或领事机构、国际组织或其代表处、本法第 16 款规定的自然人或法人出资。

2. 如果无法确定邀请方,对外国公民驱逐出境活动为俄联邦支出义务。为上述目的出资的程序由俄联邦政府确定。

3. 授权实施法院活动规定程序、执行司法决定、其他机构和负责人的决定的联邦权力执行机构或其地方机构或边防机构根据自己权限以强制驱逐出境方式实施行政驱逐,并将此信息发送负责外事的联邦权力执行机构和联邦移民权力执行机构。

联邦移民权力执行机构监督以行政驱逐出境为行政处罚方式的外国公民和无国籍人自行离开俄联邦国境。

4. 负责外事问题的联邦权力执行机构应向被驱逐外国公民所属国的外交代表处或领事机构通知将外国公民行政驱逐出境之事。

5. 受行政驱逐出境处罚的外国公民在执行行政驱逐出境决定之前,按法院决议关押在安全机构专门辟出的地方或根据俄联邦主体法律规定建立的专门场所。

6. 受行政驱逐出境的外国公民根据俄联邦相互遣返国际条约,可以按本法第Ⅴ.1章的程序被俄联邦移交给外国。

第35条 违反本法要求的责任

法人、负责人、俄联邦公民、外国公民、无国籍人如违反本法要求,根据俄联邦法律都要追究责任。

第六(一)章 外国公民关押在专门场所

第35.1条 外国公民关押在专门场所的依据

1. 将外国公民关押在专门场所,规定要限制被关押外国公民的迁移自由,使其不能自行离开上述场所,目的是保证执行根据俄罗斯法律做出的行政违法命令、本联邦法做出的强制驱逐出俄罗斯国境的行政处罚决议、根据俄罗斯相互遣返国际条约做出的遣返或将外国公民移交给外国的决定或根据俄罗斯相互遣返国际条约接收外国移交给俄罗斯的外国公民的决定。

为执行本款第1段所指的法院和负责移民的联邦权力执行机构或其相应地区机构负责人的决定,将外国公民送到专门场所。

2. 在专门场所关押外国公民应符合合法、人道、尊重人的尊严、个人安全、保护健康的原则。

3. 对安置在专门场所的人员,不允许按性别特征、种族、民族、语言、出生地、财产和职务、居住地、对宗教信仰的态度、所属社会团体以及其他情况歧视或提供优厚待遇。

4. 按俄联邦法律规定的程序在专门场所关押外国公民,直至他被行政驱逐出俄罗斯、遣返或根据俄罗斯相互遣返国际条约被俄罗斯交给外国或他离开俄境。

5. 外国公民关押在专门场所的条件、程序,包括起码的医疗保障问题,由俄联邦政府确定。

6. 为了保证关押在专门场所的外国公民的安全,以及专门场所工作人员和在专门场所的其他人员的安全,按俄联邦政府规定的程序对该场所进行保卫。

7. 对专门场所设计、技术装备和设备的要求由负责移民的联邦权力执行机构确定。

第35.2条　被关押在专门场所的外国公民的权利和义务

1. 外国公民关押在专门场所不应受到身体和精神伤害。

2. 关押在专门场所的外国公民及其所携带物品,要按照本联邦法规定的程序进行检查。

3. 关押在专门场所的外国公民昼夜受监视。为进行这种监视和预防关押在专门场所的外国人违反规定,可能会使用声像、电子和其他监视技术设备。

会通知关押在专门场所的外国公民使用监视技术设备的情况。

4. 外国公民违反在专门场所关押的条件和程序,要负俄联邦法律规定的责任。

第35.3条　对关押在专门场所的外国公民进行人身检查和所携带物品的检查程序

1. 如果没有联邦法律规定的其他情况,对外国公民的人身检查和上述外国公民所携带物品的检查,在他们到达专门场所后立即实施,如果外国公民由法院、医疗机构或外国驻俄罗斯的外交代表处、领事机构送来,或外国公民在专门场所时的必要情况下,由与被检查人同性别的地方联邦移民权力执行机构或专门场所负责人进行,须由两名同性别成年人并与检查结果无关的证人在场。

2. 关于对关押在专门场所的外国公民的人身检查和(或)对上述外国公民随身携带物品的检查须做记录。记录中写明起草记录的日期、地点、起草记录者的职务、姓名、负责人的姓名首字母、实施人身检查和(或)物品检查的外国公民的信息、外国公所携带物品的种类、数量、识别特征、检查中发现证件的种类和信息。关于对关押在专门场所的外国公民的人身检查和(或)对上述外国公民随身携带物品的检查所做记录的格式由联邦移民权力执行机构批准。

3. 对关押在专门场所的外国公民的人身检查和(或)对上述外国公民随身携带物品的检查所做的记录由起草记录的负责人、上述外国公民和证人签字。如果外国公民拒绝在记录上签字,要做相应的登记。

4. 向关押在专门场所的外国公民提供对其人身检查和(或)对上述外国公民随身携带物品的检查记录副本。

5. 如果发现关押在专门场所的外国公民有俄联邦法律和俄联邦国际条约规定的禁止流通或流通受限的物品,则对该物品实施没收。

6. 关于没收关押在专门场所的外国公民物品要做记录。记录中写明起草记录的日期、地点、起草记录者的职务、姓名、负责人的姓名首字母、上述外国公民的信息、所没收物品的种类、数量、识别特征。关于没收关押在专门场所中的外国公民物品所做记录的格式由联邦移民权力执行机构批准。

7. 在没收关押在专门场所的外国公民物品记录中要有照相、摄像和其他没收时使用的固定证据的方法记录。

8. 关于没收关押在专门场所中外国公民物品的记录要由起草记录的负责人、上述外国公民和证人签字。如果外国公民拒绝在记录上签字,应做相应的登记。

9. 向关押在专门场所的外国公民提供没收他物品的记录副本。

10. 关于没收关押在专门场所外国公民物品之事应立即通知上述物品没收地或关押该外国公民的专门场所所在地内务机关。

11. 危险物品和禁止关押在专门场所的外国公民保存的物品应交给该专门场所负责人临时保管,并起草记录。

危险物品和禁止关押在专门场所的外国公民保存的物品清单由联邦移民权力执行机构批准。

第七章　最后条款

第36条　根据本法规定颁布法律文件

1. 建议俄罗斯联邦总统并授权俄罗斯联邦政府自本法正式公布之日 3 个月内根据本法颁布各自相应的法律文件。建议俄罗斯联邦政府与邻国政府就政府间互免签证协议进行重新谈判,以确定用于公民入、出俄境及在俄逗留(居留)、迁移的身份证件清单,并确定一国公民免签证在另一国可逗留的期限。

2. 自本法生效之日起,下列法律文件在俄联邦境内被宣布失效:

1981 年 6 月 24 日苏联颁布的《外国公民在苏联法律地位法》(苏联最高苏维埃公报 1981 年第 26 号第 836 章);1981 年 6 月 24 日苏联最高苏维埃《关于实施〈外国公民在苏联法律地位法〉的决定》(苏联最高苏维埃公报 1981 年第 26 期第 837 页)。

3. 已失效。

4. 2015 年 1 月 1 日失效。

5. 1998 年 7 月 25 日颁布的"俄联邦指纹登记法"(俄联邦法律汇编,1998 年第 31 期第 3806 页;2001 年第 11 期第 1002 页)做以下修订和补充:

1)第 9 条第一部分增加第 к、л 款,表述如下:

К)在俄罗斯联邦非法停留的外国公民;

Л)获得临时居留许可的外国公民。

2)2016 年 7 月 3 日失效。

第 37 条　本法生效前免签证进入俄罗斯联邦的外国公民在俄临时逗留的期限

1. 本法生效前免签证进入俄罗斯联邦的外国公民应在本法生效后 60 天内向所在地地方联邦移民权力执行机构申请获得移民卡。获得移民卡的外国公民在俄联邦临时逗留的期限自获得移民卡之日起不得超过 90 天。

2. 本法生效前免签证进入俄联邦的外国公民如未申请获得移民卡,其在俄临时居留的期限将自本法生效之日起开始计算。

第 37.1 条　证明个别范畴外国公民掌握俄语、俄罗斯历史知识和俄联邦法律基础的特点

2015 年 1 月 1 日之前已发放居留证或工作许可的外国公民,在提交之前发放的居留证或工作许可延期申请时,须提交证明掌握俄语、俄罗斯历史知识和俄联邦法律基础的文件。

第 38 条　本法的生效

本法自正式公布之日起 3 个月后生效。

俄罗斯联邦总统　普京

2002 年 7 月 25 日

莫斯科　克里姆林宫

俄联邦外国公民和无国籍人移民登记法

2015 年 11 月 28 日修订

俄联邦外国公民和无国籍人移民登记是国家调控移民进程的方式之一,是为了保障和履行俄联邦宪法规定的每一位合法在俄居住者的自由迁移、选择在俄联邦境内的逗留地和居留地权和其他权利、人身自由权以及实施俄联邦移民权益。

第一章 总 则

第 1 条 本法调节的对象

本联邦法调节外国公民或无国籍人迁移登记时出现的与入境俄联邦、经俄联邦过境、在选择和变更逗留和居留地点时在俄联邦迁移或出国境有关(以下称外国公民和无国籍人迁移)的关系。

第 2 条 本法使用的基本概念

本法使用下列基本概念:

1)"外国公民和无国籍人移民登记"(以下称移民登记)是指本法固定和概括本法规定的外国公民和无国籍人的信息以及外国公民和无国籍人迁移的信息;

2)"外国公民和无国籍人移民登记机构"(以下称移民登记机构),是指在移民领域履行国家权力功能、监督功能和提供国家服务的联邦权力执行机构(以下称联邦移民权力执行机构)及其地方机构;

3)"外国公民和无国籍人在俄联邦居住地"(以下称居住地)是指外国公民和无国籍人按本法规定登记了地址的住所;

4)"外国公民和无国籍人在俄联邦逗留地"(以下称逗留地)是指外国公民和无国籍人按本法规定登记了逗留地址,但并不是居住地,也可能是外国公民和无国籍人正停留的场所、机关或组织的所在地;

5)"外国公民和无国籍人居住地登记"(以下称居住地登记)是指移民登记机构按规定程序记录居住地信息;

6)"外国公民和无国籍人逗留地登记"(以下称逗留地登记)是指授权机构根据本法,按规定的程序登记外国公民和无国籍人在逗留地的信息;

7)"俄联邦外国公民或无国籍人接待方"(以下称接待方)是指常住俄联邦的俄联邦公民、外国公民或无国籍人、法人、法人分支机构或代表处、俄联邦主体联邦国家权力机构、地方自治机构、外交代表处或外国驻俄领事机构、国际组织或其在俄联邦的代表处或外国驻俄国际组织代表处,以上机构中有外国公民或无国籍人居留或工作。

2. 本法中"外国公民"的概念包括"无国籍人"的概念,当联邦法律对"无国籍人"规定有别于"外国公民"的情况除外。

第3条 俄联邦移民登记的法律基础

俄联邦移民登记的法律基础是俄联邦宪法、俄联邦国际条约、联邦宪法性法律、本法、其他联邦法律和根据上述标准法律文件通过的其他俄联邦标准法律文件。其他联邦法律适用于与本法不冲突的实施外国移民登记事宜。

第4条 移民登记的目的、主要原则和内容

1. 移民登记的目的:

1)为俄联邦公民和外国公民行使自己的权利和自由、履行赋予他们的义务创造条件;

2)制定和实施国家移民政策;

3)构建完整、可信、有效和切合实际的外国公民迁移信息用于对上述迁移的后果进行预测并对移民领域进行国家统计观测;

4)规划俄联邦各地的发展;

5)进行危机管理;

6)保护宪法制基础、俄联邦公民和俄联邦外国公民的道德、健康权利和合法权益,以及通过打击非法移民和其他违法现象保障俄联邦国家安全和社会安全;

7)使俄联邦的外国公民(包括他们的个人信息)和外国公民的迁移信息系统化;

8）完成其他的社会经济和社会政治任务。

2. 移民登记具有通告性质，联邦宪法性法律或联邦法律规定的情况除外。

3. 移民登记遵循以下原则：

1）外国公民在俄联邦境内有迁移和选择逗留地和居住地的自由；

2）根据合法性和国际法准则，国家保护外国公民在俄联邦境内有自由迁移权和选择逗留地和居留地权；

3）个人利益与社会、国家利益相结合；

4）保障俄联邦国家安全、保护俄联邦其他国家利益；

5）进行移民登记的行动便于实施；

6）移民登记规则统一。

4. 移民登记包括：

1）居住地登记、逗留地登记以及本法规定的其他信息登记；

2）对移民进程的社会经济的数量、质量和其他特征的信息进行加工、分析、存储、保护和使用；

3）运行移民登记国家信息系统，包括本法规定的内容。

第 5 条　在实施移民登记时保护人权与保障国家利益

1. 外国公民在俄联邦享有自由迁移权、选择逗留地和居住地权并承担与俄联邦公民同等的义务，联邦宪法性法律、联邦法律或俄联邦国际条约另有规定除外。

2. 根据联邦宪法性法律或联邦法律，在下列情况下允许或可能实施按居住地和逗留地登记的程序：

1）在边境地区；

2）在封闭行政机构；

3）在封闭军事区；

4）在根据联邦法律外国公民需要特殊许可才能进入的区域、机构或设施；

5）在根据俄联邦总统命令实行紧急状态或戒严的区域；

6）在环境灾难区；

7）因传染性或大规模传染性疾病有扩散危险和人员中毒而采取特殊措施和居住、经营活动制度的个别区域或居民点；

8）在反恐行动区；

9）在动员时期和战时；

10）联邦法规定的其他情况。

3. 对违反外国公民在俄联邦境内自由迁移权、选择居留地和居住地权的国家机关、当地自治机关、法人或其他组织、负责人或自然人的作为或不作为,可以向上级机关、上级负责人或法院申诉。

第 6 条　外国公民在进行移民登记时的权利

外国公民在进行移民登记时有下列权利:

1)了解移民登记国家信息系统中有关自己的个人信息;

2)保护移民登记国家信息系统中有关自己的个人信息;

3)如果发现错误,更正移民登记国家信息系统中自己的个人信息;

4)对移民登记国家信息系统中自己的个人信息进行更正和补充;

5)在移民登记部门按规定程序获取个人证明;

6)本法规定的其他权利。

第 7 条　外国公民进行移民登记时的义务

1. 在进行移民登记时,外国公民须提交可靠信息并进行合乎本法、其他联邦法律和根据上述标准法律文件通过的俄联邦标准法律文件规定的法律意义上的行为。

2. 常住和临时居住在俄联邦的外国公民需按居住地和逗留地进行登记。

3. 临时在俄联邦逗留的外国公民应按逗留地进行登记。

4. 正在接受刑事和行政处罚的外国公民根据俄联邦政府规定的程序,按执行相应处罚机构的逗留地进行登记。

5. 不在俄联邦境内,但在俄联邦境内拥有住房或其他住所的外国公民、外国法人和其他外国组织,如果将这些住所临时交给外国公民逗留,则必须履行接待方的义务,为提供住所的人按逗留地进行登记。

第 8 条　移民登记的实施

1. 实施移民登记的规则和程序由俄联邦政府根据本法确定。

2. 移民登记的依据:

1)外国公民入境俄联邦的事实;

2)外国公民在俄联邦出生登记的事实或在俄联邦出生时未获得俄联邦国籍的其他人的出生登记事实;

3)在俄联邦的人失去俄联邦国籍的事实。

3. 取消移民登记的依据:

1)外国公民自俄联邦离境的事实;

2)外国公民在俄联邦死亡的事实;

3）法院承认在俄联邦的外国公民失踪或宣布其死亡的决议生效；

4）在俄联邦的外国公民获得俄联邦国籍的事实。

4. 边防机关在边境口岸于 24 小时内通知移民登记部门入境俄联邦或自俄联邦出境的事实。

5. 户籍登记机构要在 24 小时内向移民登记机构通报本条第 2 部分第 2 项和本条第 3 部分 2 项规定的登记事实和外国公民更名，包括姓、本名、父称（如果有）或外国公民更改出生日期和地点的信息。

第 9 条　移民登记时登记信息的清单

1. 在移民登记时要收集、记录、保存、归纳和利用下列外国公民信息：

1）俄联邦承认的、证明身份的证件种类和要素（名称、系列、编号、颁发日期和地点、有效期，如果有的话包含在文件中的生物信息）；

2）证明有权在俄联邦逗留（居住）的文件种类及要素；

3）姓、名、父称（如果有的话）；

4）出生日期和地点；

5）性别；

6）国籍；

7）入俄境的目的；

8）职业；

9）申请在俄联邦逗留（居住）的期限；

10）最后居住地登记日期和地址，上一个居住地登记日期和取消登记的日期和地址；

11）最后逗留地登记日期和地址，上一个逗留地登记日期和取消登记的日期和地址；

12）合法代表的信息（父亲、收养子女、监护人、保护人）；

13）遣返或行政驱逐出境信息（有还是无，如果有，什么时候，被谁）；

14）做出决定为俄联邦不受欢迎的人的信息（有还是无，如果有，什么时候，被谁）；

15）在俄联邦被追究刑事责任或行政责任，或违反税法的责任；

16）在俄联邦死亡日期和地点或被法院宣布为失踪或死亡并已生效的决议，上述法院的名称和地点；

17）进行移民登记和取消移民登记的根据。

2. 如果要变更移民登记的信息，应根据俄联邦政府的规定程序将相应信息通知移民登记机构。

第 10 条　移民登记国家信息系统

1. 移民登记机构根据获得的本法第 9 条所指外国公民的信息,填写移民登记国家信息系统。

2. 移民登记国家信息系统中的外国公民信息是保密的。移民登记记录信息和国家移民信息系统中信息的存储程序和期限及保护方法由俄联邦政府规定。

3. 移民登记机构与其他联邦权力执行机构、俄联邦主体权力执行机构及地方自治机构为有效利用和保护信息库(包括移民登记国家信息系统)中的外国公民信息的相互协作的方法由俄联邦政府确定。

4. 保证移民登记国家信息系统正常运行、对其信息进行更改、获得以上信息及提供信息的程序由俄联邦政府规定。

第二章　移民登记机构及其权限、移民登记其他机构的权限

第 11 条　移民登记领域的授权机构

移民登记由移民登记机构根据俄联邦法律规定的权限进行。其他权力执行机构可以根据俄联邦法律在移民登记领域行使个别权限。

第 12 条　移民登记机构的权限

1. 联邦移民权力执行机构行使下列权力:

1)移民登记、监督外国公民、负责人、法人、其他机构和组织遵守移民登记规则的情况;

2)协调移民登记领域其他权力执行机构的活动;

3)保障移民登记国家信息系统正常运行、及时完善必要的信息;

4)以规定的程序提出移民领域国家统计观测方式完善的建议。

2. 地方联邦移民权力执行机构行使下列权力:

1)按居住地和逗留地进行外国公民登记;

2)在移民登记机构的登记文件、外国公民的居留证或临时居留许可中填写外国公民按居住地登记的标注;

3)按规定程序向法院提交取消外国公民按居住地登记的申请;

4)根据批准的国家统计观测方式向国家统计机构发送外国公民按居住地

登记信息和外国公民按逗留地登记信息；

5）向地方税务机关发送外国公民按居住地登记信息和外国公民按逗留地登记信息；

6）更改移民登记国家信息系统中外国公民按居住地登记的信息和外国公民按逗留地登记的信息；

7）监督俄联邦公民、外国公民、负责人和法人遵守移民登记规则的情况。

第13条　授权按逗留地进行外国公民移民登记的机构

1. 除移民登记机构外，按逗留地进行外国公民登记的还有：

1）针对下列外国公民制定和实施俄联邦国际关系国家政策和标准法律调节的联邦权力执行机构：

а）外国驻俄外交代表机构和领事机构的馆长及工作人员、上述人员的亲友，但以亲友在其官邸或外交、领事机构之内居住为限；

б）外国外交部持外交、公务护照来俄进行工作访问的人员及其家庭成员；

в）来俄进行工作访问并依据国际条约享有外交特权与豁免权的国际组织成员、国际组织驻俄代表处成员、总部在俄的国际组织成员及其亲友，但以亲友在其官邸或代表处之内居住为限。

2）其他机构，其清单和移民登记权限由俄联邦总统或政府规定。

2. 本条第1部分所指的机构应将按逗留地登记的外国公民信息立即、免费发送到移民登记机构。

第三章　外国公民按居住地登记

第14条　外国公民按居住地登记的义务

1. 享有俄联邦住所使用权的长期或临时居住在俄联邦的外国公民必须按本法规定的程序和条件按以上住所的地址进行登记，本条第2部分规定的情况除外。

2. 如果长期或临时居住在俄联邦的外国公民在俄联邦有两处或两处以上住所，应该将其中之一作为自己的居住地。此时，外国公民按居住地登记时记录他在俄联邦其他房产的信息。

第15条　外国公民按居住地登记的依据

1. 外国公民按居住地登记的依据是外国公民有权使用在俄联邦的住所。

上述权利根据俄联邦住房法确定。

2. 外国公民按居住地登记包括在居留证或临时居留许可以及移民登记机构的登记文件和移民登记国家信息系统中记录外国公民的具体住所的地址。

第 16 条　外国公民按居住地登记的程序

外国公民按居住地登记的申请向外国公民住所所在地移民登记机构提交申请。上述申请的格式、申请所包括资料的清单和办理要求由俄联邦政府确定。

第 17 条　外国公民和无国籍人按居住地登记所需文件

在外国公民或无国籍人提交按居住地登记的申请时，要向移民登记机构负责人出示下列文件：

1）常住或临时居住在俄联邦的外国公民出示：

a）俄联邦承认的身份证明；

б）居留证或临时居住许可；

в）证明有权使用住所的文件。

2）常住或临时居住在俄联邦的无国籍人提交：

a）居留证或临时居住许可；

б）证明有权使用住所的文件。

第 18 条　外国公民按居住地登记的期限

1. 按居住地实施移民登记的机构在外国公民出示按居住地登记申请和本法第 17 条所指的文件当日，在外国公民的居留证或临时居住许可上做标注，不晚于第二个工作日在自己的登记文件和移民登记国家信息系统登记该外国公民的居住地信息。

2. 按居住地实施移民登记的机构在按俄联邦政府规定的程序进行完上述登记后的 1 个月内，完成与登记有关的其他必要步骤。

第 19 条　撤销按居住地对外国公民进行移民登记的依据

1. 在下列情况下撤销按居住地对外国公民进行移民登记：

1）外国公民在另一居住地进行了登记；

2）外国公民按俄联邦法律规定的依据享有住所使用权终止；

3）外国公民长期或临时在俄联邦居住的权力终止；

4）法院判决外国公民按居住地登记为无效的决定已生效；

5）外国公民在俄联邦死亡或法院宣布在俄联邦的外国公民失踪或死亡的决议生效。

2. 撤销按居住地对外国公民进行移民登记包括更改外国公民居留证或临

时居住许可上的相应信息,以及移民登记机构的登记文件和移民登记国家信息系统中的相应信息。

第四章　外国公民按逗留地登记

第 20 条　外国公民按逗留地登记的义务

1. 在逗留地的外国公民必须根据本法或俄联邦国际条约规定的程序和条件按逗留地登记。

2. 下列人员按逗留地登记:

1)常住俄联邦的外国公民到达逗留地后 7 个工作日内,以下外国公民除外:

a)没有居住地;

6)住在宾馆或其他提供宾馆式服务的机构、疗养院、休养所、汽车旅馆、露营地、旅游度假村、儿童保健营、医院或其他保健或社会服务机构;

в)轮班进行劳动活动;

г)在为没有固住所的人设立的专门进行社会医疗康复的机构;

д)在执行刑事和行政处罚的机构。

2)临时居住或临时逗留在俄联邦的外国公民,到达逗留地后三个工作日内,上述外国公民除外:

a)住在宾馆或其他提供宾馆式服务的机构、疗养院、休养所、汽车旅馆、露营地、旅游度假村、儿童保健营、医院或其他保健或社会服务机构;

6)在为没有固住所的人设立的专门进行社会医疗康复的机构;

в)在执行刑事和行政处罚的机构。

3. 如果有本条第二部分第一项"a"—"д"和第二项"a"—"в"的情况,接待方应该在 24 小时内通知移民登记机构外国公民到达逗留地。

4. 外国公民是外国非军用船舶的船员,如果在俄联邦对非军用船舶开放的港口或港口城市上岸并临时停留 24 小时以上,由移民登记机构根据船员护照(船员身份证)按逗留地登记,而且在上述证件上要有外国公民入境边防检察机关的验讫章。

5. 常住或临时在俄联邦居住的外国公民,如果因所住地区出现紧急情况,如反恐行动或紧急状态或戒严,外国公民住在临时安置地,此时按逗留地登记的程序由俄联邦政府规定。

6. 下列情况下无须在逗留地登记：

1）应国家权力执行机构或俄联邦主体国家权力执行机构邀请到俄联邦的外国国家首脑、外国政府首脑、外国议会和政府代表团成员、国际组织领导及上述人员的家庭成员；

2）外国公民到俄联邦进行正式或非正式访问或因公入港的军舰上的船员或外国军用航空器机组成员（上述外国公民在俄联邦境内单独被迫或其他停留超过 3 天的情况除外）；

3）外国公民是外国非军用船只的船员，如果在对外国非军用船舶开放的俄联邦港口或俄联邦港口城市上岸并逗留不超过 24 小时，或去居民点游览不超过 24 小时；

4）外国公民是民航飞机、列车或其他参加国际联运的交通工具司乘人员，上述人员在上述交通工具时刻表规定的俄联邦境内港口或车站时；

5）其他到俄联邦不超过三天的外国公民，上述外国公民住在宾馆或宾馆式服务的机构、疗养院、休养所、汽车旅馆、露营地、旅游度假村、儿童保健营、医院或其他保健或社会服务机构除外。

7. 本条第六部分所指的外国公民有权按规定程序通知按逗留地登记机构关于自己的逗留地点。

第 21 条　按逗留地登记的依据

1. 如果本法无另行规定，按逗留地登记的依据是外国公民临时实际停留在不是其居住地的地点，或上述外国公民没有居住地。

2. 按逗留地登记包括在按逗留地进行登记的登记文件和移民登记国家信息系统中记录外国公民的逗留地信息。

第 22 条　外国公民按逗留地登记的程序

1. 对外国公民按逗留地登记是移民登记机构在得到根据本条提交的外国公民到达逗留地的报告时进行。

2. 外国公民按逗留地登记所需要的材料：

1）外国公民：

a）到达逗留地后向接待方提交俄联邦承认的身份证件和移民卡；

б）接待方将外国公民到达逗留地的报告发出后收到上述通知表格的可撕下部分，本条第 3、4 部分规定的情况除外。

2）接待方在本法第 20 条第 2 部分第 1、2 款和第 3 部分规定的时间：

a)向移民登记机构直接提交外国公民到达逗留地的报告,或按规定的程序邮寄,本条第3、4部分规定的情况除外;

6)将外国公民到达逗留地报告的可撕下部分转交外国公民。

3. 在有妨碍接待方独立将外国公民到达逗留地的报告送往移民登记机构的书面证明的正当理由时,上述报告可以按规定的程序由外国公民直接交给移民登记机构。

4. 常住俄联邦的外国公民在有接待方的书面同意时,有权独自直接通知移民登记机构自己到达逗留地之事,或按规定程序邮寄报告。

5. 不允许接待方没收外国公民在本条第2部分第1款"a"项所指的证件。

6. 移民登记机构和联邦邮政机构只有递交报告人出示俄联邦承认的身份证件后,才能接收外国公民到达逗留地的报告。上述服务的邮寄费由俄联邦政府规定。

7. 接待方和外国公民履行按逗留地登记行为的证明是移民登记机构或邮寄机构按规定在报告表格可撕下部分盖的章。如果报告表格的可撕下部分丢失或损坏,证明已完成上述行为的办法由俄联邦政府规定。

8. 外国公民到达逗留地报告的格式、其中包含材料的清单、办理清单的要求、发送报告到移民登记机构的程序、报告副本在联邦邮政机构保存期限以及接待方同意外国公民临时逗留的同意函的格式、报告所附文件清单都由俄联邦政府规定。

9. 轮班工作的外国公民或在宾馆或宾馆式服务的机构、疗养院、休养所、汽车旅馆、露营地、旅游度假村、儿童保健营、医院或其他保健或社会服务机构的外国公民或在为没有固住所的人设立的专门进行社会医疗康复的机构的外国公民,或在执行刑事、行政处罚机构的外国公民信息的记录,由相应组织或机构在外国公民到达和离开后实施。这种记录是为了随后该外国公民到达或离开而按规定报告相应的移民登记机构。

第23条 撤销外国公民逗留地登记的依据和程序

1. 在下列情况下撤销外国公民逗留地登记:

1)外国公民离开逗留地;

2)外国公民离开俄联邦;

3)外国公民在俄联邦死亡或法院宣布在俄联邦的外国公民失踪或死亡的决议生效。

2. 外国公民撤销逗留地登记由移民登记机构在按规定程序收到接待方的

外国公民到达逗留地报告可撕下部分后办理,上面注明外国公民离开逗留地的日期。接待方要在外国公民离开逗留地最晚不超过 2 天将外国公民到达逗留地报告的可撕下部分送往相应的移民登记机构。

3. 外国公民离开宾馆或其他提供宾馆式服务的机构、疗养院、休养所、汽车旅馆、露营地、旅游度假村、儿童保健营、医院或其他保健或社会服务机构时,上述机构或组织的行政部门应在外国公民离开的第二天不晚于 12 个小时按规定程序报告移民登记机构。

第五章　违反俄联邦移民登记法的责任

第 24 条　违反俄联邦移民登记法的责任

根据俄联邦法律,违反俄联邦移民登记法的人员要追究责任。

第六章　最后条款

第 25 条　本法生效前法律关系的适用

1. 在本法生效前,根据 2002 年 7 月 25 日颁布的《俄联邦外国公民法律地位法》,按逗留地登记的外国公民视为按俄联邦法律规定的临时逗留期限结束前或签证有效期结束前已按逗留地登记,如果要变更在俄联邦逗留地,则应进行移民登记。

2. 有临时居住许可并在本法生效前在俄联邦临时居住地登记的外国公民,有权根据本法规定的程序在临时居住许可有效期内按居住地登记。

3. 本法生效前按居住地登记的常住俄联邦外国公民,应根据本法在变更俄联邦居住地时按居住地登记。

第 26 条　本法的生效

本法自 2007 年 1 月 15 日生效。

俄联邦总统　普京

2006 年 7 月 18 日

莫斯科　克里姆林宫

保卫俄联邦国界、专属经济区和大陆架时使用武器和作战装备的规则

1. 本规则调节在俄联邦边境地区保卫和守卫俄罗斯国家边界(以下称国界),守卫俄罗斯内海、领海及其自然资源,守卫俄罗斯专属经济区及其自然资源,守卫俄罗斯大陆架及其自然资源,保卫和守卫俄罗斯边境地区、专属经济区和大陆架的经济及其他合法权益时使用武器{枪支、火炮、射击武器、导弹武器和作战装备[舰艇、快艇、巡逻船(以下称边防舰艇)]、直升机和飞机(以下称飞行器)}的程序。

2. 根据现行规则使用武器和作战装备:

1)武器和装备的使用者应为联邦安全局边防局的军人,他们正在边境勤务队、检查组、边防舰艇、空军部队及其他联邦安全局保障边境活动的部队(以下称工作人员),履行自己的职责;

2)武器和装备的使用者应为俄联邦武装力量、俄联邦其他部队的军人,他们在根据协作计划和联邦权力执行机构的共同决定来守卫国境,包括参加边境搜索和行动,协助守卫俄罗斯内海、领海、专属经济区和大陆架。

3. 武器和作战装备用于对付违反俄罗斯法律以及俄罗斯签署的国际协议规定的偷越国境规则的人员和俄罗斯及外国海船、河船和其他交通工具,对付违反外国军舰在俄罗斯领海、内海航行和逗留规定的船只,违反俄罗斯专属经济区和大陆架法律规定者,违反捕鱼规定和俄罗斯法律规定的其他俄罗斯领海、专属经济区和大陆架要求者(以下相应称违法者和违法船)。

4. 武器和作战装备的使用要符合俄联邦法律和国际法规定的要求。

5. 为预防向外国劫持无乘客飞行器时,当飞行器位于机场辖区地面时,工作人员可使用武器和作战装备。

6. 当发现驶入(逗留在)俄罗斯内海和领海的外国潜艇和其他水下交通工

具,并且当时不处于水上时,边防舰艇(飞行器)指挥员要向指挥所报告发现的情况并按指示行事。

管理边防舰艇(飞行器)的指挥所应向协作的海军指挥所通报发现潜艇的情况。

海军反潜舰艇(飞机或直升机)到达发现潜艇区域后,边防舰艇(飞行器)要与之建立联系并移交与潜艇的联系。

7. 边防舰艇(飞行器)上的武器可以在俄罗斯内海、领海、专属经济区和大陆架上空追捕违法船只时使用,也可以在这些船只进入本国领海或第三国领海之前的上述海域之外使用,前提条件是:

1)实施追捕的边防舰艇(飞行器)、在职权范围内给予协助的联邦权力执行机构的其他力量和装备,利用自己所有的和实际使用的设备证实被追捕的违法船只或其共同协作的某只小船(其他航行设备)将违法船只作为基地,这些船位于俄罗斯内海、领海或(依情况而定)专属经济区、大陆架;

2)当边防舰艇(飞行器)远距离向违法船发出停船的可视或声音信号后,违法船只不理会并试图逃跑,这时开始追捕;

3)从开始到做出使用武器的决定,追捕要持续不断地进行。

8. 下达停船命令的飞行器在做出对违法船只使用武器的决定前,应当主动追捕违法船,直到实施追捕的飞行器呼叫来的边防舰艇(飞行器)及其他协助守卫内海、领海、专属经济区和俄罗斯大陆架的其他船只和飞行器到达指定地点继续追捕,除非实施追捕的飞行器无法独自拦截违法船。

在追捕违法船只时,如果违法船进入自己国家或第三国领海,则使用武器权中止。

9. 在使用武器和作战装备时,边防舰艇(飞行器)人员和指挥官必须做到:

1)向违法者(违法船)发出国际通用的停船警告指令(信号),让对方看到或听到,以便履行提出的要求;

2)如果对方不执行停船要求,则向违法者(违法船)警告准备使用武器和作战装备,不得不警告就使用武器;

3)确信违法者(违法船)不执行发出的指令(信号),对准备使用武器和作战装备的警告置之不理;

4)采取措施不让子弹(炮弹)落入邻国境内,除非反击从这个国家境内对俄罗斯武装入侵或进攻,或阻止发生在国界的武装挑衅;

5)在追捕和拦截违法者(违法船)、不让发生严重的后果(子弹、炮弹、导弹伤到第三者或无关人员、其他船只和飞行器）的过程中尽力减少损失，保护人员生命；

6）保证为伤者提供医疗救助；

7）立即向直接指挥官（首长）报告所有的情况及对违法者（违法船）使用武器、作战装备和行动的情况；

8）在使用相应的武器和作战装备种类时，要遵守条例（手册、指南和章程）规定的安全措施要求。

10. 武器和作战装备的具体种类、使用方式的选择和正确操作，应遵循以下原则：

1）边防勤务、检查组、巡逻组或保障边防活动的部队以及边防机构驻扎地的部队，由相应的指挥官（首长）或领班或工作人员独自进行选择；

2）边防舰艇（飞行器）人员中由个人负责制式武器使用的边防舰艇（飞行器）指挥官进行选择。

11. 在使用武器和作战装备前应先警告，不警告不得使用武器。

使用武器和作战装备的警告方式是向违法者（违法船）按国际惯例发出警告指令（信号），远距离要求对方停船，确保违法者（违法船）能看到或听到指令（信号）。

12. 如果违法者（违法船）不服从指令（信号），试图逃跑，边防舰艇（飞行器）人员可发出警告射击。

13. 做出警告射击决定的人是：

1）在边防勤务队由边防勤务队领导做出，如果情况复杂，也可由队员独自做出；

2）在边防舰艇上（飞行器上），由边防舰艇（飞行器）指挥员做出；

3）在巡逻船上，由检查组指挥员做出；

4）当工作人员、边防勤务队、检查组或其他保障边防活动的部队在违法船上时，由边防勤务队、检查组或其他保障边防活动的部队指挥员做出，如果情况复杂，也可由工作人员独自做出。

14. 在警告射击时，边防勤务队、检查组、边防舰艇（飞行器）人员应采取措施保障自身安全，以防对方开火还击。

15. 在使用武器前，要排除不警告就使用武器的情况，根据当时的情况，警告射击可以是开枪、开炮或使用导弹。

16. 边防勤务队、检查组和其他保障边防活动的部队在执行任务时，警告射击应枪口朝上，开枪前要对违法者喊"站住，我要开枪了！"

17. 边防舰艇人员在警告射击时要完成下列动作：

1）边防舰艇要进入 N1 级作战准备（如果之前没做的话）；

2）通过肉眼或借助技术装备观察本区域，弄清该区域所有船舶和飞行器的位置和运动方向；

3）根据这些技术装备的数据确定与违法船的距离以及违法船的移动情况；

4）射击要连续三次，只能是仰角向上射击，确保子弹（炮弹）不落在违法船及其他位于这一区域的船舶和飞行器上；

5）枪支射击要短点射，开炮要单发；

6）边防舰艇指挥员要亲自下达开枪和操作火炮的命令；

7）为了保证安全措施到位，应指定检查员、边防舰艇人员的指令和行动要通过客观监控手段记录下来，在没有安装监控的地方，要由小组观察员做记录，而且记录要从宣布警报开始，直到边防舰艇指挥员得到火炮炮筒检查的报告，记录表格须在边防舰艇上保留一年，作为总结报告；

8）边防舰艇的关于炮筒清洁度和弹药消耗的航海（航行）日志，由舰艇指挥员亲自记录。

18. 边防舰艇只能在使用火炮困难或无法使用火炮的极端情况下才能使用枪支进行警告射击。

19. 边防舰艇在使用枪支发射警告射击时：

1）射击须朝向被拦截的违法船能够肉眼看到射击的方向；

2）开火要射出一排排的曳光弹；

3）射击由边防舰艇指挥员指定的人员实施。

20. 飞行器人员用制式武器发出警告射击时：

1）利用飞行器上的技术设备和肉眼确认本区域内所有物体的位置及其移动方向，确定它们与违法船的距离和移动的具体情况；

2）射击时要确保本区域内所有物体的安全，保证炮弹不落入违法船，而且射击高度要低或尽量低；

3）两次降低高度进行警告射击，须由飞行器指挥员亲自实施，或由一名在飞行器上的机组成员或边防勤务人员、检查组成员或其他保障边防活动部队的成员按指挥员命令实施；

4）使用这种规定的飞行器制式武器，要在肉眼监控或安装的客观监控手段下实施。

21. 边防勤务长、检查组指挥或其他用于保障边防活动部队的指挥员、边防舰艇(飞行器)指挥、工作人员应立即向直接领导汇报发出警告射击和违法者(违法船)的行为,通讯装置毁坏的情况除外。

22. 如果发出警告射击后,违法者(违法船)仍然不服从命令(信号),并试图逃跑或进行反抗,则使用效力射武器。

23. 做使用效力射武器决定的是:

1)在边防勤务组由边防勤务长,即边防勤务组所服从的直接领导做出决定;

2)在检查组由检查组指挥员做出。

24. 边防舰艇(飞行器,包括边防舰载飞行器)做出使用效力射武器的决定是由边防机关领导或履行边防机关领导职责的人员做出。

25. 为了自卫或延迟使用武器就会对他们的生命和健康以及其他人的生命和健康构成直接危险,对边防舰艇(飞行器)、其他船舶、飞行器有破坏或损毁危险,会引起严重后果(运输事故、损毁和其他公共事故),在与相应领导(指挥员)失去联系,在无警告使用武器的情况下,工作人员、边防舰艇(飞行器)、指挥员可独自做出使用武器和作战装备的决定。

26. 边防舰艇(飞行器)使用效力射武器的命令应当按规定的程序告知边防舰艇(飞行器)指挥员。

27. 边防机关领导和履行此职责的人员在从航空器使用单位和(或)机场保障起飞和降落的调度站获得航空器上无乘客的信息后,做出让人员对地面上被占领的以及预计被劫持的航空器使用武器和作战装备的决定。

28. 当违法者(违法船)完成停船、朝指定方向航行的要求或中止抵抗后,则停止使用效力射武器。

29. 对于边防人员、边防舰艇(飞行器)使用武器和作战装备造成违法者死亡或其他严重后果(公共灾难等)的所有情况,边防机关主管责任人应立即按规定程序向负责安全的联邦权力执行机构领导汇报,并通知相应的检察官。

30. 俄罗斯联邦安全局主管责任人应立即(但不迟于一昼夜)通知俄罗斯外交部关于向外国公民违法者(外国违法船)进行警告射击并使用武器和作战装备的详细情况,同时告知相应的检察官。

俄罗斯总统　普京

2010 年 2 月 24 日签署

2010 年 3 月 10 日生效

俄罗斯边防机关行政驱逐外国公民或无国籍人的活动组织细则

第一章 总 则

1. 本细则规定边防机关或其下属部队行政驱逐外国公民或无国籍人（以下简称外国公民，另有规定除外）的统一程序，上述机构（以下简称边防机关）的负责人负责处理行政违法案件和执行有关规定。

2. 与行政驱逐外国公民有关的支出根据2002年7月25日通过的联邦《俄联邦外国公民法律地位法》第34条和2002年10月24日俄联邦政府批准的决定"无法确定邀请方时对外国公民和无国籍人实施遣送出境或行政驱逐出境的资金使用规则"执行。

3. 对被行政驱逐出境的外国公民要按俄联邦标准法律文件规定的程序进行登记。

4. 根据公认的国际法原则和俄联邦加入的国际法和国际条约准则，在执行行政驱逐外国公民决议时须注意：

如没有驱逐每一个外国公民的单独决定，禁止集体驱逐外国公民；

如果有足够的理由认为，外国人在那里会受到严刑拷打，则不向外国引渡该外国人，在这个外国国家经常发生粗暴的、令人发指的、大规模的违反人权的事实就证明存在这种根据。

被承认为难民的外国公民不应被引渡或返回他所离开的、因其人种、宗教、国籍、属于一定社会团体或政治信仰而生命和自由受到威胁的外国。但这种情况不适用于有正当理由被认为对他所在国家安全构成威胁或因实施特别重大犯罪并对国家构成社会威胁而被判刑且已生效的难民。

在俄联邦国际条约规定的其他情况下不引渡外国公民。

第二章 俄边防机关行政驱逐外国公民出境活动的组织

5. 根据《俄行政法》第18.1条第2款和第18.4条第2款规定,如外国公民在入俄境时违反行政法规,作为法院裁定的行政处罚,《俄联邦行政违法法典》(以下简称《俄行政法》)第23.10条第2款指定的边防机关负责人可对外国公民实施行政驱逐(以下简称行政驱逐外国公民,另有规定除外)。

6. 边防机关负责人员在处理由于外国公民违反俄行政法而被处以行政驱逐的案件和执行行政驱逐外国公民的有关规定时,应遵循《俄行政法》。

7. 遇有《俄行政法》第18.1条第2款或第18.4条第2款所指违法情形而对外国公民实施行政驱逐处罚时,被授权的俄边防机关负责人员可根据俄行政法第27.3条的规定对外国公民实施行政拘留,并作拘留记录。拘留期限依照俄行政法第27.5条确定。处理行政违法案件应使用俄语,应保障对不掌握俄语的被拘留外国公民享有翻译服务的权利,该翻译应按《俄行政法》第25.10条规定指定。

被拘留的外国公民应关押在边防机关设定的专门处所或俄联邦主体权力执行机关按规定设立的专门设施里。

为保障及时正确地审理对被拘留外国公民的行政违法案件,可采用俄联邦法律规定的处理行政违法案件的其他措施。

8. 如发生俄加入的国际条约所规定的情况,本细则第7条指定的边防机关负责人员应将外国公民被行政拘留一事通知该公民国籍国或常住国的外交代表机构或领事机关。应被拘留外国公民的要求,该通知应立即发出。

9. 根据《俄行政法》第28.2条第1款,边防机关负责人员应按实施行政违法事实起草行政违法记录。

10. 外国公民实施《俄行政法》第18.1条第2款或第18.4条第2款规定的行政违法案件时,即从邻国偷越俄联邦边界或穿越俄联邦边境到达口岸,边防机关负责人必须就上述行政违法做出行政驱逐外国公民的追加行政处罚,行政违法的记录连同案件其他材料在写完后立即转交有资格审理行政违法案件的边防机关负责人。

根据边防机关负责人员审理结果做出行政处罚和追加行政处罚——行政驱逐外国公民的决定。

行政驱逐外国公民的决定在行政违法案件审理结束后即告之被驱逐人,并将签过字的上述决定副本交被驱逐者本人。(《俄行政法》29.11 条第 1、2 款)

11. 根据《俄行政法》31.3 条规定做出行政驱逐外国公民决定的负责人员将该决定交被授权的边防机关负责人执行。

12. 根据《俄行政法》32.10 条规定,执行行政驱逐决定的途径如下:

- 将外国公民正式移交邻国当局代表,该邻国为驱逐目的国。

- 监督被驱逐外国公民自行经俄国境通行口岸离境前往来俄的上一国或国籍国。

如俄联邦与邻国间签署的国际条约未就被驱逐外国公民移交邻国当局代表问题做出规定,行政驱逐则在边防机关指定的地点进行。

行政驱逐前,外国公民可根据法院判决被关押在本细则第 7 条规定的处所或设施里。

13. 如果俄联邦与邻国签订了协议,协议规定了被拘留公民的移交程序,如果被行政驱逐的外国公民从邻国穿越俄联邦国界或穿越俄联邦国界到达位于俄联邦边界上的口岸,则对外国公民执行行政驱逐的决定通过向驱逐目的国的邻国当局代表正式移交的方式。

13.1 根据俄联邦国际条约和俄联邦法律,被行政驱逐的外国公民的正式移交由俄联邦边防代表(边防专员、边防全权代表)、他们的副职或助手亲自实施。每一次移交的地点、时间和程序由边防代表、其副职或助手与邻国当局代表单独商定。

13.2 如果俄联邦国际条约没规定被拘留公民交接的方式,则与上述公民驱逐目的国当局代表协商,外国公民行政驱逐决定的执行通过正式移交,办理被行政驱逐出境处罚外国公民或无国籍人双边交接记录。

上述双边交接记录一式两份,其中之一必须用俄语写成,由双方边防代表或其副职、助手签字并盖章。

13.3 受到行政驱逐出境处罚的外国公民、其所携带的物品和证件以及双方签字的记录第一联连同外人国行政驱逐决定副本转交外国接受国当局代表。

14. 如果俄联邦与邻国没签订受行政驱逐出境处罚的被拘留公民的移交程序,则根据本细则第 12 条第 4 款或者如果外国公民是从第三国入境俄联邦,则对外国公民的行政驱逐出境通过监督被驱逐人员经俄联邦边界口岸自行离开。

根据 1996 年 8 月 15 日通过的联邦法《俄联邦出入境秩序法》第 24 条第 7 款,对其做出行政驱逐出境决定的外国公民根据本决定离开俄联邦。

14.1　监督被驱逐人员经俄联邦边界口岸自行离开需要办理外国公民或无国籍人行政驱逐出境单边记录。

上述单边记录起草两份,至少由两名直接实施对外国公民经俄联邦边界口岸行政驱逐的边防机关负责人签字,并盖章。

14.2　证明被驱逐外国公民身份的文件以及签字的单方记录连同外国公民行政驱逐决议副本经被驱逐人所乘交通工具负责人转交驱逐目的国的外国当局。如果俄联邦与相应国家签有协议,则通过俄联邦边界口岸将驱逐外国人之事通知被驱逐人所属国当局。

15. 边防机关负责人做出的行政驱逐外国人决定的材料、执行行政处罚的说明以及相应的双边和单边记录的第二联按部门规定保存在边防机关诉讼活动单位。

16. 如外国公民不是在进入俄境时违反《俄行政法》18.1 条第 2 款和 18.4 条第 2 款规定,以及当有权审理违法案件的边防机关负责人遇有此类情况时,应根据《俄行政法》23.1 条第 2 款将案件交由法官处理,由法官决定行政驱逐事宜。

17. 为了保障法官能及时正确地审理行政违法案件,边防机关负责人要履行本细则第 7 - 9 条规定的行为。

18. 根据《俄行政法》第 28.8 第 2 款,法官将依据其做出对外国人行政驱逐作为追加行政处罚决定的行政违法记录,连同行政违法案件的其他材料起草完毕后应立即转交法官审理。

边防机关领导要保障立即将行政违法案件送给法官,并且亲自到法庭参加针对外国人行政违法案件的审理。

19. 送往法院的行政违法案件的文件复印件以及证明外国人身份、国籍的证件复印件、签证复印件,必要时与外国人出入俄联邦国境有关的其他文件的复印件制成本细则第 16 条规定的外国人行政违法案件副本。

20. 根据《俄行政法》31.3 条第 1 款,由法官提出执行驱逐外国公民的决定。

如行政违法案件的判决在规定期限内未被上诉或抗诉,则自决议生效之日起 3 日内交由边防机关的主管官员执行;如被上述或抗诉,则自法院对上诉或抗诉做出决定之日起执行。

21. 被法官判决的对外国人行政驱逐的决定的执行程序由本细则第 13、14 条的规定决定。

22. 为执行已生效的行政驱逐外国公民的决定,负责执行该决定的边防机关负责人必要时应根据与俄外交部协商结果确定被驱逐人员出境后前往国家并采取措施安排出境事宜。

23. 如被驱逐出境的外国公民无身份证件,执行行政驱逐外国公民决议的边防人员应尽快向被驱逐人员国籍国或常住国的外交、领事机构申请为被驱逐人员出具身份证件。

请求的复印件通过电子邮件、传真或电传的方式传给俄外交部地区主管司,以便于通过外交渠道协助办理身份证件。

24. 必要时,执行行政驱逐外国公民决定的边防机关负责人可请俄外交部协助,通过外交渠道向相关国家的外交代表机关或领事机构申请为被驱逐人员过境或入境国籍国或常住国办理签证。

25. 如被驱逐外国公民的证件办理被耽搁或发生其他妨碍执行驱逐外国公民决定的情况,执行决定的边防机关负责人可将相应材料送交法官审理延长外国公民在本细则第 7 条所规定的地点或设施里的拘留期限。

26. 外国公民行政驱逐决定连同行政处罚执行说明、相应双边或单边记录的第二联应由执行该决议的负责人返还给做出该决议的法官。

27. 对外国人行政驱逐决定的复印件连同执行该决议的边防机关负责人的说明、被驱逐外国公民离开俄联邦境内的文件一起装订到该外国公民行政违法案件副本中。

第三章　边防机关执行行政驱逐外国公民决议的活动保障

28. 负责执行行政驱逐的边防机关负责人要按行政程序对被驱逐的外国人建立登记卡,要制作其照片和强制进行国家指纹库录入,随后将获取的信息发到相关数据库。

29. 被驱逐出境的外国人登记卡在边防机关保存 5 年。

保存期限结束后,登记卡归入相应的行政违法案件档案(档案副本),根据行政违法案件档案(档案副本)保存期满的法令进行销毁。

30. 执行行政驱逐外国公民决定的边防机关负责人在做出该驱逐决定后的

1日内应通过电子邮件、传真或电传方式将做出决议的信息通告俄外交部相关部门，以便该公民国籍国或常住国的外交代表机关或领事机构能够获悉此信息。

31. 如法院裁定将被行政驱逐的外国公民拘留在边防机关的专门处所或由俄联邦权力机构按法定程序设立的专门设施中，执行行政驱逐外国公民决定的边防机关负责人应在法官做出上述决定后1日内通过电子邮件、传真或电传方式将外国公民被拘留在上述区域或设施中的信息通报给俄外交部相关部门，以便该公民国籍国或常住国的外交代表机关或领事机构能够获悉此信息。

32. 执行行政驱逐外国公民决定的边防机关负责人，应在被行政驱逐出俄境的外国公民的身份证件上做标注，注明根据1996年8月15日第114号《俄联邦出入境秩序法》第27条第1款第2项的规定禁止其入俄境。

此外，根据俄政府2003年6月9日批准的第335号《关于签证样式及签证办理、颁发、延期、补发、注销程序和条件的条例》规定，边防机关负责人注销被行政驱逐外国公民的签证。

33. 执行行政驱逐外国公民决定的边防机关负责人，自执行上述决定起3日内，按部门法令规定的程序将禁止进入俄境人员的登记信息报给俄安全局相应的下属机构。

同时，执行行政驱逐外国公民决定的信息应通过电子邮件、传真或电传等方式通报俄外交部相关部门以及联邦移民局，以便被行政驱逐的外国公民国籍国或常住国的外交代表机关或领事机构能够获悉此信息。

2008年2月16日俄联邦政府决议批准的《俄联邦国境口岸入境（包括寻求庇护的人）、过境外国公民和无国籍人登记以及进行登记时边防检查机构与移民检查机构协同行动规则》第3条规定的被驱逐的外国公民的信息应在24小时内按边防检察机关规定的程序转给移民管理机构。

俄联邦大陆架法

2016 年 7 月 3 日修订

本联邦法规定俄联邦大陆架的地位、俄联邦在其大陆架上的主权和管辖权,根据俄罗斯宪法、国际法通行原则和规范以及俄联邦国际条约行使管辖权。本联邦法没有规定的有关俄联邦大陆架及其在大陆架上的活动由适用于俄联邦大陆架的其他联邦法律调节。

第一章　总　　则

第 1 条　俄联邦大陆架的定义和界线

俄联邦大陆架(以下称大陆架)包括俄联邦领海(以下称领海)以外的海底和水下区域的底土,是大陆沿岸土地直到大陆外部水下边缘的自然延伸。

大陆水下边缘是俄联邦大陆面积的延伸,包括大陆架表面和底土、大陆上下坡。

大陆架的定义也适用于所有俄联邦岛屿。

大陆架的内部边界是领海的外部边界。

考虑到本联邦法第 2 条的内容,大陆架的外部边界距测量领海宽度的基准线 200 海里,如果大陆的水下边缘外部边界延伸不超过 200 海里。

如果大陆水下边缘延伸超过上述基准线 200 海里,大陆架外部界线与根据国际法规定的大陆水下边缘的外部边界重合。

第 2 条　大陆架的边界

俄联邦与其对岸国家或海岸有重叠的国家之间大陆架的划定根据俄联邦国际条约或国际法规定进行。

第3条　地图和地理坐标清单

大陆架外部边界线或边界替代物、俄联邦政府批准的指明俄联邦国际条约或根据国际法规定确定的主要大地起算数据的坐标点和边界线,标示在规定比例尺的地图上或在"航海者公告"上公布。

大陆架外部边界数据库由俄联邦政府授权的联邦机构建设。

第4条　主要概念

本联邦法使用下列主要概念:

大陆架自然资源是指海底和底土的矿物和其他无生命资源(以下称矿物资源),以及属于"固着种类"的活的机体,即在可捕捞期间处于海底或底土下不动,或身体紧贴海底或底土无法移动(以下称水生物资源)。

本段 2006 年 11 月 4 日失效。

大陆架海洋科学研究(以下称海洋科学研究)是指为了获取发生在海底和底土的自然过程的全面知识而进行的基础或实用研究和为研究而进行的实验工作。

大陆架海洋资源研究(以下称海洋资源研究)是指为勘探大陆架和开发其矿物资源、水生物资源,根据 1998 年 12 月 17 日通过的俄联邦《俄联邦专属经济区法》(以下称俄联邦《专属经济区法》)进行的实用科学研究工作。

有害物质是指落入海中会对人的身体健康造成危险、损害环境,包括海洋环境和大陆架自然资源,恶化休息条件或影响合理利用海水的其他方面的物质,以及根据俄联邦国际条约应该监督的物质。

封存是指任何故意从船舶、其他漂浮物、飞行器、人工岛屿、装置、设施上清除废料或其他物质,以及任何故意销毁船舶和其他漂浮物、飞行器、人工岛屿、装置和设施;属于船舶、飞行器、人工岛屿、装置、设施,或在其正常使用过程中清除废料或其他材料不算作封存,船舶、飞行器、人工岛屿、装置、设施运送废料或其他材料去清除或运往这些船舶、飞行器、人工岛屿、装置、设施的情况除外,在这些船舶、飞行器、人工岛屿、装置、设施上加工这些废料或其他材料的情况也除外;放置材料是其他目的而不是简单的清除,如果这与本联邦法和俄联邦国际条约不矛盾。

人工岛屿是指根据设计文件在俄联邦大陆架建造的固定设施(人工设施结构),它有填冲的、堆积的、加桩的和(或)其他非漂浮支撑底座,在最大潮汐时能露出海平面。

装置、设施是指根据设计文件在俄联邦大陆架建造的固定的或漂浮的(水下)钻探装置(平台)、海洋漂浮(移动)平台、海洋固定平台和其他设施以及水下设施(包括钻井)。

第5条　俄联邦在大陆架的权力

俄联邦在大陆架可行使:

1)勘探大陆架和开发其矿物资源和水生物资源的主权。这是特权,如果俄联邦没有在大陆架勘探,或者没有开发其矿物资源或水生物资源,无俄联邦的同意,任何人不能这样做。

2)可为任何目的允许和调节在大陆架钻探作业的特权。

3)建造、允许和调节建造、使用人工岛屿、装置和设施的特权。俄联邦对人工岛屿、装置和设施行使管辖权,包括海关、财务、卫生和移民法律法规以及涉及安全的法律法规的管辖权。

4)以下管辖权:

海洋科学研究。

因大陆架勘探、矿物资源和水生物资源开发、废料和其他材料封存而保护和维护海洋环境。

铺设和使用俄联邦的水下电缆和管道。

俄联邦遵循经济、贸易、科学和其他利益,按照本联邦法和国际法规则规定的程序在大陆架行使主权和管辖权。

俄联邦在大陆架上的法律不涉及覆盖在其上面的海水和水上领空的法律地位。

俄联邦在大陆架行使主权和管辖权时不妨碍航行和根据国际法通行原则和规范承认的其他国家的权利和自由。

在大陆架上的活动要考虑航行、捕鱼、海洋科学活动、其他合法活动,并要考虑保护和维护海洋环境、矿物资源和水生物资源。

第6条　联邦国家机构对大陆架的管辖权

联邦国家机构对大陆架的管辖权包括:

1)制定和完善俄联邦关于大陆架及其活动的立法;

2)协调联邦国家权力机构针对大陆架及在大陆架上活动、保护俄联邦在大陆架上的合法权利和利益、保护大陆架自然资源的活动;

3)2015年5月2日失效;

4)制定矿物资源使用办法,包括许可证办理办法;

5)2009年12月27日失效;

6）监督合理使用矿物资源和水生物资源及其保护；

7）对工业安全领域进行国家监督；

8）起草联邦矿物资源储量平衡表、用于进行大陆架区域地理研究、地理研究、勘探和开采大陆架矿物资源的大陆架分段登记，以及对相应的工程进行注册；

9）签订产量分成协议；

10）在有矿物资源开发前景和水生物产卵地大陆架个别地段进行限制和海底及底土使用设置特别条件；

11）调节和进行海洋资源研究和海洋科学研究；

12）宣布大陆架个别区域对外国、俄罗斯自然人和法人、外国自然人和法人、主管国际组织进行海洋科学研究封闭，因为上述区域正进行（或计划进行）大陆架勘探和矿物资源及水生物资源开发，并将封闭区域坐标在"航海者公告"上发布；

13）2008 年 1 月 1 日失效；

14）制定水生物资源捕捞权授予办法，包括发放水生物资源捕捞许可证；

15）制定捕捞限制；

16）制定经营或其他航行活动时预防水生物资源死亡措施；

17）建立支付系统，确定利用大陆架自然资源收费额度、条件和支付办法；

18）调节人工岛屿、装置和设施的建造和使用活动；

19）调节和制定铺设水下电缆和管道用于勘探大陆架和开发矿物资源或使用人工岛屿、装置和设施以及迁往俄联邦境内的条件；

20）确定在大陆架铺设水下电缆和管道的路线和条件；

21）调节在大陆架进行的任何目的的钻探工程；

22）进行对大陆架的国家环境鉴定、国家环境监督和国家监测；

23）维护大陆架状况和矿物及水生物资源国家数据库；

24）制定特别环境状况和环境灾难区法律制度，保证石油和非石油物质污染事故发生后迅速消除其后果；

25）制定用于在大陆架封存的废料和其他材料污染物含量的环境标准，禁止在大陆架封存的有害物质、废料和其他材料清单，调节和监督废料和其他材料的封存；

26）保护珍稀和列入俄联邦红皮书的濒临灭绝的水生物资源，预防破坏其生存环境（包括育肥、越冬、繁殖、产卵和迁徙），建立国家自然保护区、国家公

园、国家自然禁猎区和其他特别保护区,包括在"航海者公告"上公布的邻近俄罗斯海岸休息区的区域;

27)保证实施保护大陆架、矿物和水生物资源的措施,阻止违反本法和俄联邦国际条约,追究违法行为责任人的责任;

28)解决关于大陆架及其在大陆架活动的争议;

29)缔结并实施与大陆架及其在大陆架活动有关的俄联邦国际条约;

30)本法和其他联邦法规定的其他权限。

第二章 勘探大陆架、开发其矿物资源

第6.1条 2015年5月2日失效。

第7条 向使用者提供一些区域的大陆架底土

大陆架底土区域(以下称区域)可提供给符合1992年2月21日通过的《地下资源法》第9条第3部分规定要求的人。

向使用者提供这些底土区域的目的是:

进行区域地理研究;

进行地理研究;

进行地理研究、勘探和开发矿物资源;

进行《地下资源法》规定的其他底土使用种类。

这些区域是几何块,其参数在底土使用执照中指明,其中包括海底面积,带边界和底土深度的坐标。

提供使用区域不进行竞拍。

本联邦法、俄联邦《地下资源法》和俄联邦《天然气供应法》调节提供使用区域和区域使用的办法。

符合俄联邦《地下资源法》第9条第3部分规定要求并在联邦目标纲要框架内对区域进行地理研究的用户可以得到联邦预算的补助来进行区域地理研究工作。

第8条 勘探大陆架和开发其矿物资源的特点

底土使用执照(本章以下称执照)由俄联邦政府授权的联邦权力执行机构与俄联邦总统和俄联邦政府确定的联邦权力执行机构协商后或接到上述机构通知后发放。

底土使用者的权利和义务产生日是执照按照俄联邦政府关于底土规定程序进行国家登记之日。

执照及其不可分割的部分和俄联邦政府就底土规定的执照内容要求应包含下列信息：

使用区域环境和水文保障条件,保障措施包括环境状况和污染监测的组织、对环境包括水生物造成损失的预防、减少和赔偿；

预防和处置事故的措施；

工程结束后对装置和设施的保护、涂防锈油和(或)移除的条件；

在结冰条件下使用清除石油和石油产品向海洋泄漏以及在结冰条件下开采大陆架矿物资源的工艺和方法；

根据俄联邦《地下资源法》《城市活动法》规定的设计资料,底土使用者有建造和使用人工岛屿、装置、设施,进行钻探、铺设水下电缆、管道的权利；

如果计划在大陆架特别保护自然区域内进行区域地理研究、地理研究、勘探和开采矿物资源,则禁止发放执照。在大陆架的渔业禁区进行区域地理研究、地理研究、勘探和开采矿物资源,根据俄联邦法律受限或禁止。

底土使用者不能按民法规定的权利转让办法将区域使用权转给第三方。

获得区域的使用者必须做到：

采取技术、水文、卫生和其他措施,遵守适用原则和国际法规则、俄联邦规范性法律文件,包括保护大陆架海洋和自然资源方面的法律；

不间断地与俄联邦岸上机构保持联系,如果有相应的设备,要根据世界气象组织的标准程序在主要国际天气观测时间向最近的俄联邦水文气象中心发送实时气象、水文和高空观测数据。

俄联邦总统和俄联邦政府确定的联邦权力执行机构(本章以下称授权联邦权力执行机构)对使用区域遵守上述条件进行监督。

执照所有人应授权的联邦权力执行机构的要求,须向他们出示必要的文件、对上述机构管辖权内的问题进行解释、为检查执照执行情况提供方便。

授权的联邦权力执行机构应书面通知执照所有人颁发执照的联邦权力执行机构关于检查结果,如有必可要求其停业,并责令提前结束使用区域的权利。

根据产量分成协议,按俄联邦法律来确定区域使用关系的特点。

第9条 在大陆架进行钻探工程

在大陆架进行钻探工程的目的不应违背俄联邦国际条约、本联邦法和其他联邦法律。

进行钻探工程的条件包括：

1）钻探平台和其他所用于钻探设备的类型和技术参数；

2）钻井液和水泥浆符合环保要求的信息；

3）预防、减少环境污染，赔偿对环境包括水生物资源损失的一系列措施；

4）进行钻探和在钻探区域保障航行和运输安全的措施。

如果向执照持有人提供一个区域用于区域地理研究、地理研究、大陆架矿物资源勘探和开采，此执照就赋予了持有人根据俄联邦《地下资源法》规定的设计文件进行钻探的权利。执照上已标明持有人有权进行钻探，则执照持有人和（或）他招来的执行方无须根据本联邦法第16.2条再获取进行钻探的许可证。

发放与区域地理研究、地理研究、开发和开采大陆架矿物资源无关的钻探许可证的程序，由俄联邦政府确定。

第三章　在大陆架捕捞的特点

第10—13条　2006年11月4日失效。

第13.1条　2008年1月1日失效。

第14条　2009年12月27日失效。

第14.1条　在大陆架可以捕捞的种类

在大陆架可以根据2004年12月20日通过的俄联邦《渔业和水生物资源保护法》（以下称《渔业和水生物资源保护法》）及本联邦法进行工业捕捞、科研和检查性捕捞，可进行教学和养殖目的的捕捞，进行商品生产、再生产和水生物资源驯化捕捞。

在《渔业和水生物资源保护法》规定的特殊情况下允许在大陆架近岸进行捕捞。

在大陆架进行近岸捕捞，由俄联邦政府授权的联邦权力执行机构按规定的程序向有在大陆架捕捞水生物资源的人分配海滨捕捞配额。

第14.2条　在大陆架进行工业捕捞的特点

在大陆架进行工业捕捞由按照规定的程序取得在大陆架捕捞水生物资源权的俄罗斯公民和俄罗斯法人实施。

外国公民和外人法人根据俄联邦国际条约在大陆架进行工业捕捞。

第14.3条　在大陆架进行科研和检查目的捕捞的特点

在大陆架进行科研和检查目的的捕捞由科研组织根据水生物资源海洋资源研究年度计划、提供水生物资源利用决定以及上述组织颁发的捕捞水生物资源许可证和根据俄联邦《专属经济区法》颁发的进行海洋资源水生物资源研究许可证进行。

外国公民和外国法人在大陆架进行科研和检查目的的捕捞要根据俄联邦国际条约进行。

第14.4条　在大陆架进行捕捞者的权利和义务

在大陆架进行捕捞者有权对水生物资源进行捕捞,在《渔业和水生物资源保护法》规定的情况下有权接收、加工、转运、运输、保存、卸载捕获的水生物资源,用水生物资源生产鱼和其他产品。

本条第1部分所指的人必须:

1)遵守渔业规定和俄联邦法律规定的其他要求,遵守国家权力机构所颁发的有权捕捞水生物资源和有权进行海洋生物研究许可证规定的捕捞和保护水生物资源的要求;

2)不允许破坏水生物资源生存环境;

3)不允许非法驯化水生物资源;

4)遵守检疫制度的要求;

5)保证保卫机构的负责人能畅通无阻地登船;

6)申请人要保证为保卫机构的负责人提供合适的工作条件;

7)无偿、通畅地向俄联邦总统、俄联邦政府所确定的联邦权力执行机构提供捕捞水生物资源的期限、种类和区域以及水生物捕获量的报告材料,包括卸载到其他船舶或从其他船舶装载的水生物、鱼类产品和其他水生物制品的数量、质量和种类的信息,提供在外国港口卸载或装载捕捞的水生物资源、鱼类产品和其他由水生物资源加工的其他产品的数量、质量和品种;

8)定期与俄联邦岸上机构保持联系,在有相应设备时在主要天气观测时间根据世界气象组织的标准程序向最近的俄联邦无线电气象中心报告实时气象和水文观测数据;

9)根据俄联邦政府授权的联邦权力执行机构规定的形式记录捕捞日志;

10)有专门的识别符号;

11)给捕捞水生物资源定置工具两边贴上标签,写清船舶名称(如是外国船舶,写船主国家名称)、捕捞水生物资源许可证号和捕捞水生物资源工具的顺序号码。

在大陆架捕捞的外国船舶应该:

1)每天用传真或电报向俄联邦总统和俄联邦政府确定的联邦权力执行机构提交每次进入允许捕捞区域和驶离上述区域的信息,必须指明出入经过检查点的情况;

2)每天通知保卫机构捕捞或从其他船舶接收水生物资源时船舶的位置;

3)进行捕捞时必须有保卫机关负责人在场,并在他的监督下进行;

4)保证免费将保卫机关负责人送到捕捞地点并送回,为其提供无线电通信工具,负责保卫机关负责人从上船到离开的吃住开销,与船上指挥(领导)人员同等待遇;

5)用传真或电报每天、每十天、每月向俄联邦政府授权的联邦权力执行机构汇报捕捞结果。

禁止俄罗斯和外国船舶在大陆架以及大陆架以外装、卸或转运水生物捕捞授权许可证和水生物研究许可证未规定的水生物捕获物、鱼产品和其他水生物加工产品。

装、卸或转运水生物捕获物、鱼产品和其他水生物加工产品应有保卫机构负责人在场。

第 15 条 2006 年 11 月 4 日失效。

第四章 在大陆架建造和使用人工岛屿、装置和设施,铺设水下电缆和管道,进行上述工程和钻探工程的特点

第 16 条 人工岛屿、装置和设施

可在大陆架建造人工岛屿、装置和设施的是:

联邦权力执行机构和俄联邦主体权力执行机构、俄联邦自然人和法人(本章以下称俄罗斯申请人);

外国、外国自然人和法人、主管国际组织(本章以下称外国申请人);

有相应执照,根据本联邦法第 16.1 条规定的设计资料在大陆架进行区域地理研究、地理研究、勘探和开采矿物资源的底土使用者;

俄罗斯法人、外国法人、底土使用者经协议请来建造和使用人工岛屿、装置和设施的人(以下称执行方);

俄罗斯申请人、外国申请人和其他根据联邦《产量分成协议法》作为投资人

的其他人。

在大陆架上建造和使用人工岛屿、装置和设施的程序由俄联邦国际条约和本联邦法规定。

人工岛屿、装置和设施不具有岛屿性质，没有领海、专属经济区和大陆架。

人工岛屿、装置和设施周围设立安全区，从人工岛屿、装置和设施每一个外部边缘延伸不超过500米。人工岛屿、装置和设施周围的安全区从在大陆架上开始建造人工岛屿、装置和设施之时设立，清除之后取消安全区。

俄联邦总统确定的联邦权力执行机构在这些区域采取适当措施保障航行、人工岛屿、装置和设施的安全。安全措施的信息在"航海者公告"上公布。

根据俄联邦交通安全方面的法律，作为交通基础设施和（或）交通基础设施的建筑单位的自然人和法人应向负责制定交通方面国家政策和法律调节的联邦权力执行机构报告关于建造人工岛屿、装置和设施，在其周围设立安全区以及全部或部分清除所指人工岛屿、装置和设施深度、地理坐标、大小的人工岛屿、装置和设施的信息，以便在"航海者公告"上发布。人工岛屿、装置和设施周围安全区的边界由负责制定交通方面国家政策、向交通基础设施主体和（或）建筑单位建议确定上述边界的联邦权力执行机构确定。

人工岛屿、装置和设施不能建在公认的对国际航行有重要意义的海路上。

在大陆架上建造和使用人工岛屿、装置和设施的目的可以是：

保障国家国防和国家安全；

区域地理研究；

地理研究、矿物资源勘探和开采；

进行水生物海洋资源研究和进行捕捞；

进行海洋科学研究；

不违反俄联邦国际条约、本联邦法和其他联邦法的其他目的。

第16.1条　进行区域地理研究、地理研究、矿物资源勘探和开采时在大陆架上建造和使用人工岛屿、装置和设施

只要不违反俄联邦国际条约、本联邦法和其他联邦法，就可以在进行区域地理研究、地理研究、矿物资源勘探和开采时，在大陆架上建造和使用人工岛屿、装置和设施。

在进行区域地理研究、地理研究、对大陆架矿物资源勘探和开采时，底土使用执照持有人和（或）他们根据本联邦法第16.2条招来的执行方可建造和使用人工岛屿、装置和设施，如果底土使用和设计文件的执照规定可以建造。人工

岛屿、装置和设施的建造应符合俄联邦《地下资源法》和《城市建设活动法》规定的设计文件,并考虑本联邦法和根据本联邦法制定的规范性法律文件。

在大陆架上进行区域地理研究、地理研究、矿物资源勘探和开采时建造和使用人工岛屿、装置和设施的条件是先要确定:

1)所建人工岛屿、装置和设施的目的和用途;

2)动工时计划使用的船舶和漂浮器的性能;

3)所设计工程的工艺方法和设备;

4)所建造人工岛屿、装置和设施的地理坐标;

5)预防、减少和补偿对大陆架海洋环境和自然资源造成损失的措施,包括建设封闭的供水系统、漂浮或固定污水处理系统和含石油水和其他有害物质的容纳设备;

6)预防和处置事故措施;

7)保障航行和交通安全的措施。

在下列情况下不能在大陆架上进行区域地理研究、地理研究、矿物资源勘探和开采时建造和使用人工岛屿、装置和设施:

1)给国家国防和国家安全造成威胁;

2)不符合大陆架海洋环境和自然资源的保护与维护;

3)计划在大陆架特别保护区建造;

4)对航行安全和运输安全构成威胁。

如果使用底土区域施工的执照和设计文件授予执照持有人建造和使用人工岛屿、装置和设施的权利,则底土使用者(执照持有人)和根据本联邦法第16.2条招来的执行方无须按照本法第18条获得建造和使用人工岛屿、装置和设施的许可证。底土使用者不允许未获许可证在同一地段同时招两个或更多的执行方施工。

第16.2条 底土使用人招人来建造和使用人工岛屿、装置和设施

底土使用者根据本法第16.1条可以依据合同,根据本条的规定招执行方来建造和使用人工岛屿、装置和设施。在此底土使用者要保证对执行方遵守本条规定的合同进行监督。

在建造和使用人工岛屿、装置和设施的施工中,执行方应执行俄联邦国际条约、本联邦法、俄联邦法律的要求,还要满足与执行人签订合同的底土使用者获得的执照上规定的条件。

底土使用者要按照俄联邦政府规定的程序,将建造和使用人工岛屿、装置

和设施执行方的信息提交给俄联邦政府授权的联邦权力执行机构。

第 17 条 在大陆架建造和使用人工岛屿、装置和设施申请的内容和提交

申请在大陆架建造和使用人工岛屿、装置和设施的申请(本条以下称申请)应包含下列内容:

1)建造和使用人工岛屿、装置和设施的申请人和负责人的信息;

2)所建造人工岛屿、装置和设施的目的和用途;

3)在动工建设和使用人工岛屿、装置和设施(本条以下称工程)时计划使用的船舶和其他漂浮设备的信息;

4)所设计工程的技术方法和设备;

5)所建造人工岛屿、装置和设施的地理坐标;

6)双方参与施工的法人和自然人的信息;

7)开工和完工的时间;

8)人工岛屿、装置和设施开始使用和结束使用的时间;

9)环境后果描述,包括海洋环境、矿物和水生物资源;

10)预防或减少对海洋环境和自然资源造成损失的措施,包括建设封闭的供水系统、漂浮或固定污水处理系统和含石油水和其他有害物质的容纳设备;

11)预防和处置事故措施的信息;

12)涉及施工目的、方法和设备的其他信息。

至少在预计开工前 6 个月向俄联邦总统和俄联邦政府授权的联邦权力执行机构提交申请。

外国申请者通过外交渠道提交申请。

第 18 条 建造和使用人工岛屿、装置和设施申请的审理和许可证的发放

俄联邦总统和俄联邦政府授权的联邦权力执行机构:

在收到申请后的 4 个月内向申请者寄送建造和使用人工岛屿、装置和设施的许可证,或通知拒绝发放许可证。

通过俄联邦总统确定的联邦权力执行机构向外国申请者发送申请收悉通知、建造和使用人工岛屿、装置和设施许可证或通知拒绝发放许可证的通知。

收到申请后应与俄联邦总统和俄联邦政府授权的联邦权力执行机构进行协商。

俄联邦总统和俄联邦政府确定的联邦权力执行机构向俄罗斯申请人和外国申请人发放建造和使用人工岛屿、装置和设施许可证。

第 5 部分 2009 年 12 月 27 日失效。

第 19 条　拒绝发放建造和使用人工岛屿、装置和设施许可证的依据

在下列情况下,可能拒绝发放建造和使用人工岛屿、装置和设施许可证:

1)对国家国防和国家安全构成威胁;

2)建造和使用人工岛屿、装置和设施不符合环保要求,包括大陆架海洋环境和自然资源;

3)计划在特别自然保护区或渔业保护区建造和使用人工岛屿、装置和设施;

4)建造和使用人工岛屿、装置和设施直接影响区域地理研究、地理研究、矿物资源勘探或开采或进行捕捞;

5)申请中的信息与建造和使用人工岛屿、装置和设施的目的和用途不符,或之前申请人施工时有对俄罗斯未尽的义务。

第 20 条　建造和使用人工岛屿、装置和设施者的权利和义务

有权建造和使用人工岛屿、装置和设施者可根据获得的许可证和执照,在本联邦法规定的区域内进行上述活动。

禁止违反许可证和执照将人工岛屿、装置和设施转交其他人。

建造和使用人工岛屿、装置和设施的人必须做到:

1)遵守本联邦法和俄联邦国际条约。

2)保证安全区内及其周围警告有人工岛屿、装置、设施和其他航行情况因素的常用设备处于良好状态。为了保证航行安全,被弃的或不再用的人工岛屿、装置、设施要按建造许可证底土使用执照规定的期限清除,如果上面没有期限设置,则按法院决定或俄联邦总统规定的联邦权力执行机构规定的期限清除。

3)保护本联邦法第 42 条所指的联邦权力执行机构负责人在行使权力时可自由出入人工岛屿、装置和设施。

4)定期与俄联邦岸上机构保持联系,在有相应设备时在主要天气观测时间根据世界气象组织的标准程序向最近的俄联邦无线电气象中心报告实时气象和水文观测数据。

此外,外国申请人还必须保证在人工岛屿、装置和设施上有俄罗斯代表、发放建造有人工岛屿、装置、设施许可证的联邦权力执行机构代表,包括对其安置和完全保障,待遇与自己的指挥人员相同,还要保证上述代表可以进出人工岛屿、装置、设施所有的房屋和设施。只有当上述代表在场时,获得许可证的外国申请人才能开始建造和使用工程。

人工岛屿、装置、设施及其所有权应当按俄联邦政府规定的程序进行登记。

第 21 条 暂停或中止建造和使用人工岛屿、装置、设施以及在上面的活动

因违反俄联邦国际条约、本联邦法、其他联邦法而建造和使用人工岛屿、装置、设施,在上面活动,将按法院判决暂停或中止,如果俄联邦国际条约、联邦法没有其他规定。

第 22 条 在大陆架铺设水下电缆和管道

俄罗斯人和外国申请人可以在大陆架铺设水下电缆和管道(以下称铺设水下电缆和管道)。

根据国际法规则,铺设电缆和管道不能影响区域地理研究、地理研究、勘探和开采大陆架矿物资源,不影响捕捞以及之前铺设的电缆和管道的使用和维修,不影响采取措施保护和维护大陆架海洋环境和水生物资源。

如果水下电缆和管道用于区域地理研究、地理研究、勘探和开采大陆架矿物资源,水下电缆和管道的铺设条件、铺设线路由俄联邦政府授权的联邦权力执行机构与俄联邦总统和俄联邦政府授权的联邦权力执行机构协商后决定。如果根据俄联邦《地下资源法》和《城市建设活动定》设计文件,底土使用执照持有人铺设水下电缆和管道,则铺设这些水下电缆和管道无须取得许可证。

如果水下电缆和管道使用目的与勘探大陆架和开发其矿物(包括使用人工岛屿、装置、设施)无关,或通往俄罗斯境内,则俄联邦政府授权的联邦权力执行机构要审议铺设这些电缆和管道的申请,并与本条第 3 部分所指的联邦权力执行机构和俄联邦主体权力执行机构共同协商铺设的条件和路线,然后向俄联邦政府提交可以发放铺设电缆和管道许可证和放发条件的结论或不发放许可证的通知。铺设水下电缆和管道许可证的发放程序由俄联邦政府规定。

关于铺设了水下电缆和管道的信息要通知俄联邦总统确定的联邦权力执行机构,并在"航海者公告"上发布。根据国际法规则,国际保护也适用于这些水下电缆和管道。

第 22.1 条 在大陆架上建造人工岛屿、装置、设施时的土石方开挖

如果在大陆架建造人工岛屿、装置、设施,铺设水下电缆和管道,根据俄联邦《地下资源法》和《城市建设活动法》规定的设计文件,可以进行土石方开挖,不需要再另外申领开挖土石方的许可证。

第 22.2 条 在大陆架进行区域地理研究、地理研究、勘探和开采碳氢化合物原料,以及运输和存储石油和石油产品时使用人工岛屿、装置、设施、水下管道,进行钻探的特点

在大陆架进行区域地理研究、地理研究、勘探和开采碳氢化合物原料,以及运输和存储石油和石油产品时使用人工岛屿、装置、设施、水下管道,进行钻探必须有按本联邦法规定的程序批准的计划,要根据这个计划(以下称石油和石油产品泄漏预防和处置计划)筹划并实施预防和处置石油和石油产品向海洋环境泄漏的措施。

石油和石油产品泄漏预防和处置计划由在大陆架进行区域地理研究、地理研究、勘探和开采碳氢化合物原料,以及运输和存储石油和石油产品时使用人工岛屿、装置、设施、水下管道,进行钻探的企业(以下称使用单位)批准,对石油和石油产品泄漏预防和处置计划要有国家环境鉴定的正面结论,并按俄联邦政府规定的程序通知俄联邦总统和俄联邦政府确定的联邦权力执行机构。

如果石油和石油产品泄漏预防和处置计划是俄联邦《地下资源法》和《城市建设活动法》规定的设计文件的一部分,并有国家环境鉴定的正面结论,则不需要上述计划的国家环境鉴定的正面结论。

对石油和石油产品泄漏的预防和处置计划修改的批准由使用单位按照本联邦法规定的程序进行。

对石油和石油产品泄漏的预防和处置计划内容的要求由俄联邦政府规定,并考虑俄联邦在紧急情况下保护居民和领土方面的法律要求。

如果石油和石油产品泄漏的量太大,预防和消除石油和石油产品泄漏计划不能保证将其消除,则俄联邦总统和俄联邦政府确定的联邦权力执行机构根据使用单位的请求,可按照俄联邦政府规定的程序召集统一的国家预防和消除紧急情况的补充力量和装备(以下称补充力量和装备)来清除石油和石油产品的泄漏。召集补充力量和装备来清除石油和石油产品泄漏的费用按照俄联邦政府规定的程序由使用单位支付。

使用单位在预防石油和石油产品泄漏时必须做到:

1)完成预防石油和石油产品泄漏计划;

2)在自己的活动区域建立海洋环境状况观察系统(包括石油和石油产品泄漏发现系统)、符合俄联邦政府规定要求的石油和石油产品泄漏通讯和警报系统并保障以上系统的正常运行;

3)在区域性地质研究、地质研究、碳氢化合物原料勘探与开发以及石油与石油产品在内海和领海的运输与存储时开始使用人工岛屿、装置和设施、水下管道、进行钻探开始前,就有预防石油和石油产品泄漏计划规定的资金保障,包括能全额赔偿给环境造成危害的、根据俄联邦法律确定的损失,其中包括对水生物资源、公民生命、健康和财产,法人因石油和石油产品泄漏的财产损失。此时使用单位必须通知俄联邦总统和俄联邦政府确定的联邦权力执行机构有预防石油和石油产品泄漏计划规定的资金保障,包括全额赔偿给环境造成危害的损失,其中包括对水生物资源,公民生命、健康和财产,法人因石油和石油产品泄漏的财产损失的资金保障。

4)有自己的事故救援机构和(或)抢险救生部队、常备力量和装备用来预防和消除石油和石油产品泄漏,并能(或)在协议的基础上召集上述事故救援机构和(或)上述事故救援部队。对用于预防和消除石油和石油产品泄漏常备力量和装备的要求由俄联邦总统和俄联邦政府确定的联邦权力执行机构制定。

使用单位拥有以下任意一项文件是保障预防和消除石油和石油产品泄漏的资金保证:

1)支付保障预防和消除石油和石油产品泄漏计划规定活动货币的银行保证,包括全额赔偿对环境的损害,其中包括对石油和石油产品泄漏造成的水生物资源,公民生命、健康和财产,法人财产损失;

2)保证支付预防和消除石油和石油产品泄漏计划规定活动资金的保险协议,包括全额赔偿对环境的损害,其中包括对石油和石油产品泄漏造成的水生物资源,公民生命、健康和财产,法人财产损失;

3)证明使用单位成立了储备基金的文件,包括用于预防和消除石油和石油产品泄漏计划规定活动的资金,包括全额赔偿对环境的损害,其中包括对石油和石油产品泄漏造成的水生物资源,公民生命、健康和财产,法人财产损失;

用于预防和消除石油和石油产品泄漏计划规定活动的资金计算方法由俄联邦政府确定的联邦权力执行机构制定和批准,包括全额赔偿对环境的损害,其中包括对石油和石油产品泄漏造成的水生物资源,公民生命、健康和财产,法人财产损失。

在出现石油和石油产品泄漏时,使用单位应:

1)保证按俄联邦政府规定的程序通知俄联邦总统和俄联邦政府确定的联邦权力执行机构、与石油和石油产品泄漏区相邻地区的俄联邦主体权力执行机构、地方自治机构关于石油和石油产品泄漏的事实;

2)保证根据预防和消除石油和石油产品泄漏计划组织和进行石油和石油产品的隔绝和清除工作;

3)采取措施保护使用单位人员的生命和健康以及直接处于石油和石油产品泄漏区的人员,在必要情况下对他们进行疏散;

4）采取措施保护和维护海洋环境和水生物资源；

5）按照俄联邦政府规定的程序请求俄联邦总统和俄联邦政府确定的联邦权力执行机构派遣补充力量和装备清除石油和石油产品的泄漏；

6）全额赔偿对环境的损害，其中包括对石油和石油产品泄漏造成的水生物资源，公民生命、健康和财产，法人财产损失，以及召集补充力量和装备清除石油和石油产品活动的花费。

俄联邦总统、俄联邦政府确定的联邦权力执行机构应：

1）按俄联邦法律规定的程序检查使用单位对俄联邦国际条约、本联邦法、其他联邦法律以及根据这些法律通过的其他俄联邦规范性法律文件规定的预防和消除石油和石油产品泄漏强制要求的执行情况。

2）在发现石油和石油产品泄漏事实，得到使用单位关于泄漏事实的通知以及在清除这些泄漏时，协调其他联邦权力执行机构、俄联邦主体权力执行机构、地方自治机构和组织的行动。

3）协调和监督使用单位和其他被使用单位召集来清除泄漏的法人和公民清除石油和石油产品泄漏的行动。

4）如果石油和石油产品泄漏量大，按石油和石油产品泄漏预防和处置计划无法将其清除，根据使用单位的申请，按照俄联邦政府规定的程序吸引补充力量和装备来实施清除石油和石油产品泄漏措施。

如果使用单位来进行与使用人工岛屿、装置、设施、水下管道，进行钻探有关的工程，底土执照持有者对损害环境负次要责任，包括石油和石油产品泄漏对水生物、公民生命、健康、财产和法人财产造成的损失。

第五章　海洋科学研究

第 23 条　进行海洋科学研究的原则、进行海洋科学研究申请的内容和提交

海洋科学研究应该具有绝对的和平性，包括不应对俄联邦国防和安全构成威胁。

海洋科学研究实施的主体是：

联邦权力执行机构和俄联邦主体权力执行机构、俄罗斯自然人和法人（本章以下称俄罗斯申请人）；

外国和主管国际组织,以及外国和主管国际组织授权的外国公民和外国法人(本章以下称外国申请人)。

进行海洋科学研究的规则,包括提交海洋科学研究申请的程序(本章以下称申请),以及对此做决定,均由俄联邦政府根据俄联邦国际条约和本联邦法制定。

计划进行海洋科学研究的俄罗斯申请人,进行海洋科学研究年开始前不少于6个月向俄联邦政府授权的联邦权力执行机构提交申请。

计划进行海洋科学研究的外国申请人须通过外交途径在预计开始海洋研究日期前不少于6个月向俄联邦政府授权的联邦权力执行机构寄送申请。

申请(外国申请人要用俄语和申请人国家语言书写)应该包括:

海洋科学研究性质和目的的信息;

海洋科学研究计划,包括上述研究方法和手段描述、技术参数、名称、吨位、类型、船级、水下载人和不载人仪器、飞行器、其他用于进行海洋科学研究的交通工具;

计划进行海洋科学研究的地理坐标、进出指定区域的路线、登陆时间和地点;

预计第一次到达进行海洋科学研究区域的日期和最后一次离开该区域的日期,如果有自动安装科学仪器,则安装和清除科学仪器的日期;

进行海洋科学研究主管组织的名称;

进行海洋科学研究负责人(考察队队长)信息;

计划进行海洋科学研究可能对环境的影响信息,包括大陆架海洋环境和自然资源;

遵守进行海洋科学研究许可证所指的、保证在研究过程中使用的技术手段(包括技术参数)与申请中所指技术手段(包括技术参数)相符条件的义务。

俄罗斯申请人在进行海洋科学研究计划规定的各种活动时,要提交经公证的执照复印件,如果上述海洋科学研究有外国公民、外国法人或国际组织参加,则他要在申请中附上这些人参加的形式和程度。

外国申请人在自己的申请中还应提交参加海洋科学研究的俄罗斯公民和俄罗斯法人的所有参加形式和参加程度信息。

申请进行海洋科学研究许可证时,可能会要求俄罗斯和外国申请人关于海洋科学研究的补充信息。这时申请审理的期限从俄罗斯或外国申请人提交补充信息之日算起。

在大陆架安置和使用任何类型的科研装置和设备,除直接用于进行大陆架海洋环境和自然资源研究的,以及保障俄罗斯国防和安全的,都要按照本联邦法规定的程序进行海洋科学研究,此时这些装置和设备应携带指明所属注册国或管辖国际组织名称的识别标志,还要考虑主管国际组织的规范和标准,有必要的、符合国际规则的预防手段,以保证海洋航行和空中飞行安全。

所进行的海洋科学研究区域哪怕部分位于俄罗斯内海或领海,都应按照1998年7月31日通过的《俄联邦内海、领海和毗连区法》规定的程序进行。

第24条　申请审理程序

俄联邦政府授权的联邦权力执行机构在收到申请后不迟于4个月向俄罗斯或外国申请人寄送进行海洋科学研究的许可证或通知:

1)不同意进行海洋科学研究;

2)申请提交的信息与进行海洋科学研究的性质、目的不符;

3)根据本联邦法第23条,必须提交所计划海洋科学研究的补充信息。

向外国申请人寄送本条第2部分规定的进行海洋科学研究的许可证或通知,由专门授权的联邦权力执行机构通过外交渠道。

向俄罗斯申请人颁发进行海洋科学研究的许可,或者将其列入海洋科学研究年度计划,或者用专门的程序。审理上述计划的形式、内容和程序,以及向俄罗斯申请人颁发许可证的专门程序由本联邦法第23条所指的规定实施。

俄联邦政府授权的联邦权力执行机构在与俄联邦总统、俄联邦政府授权的联邦权力执行机构协商后颁发进行海洋科学研究的许可证。

如果俄联邦政府授权的联邦权力执行机构在指定的期限没寄送相应的许可证或通知,则外国申请人可以在申请规定的期限进行海洋科学研究,但从寄送申请或补充信息日起不早于6个月结束。

第25条　拒绝颁发进行海洋科学研究许可证的依据

如果对这些研究的绝对和平性质产生疑问,以及有下列情况,拒绝向俄罗斯和外国申请人发放进行海洋科学研究的许可证:

1)对国家国防和国家安全构成威胁;

2)不符合保护环境的要求,包括对大陆架海洋环境和自然资源的保护和维护;

3)与区域地理研究、地理研究、勘探和开采大陆架矿物、在大陆架进行捕捞有关;

4)包括在大陆架建造和使用人工岛屿、装置、设施、钻探,使用爆炸物、气动装置；

5）阻碍俄罗斯在大陆架行使主权和管辖权；

6）与申请人提交的海洋科学研究的性质和目的不可信或不准确信息有关；

7）俄罗斯和外国申请人在之前进行的海洋科学研究中有对俄罗斯未尽的义务。

根据本条第 1 部分第 3 项，如果俄罗斯或外国申请人要进行的海洋科学研究位于领海测量宽度基准线 200 海里以外的大陆架，则不可能拒绝发放许可证，俄罗斯政府宣布正在进行或将要进行大陆架勘探、矿物资源和水生物资源开发的区域除外。这些区域的信息会发布到"航海者公告"上。

第 26 条 主管国际组织进行海洋科学研究获取许可证的特点

如果俄罗斯作为主管国际组织的成员或根据双边协议与这个组织一起同意了该组织提交的进行海洋科学研究的计划，或表示愿意参加这些研究，而俄联邦政府授权的联邦权力执行机构在收到这个组织通知进行上述研究的期限后 4 个月内没有表示反对，则主管国际组织在通知所指期限结束后可以根据本联邦法和俄联邦国际条约开始进行海洋科学研究。

第 27 条 进行海洋科学研究的俄罗斯和外国申请人的义务

获得进行海洋科学研究许可证的俄罗斯和外国申请人应该：

遵守俄联邦国际条约和本联邦法；

一有可能，便向进行海洋科学研究许可证上指定的联邦权力执行机构提交初步研究报告，研究完成后提交最终报告；

一有可能，便向许可证上指明地点的俄联邦国家数据库提交气象、水文、水文化学、水文生物观察、环境状况、环境污染观察数据复印件以及海洋科学研究许可证上规定的其他观察的复印件；

定期与俄罗斯岸上机构保持联系；

在完成海洋科学研究计划过程中，有任何改变都应立即通知许可证上指明的联邦权力执行机构；

如果研究船舶、飞行器、装置和设施上有必要的仪器，应按世界气象组织的标准程序在主要国际观测时间通过岸上的无线电中心（海岸无线电台）向最近的俄罗斯水文气象中心报告气象、水文和高空气象实时观测数据，如果进行海洋科学研究许可证规定要进行这些观测。还要将发现的海洋环境被石油、有毒物质、垃圾及污水污染的情况进行报告；

不对在俄罗斯内海和领海进行的活动造成干扰；

完成海洋科学研究后,如果进行研究的许可证没有别的规定,须清除装置、设施和设备。

俄罗斯和外国申请人必须保证俄联邦代表参加海洋科学研究,具体来说是指在研究船、飞行器、装置和设施及考察队岸上驻扎地要安排并完成保障他们的食宿,待遇与自己领导(指挥人员)等同,还要保证俄联邦上述代表能接触到科研过程中获得的所有数据和样本,能复印的资料和能分割而不损害其科研价值的样本都要向他们提交。派遣参加海洋科学研究的俄罗斯代表的程序、其权限由本联邦法第 23 条第 3 部分规定的进行海洋科学研究规则确定。

第 28 条　海洋科学研究成果的移交和公布

在研究完成后,海洋科学研究结果获得的所有资料,在加工和分析后,包括最终成果和结论,俄罗斯和外国申请人都应移交给俄联邦国家数据库,其地址已在进行海洋科学研究许可证上注明。俄罗斯和外国申请人应将移交证明寄给进行海洋科学研究许可证上指明的联邦权力执行机构。

进行了海洋科学研究并将所有获得的数据移交给俄罗斯的外国申请人,要保证国际社会能通过国家或国际渠道获得研究结果,涉及本联邦法第 25 条第 1 部分第 1 款所列信息除外。这些信息需获得俄联邦政府同意才能公布。

第 29 条　海洋科学研究计划的改变

只有在与俄联邦政府授权的联邦权力执行机构协商后,才能改变海洋科学研究计划。如果俄联邦政府授权的联邦权力执行机构确定收到了计划改变的通知,至收到通知后的 60 天内没表示反对,则改变被认为是协商过的。

第 30 条　海洋科学研究的暂停或中止

所进行的海洋科学研究破坏了俄联邦国际条约和本联邦法则可能根据发放许可证的联邦权力执行机构、保护机构或本联邦法第 27 条第 2 部分所指的特别授权的俄罗斯代表的决定暂停或根据发放许可证的联邦权力执行机构的决定中止。

在下列情况下海洋科学研究可能会被暂停:

海洋科科学研究计划进行了修改,与按本联邦法第 23 条提交的申请信息或本联邦法第 26 条的通知信息不同;

申请人没遵守对俄联邦的义务。

只有在规定的期限内消除了破坏并向相应的联邦权力执行机构或本联邦法第 27 条第 2 部分指定的、发现并做出决定中止海洋科学研究的俄联邦代表提交消除破坏所用措施和预防类似破坏的措施后,才能恢复暂停的海洋科学研究。

在下列情况下立即中止海洋科学研究：

开展上述研究没有许可证(本联邦法第24和26条规定的情况除外)；

俄罗斯和外国申请人在规定期限内没有消除被暂停研究的破坏就恢复了被暂停的海洋科学研究。

第六章　大陆架海洋环境、自然资源的保护和维护，废料和其他材料的封存

第31条　大陆架的国家环境鉴定

大陆架的国家环境鉴定(以下称国家环境鉴定)：

是环境保护的强制性措施，包括保护大陆架海洋环境和维护自然资源；

由俄联邦政府授权的联邦权力执行机构根据俄联邦法律执行；

为在大陆架进行生产和其他活动提供依据的所有证件和(或)文件都要进行国家环境鉴定。在大陆架进行所有生产活动都必须有国家环境鉴定的正面结论。

国家环境鉴定的对象是与大陆架区域地理研究、地理研究、矿物勘探和开采，捕捞，建造和使用人工岛屿、装置、设施，铺设水下电缆、管道，进行钻探、封存废料和其他材料，以及为在大陆架进行生产和其他活动提供依据的联邦计划项目、其他证件和(或)文件。

国家环境鉴定的对象还有本联邦法第22.2条所规定的预防和处置石油和石油产品泄漏计划。如果上述计划是俄联邦《地下资源法》和《城市建设法》设计文件规定的一部分，已有国家环境鉴定的正面结论，则上述计划不要求获得单独的国家环境鉴定正面结论。

第32条　在大陆架的国家环境监督

在大陆架的国家环境监督是指一系列预防、查清和中止破坏俄联邦国际条约和俄联邦环境保护方面法律的措施。

在大陆架的国家环境监督由授权的联邦权力执行机构在履行俄联邦法规规定的程序实施联邦国家环保监督中实施。

第33条　大陆架国家环境监测

大陆架国家环境监测(以下称国家监测)是国家环境监测(以下称国家环境

监测)的一部分,它是一系列对海洋环境定期观察的机制,包括海洋环境和海底沉积物,其中包括对化学和放射性污染的指标,对微生物和水生物参数及其在自然和人为因素影响下发生变化的观察。

国家监测由俄联邦政府授权的联邦权力执行机构根据俄联邦法律实施。

第 34 条　在大陆架封存废料和其他材料

只允许根据本联邦法,在保证能对所封存的废料和其他材料限定区域的情况下,在大陆架封存废料和其他材料。

在大陆架进行废料和其他材料的封存要依据俄联邦政府授权的联邦权力执行机构颁发的许可证,与俄联邦总统和俄联邦政府确定的联邦权力执行机构协商后,或有上述机构的通知,以及有与预计进行封存的大陆架相邻的俄联邦主体的通知。

颁发在大陆架封存废料和其他材料的许可证前,要先进行国家环境鉴定。

第 35 条　获得在大陆架封存废料和其他材料许可证申请的提交和内容

与在大陆架封存废料和其他材料有关的联邦权力执行机构、俄联邦主体权力执行机构、俄罗斯自然人和法人(本章以下称俄罗斯申请人)应在计划进行封存年度提前至少 3 个月将在大陆架封存废料和其他材料的许可证申请书(本章以下称申请书)寄到俄联邦政府授权的联邦权力执行机构。

外国、外国自然人和法人(本章以下称外国申请人)在大陆架封存废料和其他材料必须有有关外国与俄罗斯签订的国际条约。外国申请人应在计划进行封存年度提前至少 6 个月将在大陆架封存废料和其他材料的许可证申请书通过外交渠道寄给俄联邦政府授权的联邦权力执行机构。

俄联邦政府授权的联邦权力执行机构应在收到申请书后的 10 天内向俄罗斯和外国申请人发送收到申请正在审议的通知。

申请书应包含:

1)申请人名称和正式地址;

2)负责封存废料和其他材料负责人的信息;

3)废料和其他材料的名称;

4)废料和其他材料的特性和成分:

预计封存废料和其他材料的总数以吨计(其他测量单位)和封存废料和其他材料数量的平均指标(比如一年);

状态(固体、液体、气体或残渣);

性质(物理、化学、生物化学和生物);

毒性；

稳定性(物理、化学和生物)；

生物材料和沉淀中的淤积和生物变化；

发生物理、化学和生物变化的趋势,以及在海洋环境中与其他融解的有机和无机物发生作用的趋势；

对海产品、水生物资源染色或其他降低商品质量的可能性；

5)封存地和封存方法的特性：

封存地的坐标、深度、与海岸的距离；

与休养区、大陆架勘探、开采矿物和水生资源的关系；

每天、每十天、每月计划封存废料和其他材料的数量；

包装和运输方法；

使用建议的封存法后的初始浓度；

扩散性能(海流、潮汐、风对水平移动和垂直融合的影响)；

水的性质(温度,密度,盐度,层理,污染酸性指标,有机和矿物氮、悬浮物和营养物含量,生产率)；

海底性质(地貌、沉降物的地球化学和地质参数、生物产量)；

海底封存区域其他封存的影响(重金属数据和有机碳的数据)；

6)总条件：

对休息区可能的影响(有漂浮物、混浊度、难闻的气味、脱色、起泡)；

对环境可能的影响,包括对海洋环境、大陆架自然资源和捕捞活动；

对利用海洋的其他活动的可能影响(工业用水质量恶化、对设施的海洋磨蚀、因漂浮物影响航行、因废料和其他材料在海底的积累影响航行或捕捞、保护对科研有重要意义的区域出现的问题)；

7)不能或不适宜在陆地利用和封存废料和其他材料的根据；

8)希望封存废料和其他材料的时间段；

9)预计用于运送废料和其他材料到封存区的交通工具种类(类型)、封存废料和其他材料的方法。

俄罗斯和外国申请人还可能被要求提交关于申请的废料和其他材料的补充信息。这时申请审理的期限从申请人提交补充信息之日算起。

俄联邦政府授权的联邦权力执行机构在收到申请后的6个月内向俄罗斯和外国申请人寄送在大陆架封存废料和其他材料的许可证或拒绝封存的通知。向外国申请人寄送在大陆架封存废料和其他材料的许可证或拒绝封存的通知要通过俄联邦政府确定的联邦权力执行机构。

第 36 条　拒绝颁发在大陆架封存废料和其他材料的许可证的依据

在下列情况下，可能会被拒绝颁发大陆架封存废料和其他材料的许可证：

封存已造成或将对国防和国家安全构成威胁；

封存不符合保护环境的要求，包括保护和维护大陆架海洋环境和自然资源；

提交获得封存废料和其他材料许可证的申请违背了本联邦法的要求或含有不可信信息；

俄罗斯或外国申请人没提交或无法提交拥有专业人员的证明或保证，以及拥有必要的资金来进行环境安全的废料和其他材料封存；

俄罗斯或外国申请人之前违反过本联邦法或俄联邦国际条约；

俄罗斯或外国申请人在之前进行的废料和其他材料封存活动中有对俄罗斯未尽之义务。

可能有因其他适用于大陆架的联邦法律规定的依据而拒绝颁发废料和其他材料封存许可证。

第 37 条　获得在大陆架封存废料和其他材料许可证的俄罗斯和外国申请人的权利和义务

获得在大陆架封存废料和其他材料许可证的俄罗斯和外国申请人有权根据所获得的许可证，并只能在俄联邦政府授权的联邦权力执行机构全权负责人在场的情况下进行封存。

俄罗斯和外国申请人必须做到：

遵守在大陆架封存废料和其他材料许可证上的要求；

在整个废料和其他材料封存期间必须保证接俄联邦政府授权的联邦权力执行机构全权负责人上船、飞行器、人工岛屿、装置和设施，要安排并保障他们的食宿，待遇与自己领导（指挥人员）等同；

要保证保护机关负责人能登上船舶、飞行器、人工岛屿、装置和设施，并向上述人员提供文件、场所以及用于封存的废料和其他材料以便检查；

定期与俄罗斯岸上机构保持联系并按世界气象组织的标准程序在主要国际观测时间向最近的俄罗斯水文气象中心报告气象、水文和高空气象实时观测数据。

第 38 条　在大陆架暂停或中止废料和其他材料封存的依据

在大陆架暂停或中止废料和其他材料封存，如果违反了本联邦法和俄联邦国际条约,根据法院决定可能会被暂停或中止。

如果无法消除破坏,应当立即中止废料和其他材料的封存。

俄联邦政府授权的联邦权力执行机构应在最短的时间内通知俄罗斯和外国申请人关于暂停或中止封存废料和其他材料(对外国申请人通过俄联邦总统确定的联邦权力执行机构),并附上暂停或中止封存的原因。

第39条　海上事故

如果在大陆架发生撞船、搁浅,在大陆架勘探或开采矿物或水生资源,或运输从大陆架开采的矿物或水生资源等海上事故,或发生在覆盖大陆架的水中的海洋事故,或者消除这些事故的行动造成或将要造成严重的后果,俄联邦政府为保护俄联邦海岸或与之相关的利益(包括捕捞)不受污染的威胁而根据国际法规范有权采取必要的、与实际损失或威胁损失相称的措施。

第七章　使用大陆架经济关系的特点

第40条　使用大陆架自然资源的收费

使用大陆架自然资源、在大陆架封存废料和其他材料者根据俄联邦法律要交税、费用和其他强制性收费。

**第41条　** 2009年12月27日失效。

第八章　本联邦法执行的保障

第42条　保护机构

为了维护、保护和合理利用俄罗斯的经济和其他合法权益,由俄联邦总统和俄联邦政府确定的联邦权力执行机构负责保护大陆架、其矿产资源和水生物资源。

由俄联邦总统确定的联邦权力执行机构协调各保护机构的力量使用。

保护机构负责人在履行自己的职责时应遵循本联邦法和俄联邦国际条约,以及其他法律和其他俄联邦规范性法律文件。

保护机构负责人在履行自己的职责时应有相应的工作证件。保护机构负责人在自己职权范围内下达的命令在大陆架活动的俄罗斯自然人和法人、外国自然人和法人以及外国和主管国际组织的代表必须执行。

俄罗斯军舰、飞行器、其他国家船舶和飞行器悬挂授予的旗帜、信号旗和识别符号执行保护大陆架的任务。

第 43 条　保护机构负责人的权利

保护机构负责人在履行自己的职责时有权：

1）拦截和检查正在进行以下活动的俄罗斯和外国船舶和其他漂浮物（以下称船舶）、人工岛屿、装置和设施：

大陆架区域地理研究、地理研究、勘探和开采矿物资源；

捕捞；

海洋资源和海洋科学研究；

封存废料和其他材料；

在大陆架上的其他活动。

2）检查船舶、人工岛屿、装置和设施上有权进行本条第 1 部分条 1 项活动的文件。

3）如果有本联邦法和俄联邦国际条约规定的情况，则：

本段删除；

扣押违反本联邦法和俄联邦国际条约者，并没收其捕捞水生物资源工具、设备、仪器、装置和其他物品，以及证件和所有非法所得；

追踪并扣押进行本条第 1 部分条 1 项所指活动的违法船，将其交到最近的俄罗斯港口（外国船舶交到对外国船舶开放的港口之一）；

根据俄联邦法律对违法者罚款并将实施违法的材料递交俄罗斯法院。

4）拦截船舶，如果有足够的依据认为这些船舶在大陆架进行非法封存废料和其他材料。可以要求被拦截的船长提供信息，以便确定是否构成违法，而船舶可以检查，并起草检查纪要，如果有足够的证据，随后可以扣押。

5）在拦截或中止本条第 1 部分第 1 项活动，扣押违法者和船舶，没收捕捞工具、设备、仪器、装置和其他物品以及证件和所有非法所得时要起草违反本联邦法和俄联邦国际条约的纪要。

6）如果保护机构负责人生命受到直接危险，可对违反本联邦法和国际条约者使用武器，击退其进攻，中止其反抗。

保护国家安全的联邦权力执行机构的军舰和飞行器可以对违反本联邦法和俄联邦国际条约的船舶使用武器，以回击对方使用武力，在跟踪追击的极端情况下，如果在当时情况下穷尽所有措施也未能中止犯罪和扣押违法者，可使用武器。使用武器前应明确表示将使用武器并进行警告性射击。使用武器的程序由俄联邦政府规定。

如果船舶在大陆架违反了本联邦法或俄联邦国际条约,则保护机构负责人对到达俄罗斯领海或内海的这些船舶享有本联邦法规定的权力。

第44条 对保护机构的协助

俄联邦总统和俄联邦政府确定的联邦权力执行机构在完成自己主要任务的同时,要通过使用军舰、船舶、其他漂浮物、岸上岗哨和其他手段以及飞行器履行自己职责时,观察大陆架的活动,协助保护机构。

俄罗斯的军舰(船舶、其他漂浮物)、飞行器的指挥人员(船长)和负责人工岛屿、装置和设施以及岸上岗哨和其他装备的负责人,要向保护机构通报发现在“航海者公告”上没公布的军舰、船舶和其他漂浮物、装置和设施。这种消息可通过相应的调度服务机构免费传送。

在大陆架活动的俄罗斯自然人和法人要按照保护机构的要求无偿报告自己船舶、其他漂浮物、人工岛屿、装置和设施的位置和行动。

第45条 对保护机构工作人员的物质激励

对保护机构工作人员的物质激励可包括:

第2-3段2004年8月22日失效;

制定保护大陆架及其矿物资源和水生物资源特殊条件的职务津贴和其他津贴;

对发现违反本联邦法和俄联邦国际条约的情况实施奖励;

物质激励要受联邦法律的保障。

第46条 本联邦法的责任

根据俄联邦法律,违反本联邦法律者应追究其责任。

追究违反本联邦法者的责任,不能免除其根据俄联邦法规规定的程序赔偿所造成损失的义务。

第47条 争议的解决

自然人与自然人之间、法人与法人之间、法人与自然人之间因在大陆架行使自己权利和履行义务时所产生的争议根据行政法或在俄罗斯法院解决。

俄联邦和外国之间关于在大陆架行使自己的权利和履行义务时所产生的争议,应根据俄联邦国际条约和国际法规则利用和平手段解决

国家和投资人之间就使用大陆架产品分配条件问题的争议,根据上述协议的条件解决。

第 48 条　执行本联邦法的国家检查(监督)

对本联邦法规定要求的国家检查(监督)由授权联邦权力执行机构根据俄联邦法律在自己职权范围内执行。

第 49 条　本联邦法生效的时间和程序

本联邦法自公布之日起生效。

为实施本联邦法,俄联邦政府应通过必要的规范性法律文件。

俄联邦总统　叶利钦

1995 年 11 月 30 日

莫斯科　克里姆林宫

俄联邦专属经济区法

2016 年 7 月 3 日修订

本联邦法确定俄联邦专属经济区的地位、俄联邦在其专属经济区的主权和管辖权,并根据俄联邦宪法、国际法通用原则和规范以及俄联邦签署的国际条约对专属经济区实施管辖。本法未规定的属于俄联邦专属经济区及其在专属经济区活动的问题由适用于俄联邦专属经济区及其在专属经济区内活动的其他联邦法律调节。

第一章 总 则

第 1 条 俄联邦专属经济区的定义和界线

1. 俄联邦专属经济区(以下称专属经济区)是指位于俄联邦领海(以下称领海)之外并与之毗邻的海洋地区,它有特殊的由本法、俄联邦国际条约和国际法规范所规定的法律制度。

专属经济区的定义也适用于俄联邦的所有岛屿,不适合人生存或进行独立经营活动的岩礁除外。

2. 专属经济区的内部边界是领海的外部边界。

3. 专属经济区的外部边界从测算领海宽度的基线量起延至 200 海里,如果俄联邦国际条约没有其他规定。

第 2 条 专属经济区的划定

俄联邦与外国海岸相对或者重叠的专属经济区的划定,按照俄联邦国际条约或国际法通用原则和规范划定界限。

第 3 条　地理坐标图和清单

1. 专属经济区或替代专属经济区的外部边界线、俄联邦国际条约或在国际法通用原则和规范基础上确定并由俄联邦政府批准的指明大地测量主要数据和分界线的地理坐标应标在规定比例的地图上并在"航海者公告"上公布。

2. 关于专属经济区外部边界的数据库,由俄联邦政府特别授权的联邦权力执行机构建立。

第 4 条　主要概念

1. 本法使用下列主要概念:

专属经济区自然资源是指处于海底之上的水中、海底及其海洋地下的水生物资源和无生命资源;

专属经济区水生物资源(有生命资源)(以下称水生物资源)是指处于自然生长状态的鱼类、水中无脊椎动物、水中哺乳动物、藻类和其他水中动植物,海底和海洋地下"固着种类"活的机体除外,对其使用由 1995 年 11 月 30 日通过的《俄联邦大陆架法》调节;

专属经济区无生命资源(以下称无生命资源)是指海底之上的水中矿物资源,包括水中的化学成分及化合物,涨潮、水流和风力的能量,及其他可能的无生命资源种类;

第 5—9 段于 2009 年 12 月 27 日失效。

本段于 2006 年 11 月 4 日失效。

在专属经济区进行海洋科学研究(以下称海洋科学研究)是指为了获取发生在海底、海洋地下、隔水层及大气中自然过程的全面知识进行的基础和实用研究,以及为进行这些研究而做的实验工作;

专属经济区海洋资源研究(以下称海洋资源研究)是指为勘探、开发和保护专属经济区的自然资源而进行的实用科学研究;

有害物质是指落到海洋环境中就会对人的健康造成危害、损害环境包括海洋环境和专属经济区自然资源、恶化休息条件或影响其他合法使用海洋的活动,以及根据俄联邦国际条约属于受检查的物质;

排泄有害物质或包含有害物质的废水(以下称排泄有害物质)是指不论任何原因从船舶和其他漂浮物(以下称船舶)、飞行器、人工岛屿、设施和设备进行的任何排泄,包括泄露、清除、溢出、渗流、汲出、排出和排空。排泄有害物质不包括勘探、开发和与此有关的在俄联邦大陆架海洋对矿物资源直接加工过程中释放的有害物质,也不包括为治理污染或检查污染而进行合法科研活动而排泄的有害物质；

海洋环境污染是指人直接或间接将物质或能量带入海洋环境,造成或可能造成下列极为有害的后果,如危害水生物资源和海上生命,对人的健康造成危险、影响海上活动,包括捕鱼和其他使用海洋的合法活动、降低所用海水的质量、使休息条件恶化；

封存是指任何故意从船舶、飞行器、人工岛屿、设备和装置上清除废料和其他物质,任何故意销毁船舶、飞行器、人工岛屿、设备和装置;船舶、飞行器、人工岛屿、设备和装置正常使用而排出的废物或其他物质不算封存,船舶、飞行器、人工岛屿、设备和装置用于清除上述物质或向这些船舶、飞行器、人工岛屿、设备和装置运送上述物质所运输的废物和其他物质除外,在船舶、飞行器、人工岛屿、设备和装置上处理这些废物或其他物质的结果除外;不是普通的清除而是为其他目的放置物质,如果不违反本法和俄联邦国际条约,算作封存。

人工岛屿是指根据设计文件在俄联邦专属经济区建造的固定设施(人工设施结构),它有填冲的、堆积的、加桩的和(或)其他非漂浮支撑底座,在最大潮汐时能露出海平面；

设施、装置是指根据设计文件在俄联邦专属经济区建造的活动的或固定的钻探装置(平台)、海洋漂浮(移动)平台、海洋固定平台和其他设施以及水下设施(包括钻井)。

2. 2009 年 12 月 27 日失效。

第 5 条 俄联邦在专属经济区的权力

1. 俄联邦在专属经济区可行使:

1)勘探、开发和保护水生物资源和无生命资源的主权、对这些资源的管理权以及从事经济勘测和专属经济区开发其他活动种类的权力。

2)勘探海底及其海洋地下、开发矿物和其他无生命资源,开发海底和海洋地下"固着种类"水生物资源的主权。根据 2004 年 12 月 20 日通过的俄联邦《地下资源法》、俄联邦《渔业和水生物资源保护法》、俄联邦《大陆架法》和其他适用于专属经济区及其活动的联邦法进行地理研究、对海底和海洋地下矿物和其他无生命资源进行寻找、勘探和开发,对"固着种类"水生物资源进行开发。

3)对任何目的在海底和海洋地下进行钻探具有允许和调节的特权。根据俄联邦《大陆架法》可进行任何目的的钻探。

4)建设以及允许和调节建造、使用、利用人工岛屿、装置和设施的特权。俄联邦对这些人工岛屿、装置和设施享有管辖权,包括对海关法、财政法、卫生法和移民法律法规,以及涉及安全的法律法规享有管辖权。根据俄联邦《大陆架法》在专属经济区建造、使用和利用人工岛屿、装置和设施。

5)对下列活动的管辖权:海洋科研活动;保护和保持海洋环境不受各种污染;俄罗斯铺设和使用海底电缆和管道,以及外国根据俄联邦《大陆架法》在专属经济区铺设海底电缆和管道。

6)俄联邦国际条约规定的其他权利和义务。

2. 俄联邦出于经济、贸易、科研和其他利益,按照本法和俄联邦国际条约确定的程序在专属经济区行使主权和管辖权。

3. 俄联邦专属经济区行使主权和管辖权时不得阻碍国际法通用原则和规范承认的国家的航行、飞行和其他权利和自由。

4. 2009 年 12 月 27 日失效。

第 6 条　其他国家在专属经济区的权利和义务

1. 所有国家在专属经济区都可享有航行、飞行、铺设水下电缆和管道的自由,以及从国际法角度看与船舶、飞行器、水下电缆和管道使用自由有关的其他合法使用海洋的权利。

2. 上述自由行使权利的条件是遵守本法和俄联邦国际条约,以及保护环境,包括专属经济区海洋环境和自然资源。

第 7 条　联邦权力执行机构在专属经济区的管辖权

联邦权力执行机构在专属经济区的管辖权有:

1)制定和完善俄联邦专属经济区及其在专属经济区活动的法律;

2)协调在专属经济区及其在专属经济区活动的国家权力机构的活动,协调专属经济区俄联邦权利和合法权益的保护,协调海洋环境、水生物资源和无生命资源的保护和保持;

3)批准与专属经济区自然资源勘探、开发和保持有关的联邦纲要;

4)2007 年 12 月 6 日通过的法律规定本款于 2008 年 1 月 1 日失效;

5)确定发布俄罗斯和外国船舶在专属经济区捕捞水生物资源公告的程序,以及用这些资源生产产品的公告程序;

6)确定捕捞水生物资源权利的程序,包括颁发水生物资源许可证;

7)确定捕捞限制;

8)开发和使用专属经济区捕捞观察和检查系统,包括使用卫星通信工具和无线电导航系统;

9)与邻近海岸联邦主体的权力执行机构共同采取措施预防经营活动或船

舶航行时造成水生物死亡;

10）一旦出现威胁水生物资源生命的自然灾害或其他原因的灾害，要进行援助，其中包括海洋哺乳运动;

11）考虑邻近海岸的联邦主体权力机构的建议，确定无生命资源的使用程序，包括特许制度;

12）登记对无生命资源的研究、勘探和开发工作，对无生命资源储备平衡建立账目;

13）在水生物资源捕捞和保护领域进行国家检查（监督），吸引紧邻海岸的联邦主体权力执行机构保护海洋环境、水生物资源和无生命资源;

14）对海洋资源和海洋科研活动进行调节;

15）设立检查站（点），并确定俄罗斯和外国船舶捕捞和进出专属经济区的程序，目的是进行检查;

16）宣布专属经济区个别区域为对俄罗斯、俄罗斯法人、外国和主管国际组织、外国公民和外国法人不颁发海洋科学研究许可证的区域，因为在上述区域正进行（或计划进行）无生命资源的勘探和开发作业和捕捞，应在"航海者公告"上通报该区域的地理坐标;

17）建立支付系统，确定因使用水生物资源和无生命资源的支付金额、条件和程序;

18）调节为勘探和开发专属经济区自然资源、进行海洋科学研究和其他目的而建造、使用、利用人工岛屿、装置和设施的活动;

19）确定和调节用于无生命资源勘探和开发或使用人工岛屿、装置和设施而铺设水下电缆和管道的条件，包括撤到俄罗斯境内的装置;

20）确定在专属经济区铺设水下电缆和管道的线路和条件，要考虑已铺设的水下电缆和管道，还要考虑勘探和开发专属经济区自然资源的活动;

21）在俄罗斯专属经济区进行国家环境鉴定、国家环境监督，吸引紧邻海岸的联邦主体权力执行机关参加专属经济区国家监测;

22）对专属经济区状况和专属经济区水生物资源和无生命资源状况的数据进行国家统计;

23）在极端环境状况和环境灾难区域建立法律制度;保障快速消除导致石油或除石油外物质污染事故的后果;

24）确定排放有害物质以及用于在专属经济区封存废料和其他物质中包含污染物的环保标准，确定有害物质、废物和其他物质的清单，在专属经济区禁止

排放和封存的物质清单,调节有害物质的排放、废物和其他材料的封存,以及监督上述排放和封存;

25)保护珍稀和列入俄联邦红皮书的濒临灭绝的水生物资源,预防破坏其生存环境(包括育肥、越冬、繁殖、产卵和迁徙),建立国家自然保护区、国家公园、国家自然禁猎区和其他特别保护区,包括在"航海者公告"上公布的邻近俄罗斯海岸休息区的区域;

26)与俄联邦主体国家权力执行机构共同实施保护专属经济区的措施,保护和维持海洋环境、水生物资源和无生命资源,实施阻止违反本法和俄联邦国际条约和追究违法行为责任人责任的措施;

27)解决关于专属经济区及其在专属经济区活动的争议;

28)缔结并实施与专属经济区及其在专属经济区活动有关的俄联邦国际条约;

29)本法和其他联邦法规定的其他权限。

第二章　在专属经济区进行捕捞

第8—11条　2006年11月4日失效。

第11.1条　2008年1月1日失效。

第12条　2009年12月27日失效。

第12.1条　在专属经济区实施捕捞的种类

1. 在专属经济区可以根据"渔业和水生物资源保护法"及本联邦法进行工业捕捞、科研和检查性捕捞,可进行教学和养殖目的的捕捞,进行商品生产、再生产和水生物资源驯化捕捞。

2. 在联邦《渔业和水生物资源保护法》规定的特殊情况下允许在专属经济区近岸进行捕捞。

3. 在专属经济区进行近岸捕捞,由俄联邦政府授权的联邦权力执行机构按规定的程序向有在专属经济区捕捞水生物资源的人分配海滨捕捞配额。

第12.2条　在专属经济区进行工业捕捞的特点

1. 在专属经济区进行工业捕捞由按照规定的程序取得在专属经济区捕捞水生物资源权的俄罗斯公民和俄罗斯法人实施。

2. 外国公民和外人法人根据俄联邦国际条约在专属经济区进行工业捕捞。

第12.3条 在专属经济区进行科研和检查目的捕捞的特点

1. 在专属经济区进行科研和检查目的捕捞由科研组织根据水生物资源海洋资源研究年度计划、提供水生物资源利用决定以及上述组织颁发的捕捞水生物资源许可证和进行海洋资源水生物资源研究许可证进行。

2. 外国公民和外国法人在专属经济区进行科研和检查目的的捕捞要根据俄联邦国际条约进行。

第12.4条 在专属经济区进行捕捞者的权利和义务

1. 在专属经济区进行捕捞者有权对水生物资源进行捕捞,在联邦《渔业和水生物资源保护法》规定的情况下有权接收、加工、转运、运输、保存、卸载捕获的水生物资源,用水生物资源生产鱼和其他产品。

2. 本条第1款所指的人必须:

1) 遵守渔业规定和俄联邦法律规定的其他要求,遵守国家权力机构所颁发的有权捕捞水生物资源和有权进行海洋生物研究许可证规定的捕捞和保护水生物资源的要求;

2) 不允许破坏水生物资源生存环境;

3) 不允许非法驯化水生物资源;

4) 遵守检疫制度的要求;

5) 保证保卫机构的负责人能畅通无阻地登船;

6) 申请人要保证为保卫机构的负责人提供合适的工作条件;

7) 无偿、通畅地向俄联邦总统、俄联邦政府所确定的联邦权力执行机构提供捕捞水生物资源的期限、种类和区域以及水生物捕获量的报告材料,包括卸载到其他船舶或从其他船舶装载的水生物、鱼类产品和其他水生物制品的数量、质量和种类的信息,提供在外国港口卸载或装载捕捞的水生物资源、鱼类产品和其他由水生物资源加工的其他产品的数量、质量和品种;

8) 定期与俄联邦岸上机构保持联系,在有相应设备时在主要天气观测时间根据世界气象组织的标准程序向最近的俄联邦无线电气象中心报告实时气象和水文观测数据,报告肉眼可见的石油污染海洋环境紧急信息;

9) 根据俄联邦政府授权的联邦权力执行机构规定的形式记录捕捞日志;

10) 有专门的识别符号;

11) 给捕捞水生物资源固定工具两边贴上标签,写清船舶名称(如是外国船舶,写船主国家名称)、捕捞水生物资源许可证号和捕捞水生物资源工具的顺序号码。

3. 在专属经济区捕捞的外国船舶应该：

1）每天用传真或电报向俄联邦总统和俄联邦政府确定的联邦权力执行机构提交每次进入允许捕捞区域和驶离上述区域的信息,必须指明出入经过检查点的情况；

2）每天通知保卫机构捕捞或从其他船舶接收水生物资源时船舶的位置；

3）进行捕捞时必须有保卫机关负责人在场,并在他的监督下进行；

4）保证免费将保卫机关负责人送到捕捞地点并送回,为其提供无线电通信工具,负责保卫机关负责人从上船到离开的吃住开销,与船上指挥（领导）人员同等待遇；

5）用传真或电报每天、每十天、每月向俄联邦政府授权的联邦权力执行机构汇报捕捞结果。

4. 禁止俄罗斯和外国船舶在专属经济区以及专属经济区以外装、卸或转运水生物捕捞授权许可证和水生物研究许可证未规定的水生物捕获物、鱼产品和其他水生物加工产品。

5. 装、卸或转运水生物捕获物、鱼产品和其他水生物加工产品应有保卫机构负责人在场。

第 13 条 2009 年 12 月 27 日失效。

第 14 条 合法利用和保护跨界鱼类和跨境鱼类种群

1. 如果同一个跨界鱼类种群出现在俄联邦专属经济区,同时也出现在其他沿岸国家的专属经济区,则俄联邦与上述国家直接合作或通过主管的国际组织来保护和扩大这一种群。

2. 如果同一跨境鱼类种群出现在俄联邦专属经济区,也出现在专属经济区以外及相邻区域,则俄联邦应该直接或通过主管的国际组织与在俄联邦专属经济区捕捞这类鱼的国家进行合作,目的是保护上述区域的鱼类,包括就该问题与相应国家签署国际条约。

第 15 条 合理使用和保护溯河鱼类、洄游鱼类、长途迁徙鱼类和海洋哺乳动物

1. 俄罗斯对自己河流、湖泊和其他水体中溯河鱼类有利害关系,对上述鱼类生存的所有分布区都承担首要责任,并通过调节从俄联邦专属经济区外部边界朝向海岸方向的海水捕捞来保护鱼类。

2. 俄联邦与相关国家合作,签署国际条约来保护专属经济区外的溯河鱼类,并保证履行国际条约规定的规则。

3. 俄联邦对管理洄游鱼类储备量有责任,并保证迁徙鱼类能自由出入专属经济区。根据本联邦法,捕捞洄游鱼类只能从专属经济区外部边界向海岸方向进行。

4. 俄联邦与洄游鱼类迁徙经过专属经济区的国家合作,签订国际条约,合理管理洄游鱼类储备量,包括捕捞,并保证履行国际条约规定的规则。

5. 俄联邦与相关国家合作,签订国际条约保证合理利用和保护所有生存分布区的长途迁徙鱼类。

6. 俄联邦为保护和研究专属经济区的海洋哺乳动物并对其管理,与相关国家直接合作,与相关的国际组织进行合作。俄联邦政府为保护和恢复海洋哺乳动物种群,在必要情况下可能建立更加严格的限制或对专属经济区海洋哺乳动物捕捞进行调节,直至根据俄联邦国际条约禁止捕捞个别海洋哺乳动物种类。

7. 如果俄罗斯或外国申请者没遵守本条第 2 款所指的俄联邦国际条约,如果溯河鱼类的储备量在生存的所有分布区都面临严重危险,则俄联邦根据与相关国家签署的协议有权宣布暂停在所有分布区捕捞溯河鱼类。关于暂停捕捞的信息会发给相关国家和主管国际组织。

第三章　无生命资源的勘探和开发、海洋无生命资源的海洋资源研究

第 16 条　无生命资源的勘探和开发、海洋无生命资源的海洋资源研究的特点

1. 无生命资源的勘探和开发、海洋无生命资源的海洋资源研究,根据俄联邦政府授权的联邦权力执行机构颁发的相应执照和许可证进行。

2. 上述执照颁发的条件和程序、执照的内容、期限、执照使用者的权利和义务、安全作业的要求、执照效力中止的依据、反垄断要求和产品分配条件都由俄联邦《大陆架法》、俄联邦《地下资源法》、联邦《产品分配条约法》和俄联邦国际条约调节。

3. 外国公民和外国法人、外国和主管国际组织享有的条件不能优于俄罗斯公民和俄罗斯法人享有的条件。

第 17 条　利用潮汐、洋流和风力生产能源

1. 俄罗斯公民、俄罗斯法人、外国公民和外国法人、外国和主管国际组织依

据俄联邦政府授权的联邦权力执行机构颁发的利用潮汐、洋流和风力生产能量执照,征得相应的俄联邦总统、俄联邦政府确定的联邦权力执行机构的同意,并且只有在国家环境鉴定机构做出肯定结论时才可以生产能源。

2. 颁发上述执照的条件和生产这种能源的方法由俄联邦政府授权的联邦权力机构决定,还须根据本联邦法、适用于专属经济区及其在专属经济区活动的其他联邦法律和俄联邦国际条约,征得俄联邦总统、俄联邦政府确定的联邦权力执行机构的同意。

第四章　对水生物资源的海洋生物研究和海洋科学研究

第 18 条　对水生物资源进行海洋资源研究的计划

1. 进行水生物资源海洋资源研究的年度计划(以下称水生物资源研究)由俄联邦政府授权的联邦权力执行机构批准,并征得俄联邦总统、俄联邦政府确定的联邦权力执行机构的同意,还要考虑紧邻海岸的俄联邦主体权力执行机构的建议。

2. 2003 年 4 月 22 日删除。

3. 进行水生物资源海洋资源研究的年度计划要指出外国公民和外国法人以及主管的外国组织参加研究的情况,包括根据俄联邦国际条约或在国际研究计划框架内的研究。

第 19 条　进行水生物资源研究的原则,进行水生物资源研究申请的提出和内容

1. 对水生物资源研究应当具有和平性质,包括不能对国防和国家安全构成威胁。

对水生物资源研究可以由下列人员和机构进行:

联邦权力执行机构和俄联邦主体权力执行机构、俄罗斯公民和俄罗斯法人(本章以下称俄罗斯申请人);

外国公民和外国法人、外国和主管国际组织(本章以下称外人申请人)。

2. 进行水生物研究申请(本章以下称申请)的提交和审议程序、对申请的评价和做出决定由俄联邦政府根据俄联邦国际条约和本联邦法确定。

3. 俄罗斯申请人应在水生物资源研究年开始前不少于 6 个月向俄联邦政府授权的联邦权力执行机构提交申请,以便将计划研究的大纲编入年度计划。

4. 外国申请人应在水生物资源研究开始日期前不少于 6 个月,通过外交途径将相应的申请寄到俄联邦政府授权的联邦权力执行机构。

5. 申请(外国申请人要用俄语和申请人母语书写)应当包含下列内容:

计划研究水生物资源的大纲;

水生物资源研究的性质和目的信息;

进行研究水生物资源时所使用的方法和手段,包括船舶名称、吨位、类型、级别、水下载人和无人航行器、飞行器、研究技术手段的技术参数、无线电技术设备、水生物捕捞工具的信息,以及对科研设备的描述;

作为生物研究客体的水生物种类名称;

计划进行水生物研究区域的地理坐标、向指定区域航行和离开指定区域的路线;

预计第一次到达计划进行水生物资源研究区域的日期和最后离开指定区域的日期,在适当情况下安置和拆除科研设备的日期;

进行水生物资源研究领导机构的名称;

负责进行水生物资源研究者的信息(考察队领导);

计划进行的研究对环境可能产生影响的信息,包括对专属经济区海洋环境和自然资源的影响;

在进行许可证允许的水生物资源研究中遵守规定条件的义务,并确保这项研究所使用的硬件(包括技术规格)与申请中指定的技术手段(包括技术规格)相符。

6. 俄罗斯申请人要提交外国公民和外国法人参加水生物资源研究的所有形式和参加程度的信息。

7. 外国申请者要提交俄罗斯公民和俄罗斯法人参加外国申请进行的水生物资源研究的所有形式和参加程度的信息。

8. 可能会要求申请人对需要许可证进行水生物资源研究提交补充信息。在这种情况下对申请的审理从申请人提交补充信息之日开始算。

第 20 条 申请的审理程序

1. 俄联邦政府授权的联邦权力执行机构:

2003 年 4 月 22 日删除本段。

从收到申请之日起,不超过 4 个月向申请人寄送进行水生资源研究的许可证或通知书:

通知拒绝进行所计划的研究;

通知申请中提交的信息与进行水生资源研究的性质、目的和方法不符，以及不符合本联邦法第19条第5款的要求；

通知对计划的研究必须提交补充信息。

2. 向外国申请人寄送准许进行水生物资源研究或拒绝通知是通过权力执行机构的外事部门寄送。

3. 通常，向外国申请人发放允许进行水生物资源研究的许可是将相应的研究编入进行水生物资源研究年度计划。

4. 进行水生物资源研究的许可证由俄联邦政府授权的联邦权力执行机构颁发，并征得俄联邦总统和俄联邦政府确定的联邦权力执行机构的同意。

5. 2003年4月22日删除。

第21条　拒绝进行水生物资源研究的依据

1. 如果对水生物资源研究的和平性质可疑，或有下列情况，则俄罗斯和外国申请人可能被拒绝：

1）不符合环境保护要求，包括海洋环境和自然资源；

2）向海洋环境注入有害物质；

3）包含有建造、使用或利用人工岛屿、装置和实施；

4）对俄罗斯联邦在专属经济区内行使主权和管辖权的活动造成不当的干扰。

2. 如果研究的性质和目的信息不准确，俄罗斯或外国申请人的申请可能被拒。

3. 如果申请人在之前进行的水生物资源研究中未履行对俄罗斯的义务，则俄罗斯或外国公民进行研究的申请可能被拒。

第22条　于2003年4月22日删除。

第23条　进行水生物资源研究的俄罗斯和外国申请者的义务

1. 获得允许进行水生物资源研究的俄罗斯和外国申请人必须：

履行俄联邦国际条约和本联邦法；

一有可能，立即向联邦权利执行机构提交进行水生物资源研究许可证上写明的初步研究报告，研究结束后立即提交研究报告；

一有可能立即向俄联邦国家资源库提交气象、水文、水化学、水生生物观察，环境状态观察，污染观察以及水生物资源研究大纲规定的其他观察的数据复印件，数据库的地址在研究许可证上已注明；

定期与俄联邦岸上机构保持联系；

在完成研究计划过程中,如有任何变化,应立即通知研究许可证上指明的联邦权力执行机构;

如果研究船、飞行器、装置和设施上有必要的设备,则根据世界气象组织的标准程序通过海岸无线电中心(海岸无线电站)在主要国际天气观测时间向最近的俄联邦水文气象中心发送实时气象、水文和高空观测数据,如果这些观测是进行研究许可证上规定的,还要通知所发现的石油、有毒物质、垃圾和废水污染海洋环境的情况;

不对俄罗斯联邦在专属经济区内行使主权和管辖权活动造成不当的干扰;

水生物资源研究结束后,立即拆除装置、设施和设备,进行研究许可证有另外规定的情况除外。

2. 此外,如果有外国公民或外国法人参加水生物资源研究,则俄罗斯公民和外国公民须保证有联邦渔业权力执行机构派的俄罗斯专门授权的代表参加这些研究,上述代表的参加,具体指在研究船、飞行器、装置、设备上的吃住全部由研究方提供,待遇与自己的指挥(领导)人员相同,还要保证上述俄罗斯代表能够接触到研究过程中得到的所有数据和样本,如果数据能复印、样本的分割不会对科研有损失,则需要向他们提供数据和样本。

3. 在研究水生物资源过程中获得的资料,如果数据可复印,样本分割不会对科研价值有损失,则在对其进行处理和分析后,包括最终结果和完成研究后得出的结论,俄罗斯和外国申请者要向俄罗斯国家研究组织提交,在研究许可证上已注明了提交地址。俄罗斯和外国申请者要将移交回执寄给研究许可证上写明的联邦权力执行机构。

第24条 水生物资源研究结果的移交和公布

外国水生物资源研究者须得到俄联邦政府的允许后,才能公布上述研究结果或将其转交他人,如果俄罗斯国际法没有其他规定。外国申请人不能通过外交途径获得这种允许。

第25条 水生物资源研究计划的改变

1. 俄联邦政府授权的联邦权力执行机构在征得俄联邦总统或俄联邦政府授权的联邦权利执行机构的同意后,可改变申请人建议的水生物资源研究计划。

2. 2003年4月22日删除。

3. 如果相关的俄联邦政府授权的联邦权力执行机构在肯定收到建议改变通知之日起60天内没发布有异议的通知,则表示同意改变。

第 26 条　水生物资源研究的暂停与中止

1. 如果所进行的水生物资源研究破坏了本联邦法和俄联邦国际条约,则可能根据俄联邦总统、俄联邦政府授权的联邦权力执行机构的决议中止,也可被本联邦法第 23 条第 2 款规定的俄联邦特别授权代表中止。

2. 2003 年 4 月 22 日删除。

3. 中止的水生物资源研究只能在规定的期限内中止了破坏并向本联邦法第 23 条第 2 款指明的联邦权力执行机构和做出暂停水生物研究或海洋科学研究的俄联邦特别授权代表提交消除破坏采取的措施和预防类似破坏措施的材料后才能恢复。

4. 有下列情况,应立即中止水生物资源研究:

未经相关的联邦权力执行机构允许;

在进行的水生物资源研究中存在与根据本联邦法第 19 条提交的申请信息不符的情况;

俄罗斯和外国申请人在之前进行的水生物资源研究中未履行对俄联邦的义务。

第 26.1 条　海洋科学研究

1. 俄罗斯申请者、外国和主管国际组织以及被授权的外国公民和外国法人、外国或主管国际组织都可根据相应的许可进行海洋科学研究。

2. 海洋科学研究只能具有和平性质,包括不能对国防和国家安全构成威胁。

3. 进行海洋科学研究许可证颁发的条件和程序,以及进行上述研究的程序由 1995 年 11 月 30 日通过的《俄联邦大陆架法》和俄联邦国际条约规定。

4. 所进行科学研究的区域哪怕部分位于俄联邦内海或俄联邦领海,研究都要按照 1998 年 7 月 31 日通过的《俄联邦内海、领海和毗连区法》规定的程序进行。

5. 在专属经济区安置和使用任何类型的科研设备和仪器都应按照本联邦法规定的进行海洋科学研究的程序进行,直接用于研究水生物资源或无生命资源,以及保障俄联邦国防和安全的除外。在这种情况下,设备和仪器都要有识别标识,并指明注册国或其所属的国际组织,还要有适当的、国际通用的预防方法保证海洋和空中航行安全,考虑主管国际组织规定的规范和标准。

第五章 保护和维护海洋环境

第 27 条 在专属经济区的国家环境鉴定

1. 在专属经济区的国家环境鉴定(以下称国家环境鉴定):

是保护环境的必要措施,包括保护海洋环境、维护专属经济区的自然资源;

由俄联邦政府授权的联邦权力机构根据俄联邦法律组织和实施。

2. 所有经营和其他活动的支撑文件都要进行国家环保鉴定。在专属经济区的所有类型的经营和其他活动的开展都必须有国家环境鉴定的正面结论。

3. 国家环境鉴定对象是联邦计划项目,与专属经济区自然资源勘探和开发有关的,与人工岛屿、装置、设施,铺设海底电缆、管道有关的,与钻探工程、在专属经济区封存废料和其他物质有关的文件。

第 28 条 在俄联邦专属经济区进行国家环境监督

1. 在俄联邦专属经济区进行国家环境监督是预防、揭露和阻止破坏环保领域的俄联邦国际条约要求、破坏俄联邦法律要求的一系列措施。

2. 在俄联邦专属经济区进行国家环境监督指由授权的联邦权力执行机构按照俄联邦法律规定的程序实施联邦国家环境监督。

第 29 条 专属经济区国家监测

1. 专属经济区国家监测(以下称国家监测)是国家环境监测的一部分,是定期观测、评估、预报海洋环境和水底沉积状况制度,包括观测化学、放射污染指标,微生物和水生物参数以及受自然和人为因素影响下发生的改变。

2. 国家监测由俄联邦政府授权的联邦权力执行机构按照俄联邦法律规定的程序实施。

第 30 条 排放有害物质

1. 本联邦法规定,在俄联邦领海和内海活动的船舶、飞行器、人工岛屿、装置和设施污染排放的预防、减少和维持的要求适用于专属经济区,同时要考虑国际规范和标准以及俄联邦国际条约。

2. 船舶、飞行器、人工岛屿、装置和设施向专属经济区排放有害物质的禁止清单,船舶、其他漂浮物、飞行器、人工岛屿、装置和设施在正常使用过程中允许排放有害物质的浓度极限以及排放有害物的条件,由俄联邦政府规定,并要考虑俄联邦国际条约,同时在"航海者公告"上公布。

第 31 条　海洋事故

如果发生船舶相撞、船舶搁浅,在专属经济区勘探和开发自然资源时发生海洋事故或在专属经济区发生其他事故,或清理事故后果导致或会导致严重危害,俄联邦政府有权根据国际法规则采取必要的、与实际情况或损失相称的措施,目的是保护俄联邦海岸及与此有关的权益(包括捕捞)不受污染或污染威胁。

第 32 条　保护和维护浮冰区

对于专属经济区内气候条件非常恶劣,一年大部分时间有浮冰的区域,航行的危险大大提高,海洋环境的污染可能会对环境平衡带来重大危害或不可逆转,为了预防和减少对环境的污染并控制污染程度,俄罗斯可能会通过联邦法律和其他法律文件并保证落实。在联邦法律和其他法律文件中会根据现有的、最可信的研究数据关注专属经济区的船舶航行、保护和维护海洋环境和自然资源。这些区域的边界将在"航海者公告"上公布。

第 33 条　保护和维护特别区域

专属经济区个别区域因公认的海洋和环境条件和运输特点,需要对其制定预防船舶石油泄漏和有害物质及垃圾排放的特别强制方法,在遵守必要的国际规章和俄联邦国际条约的基础上,也可通过联邦法律和其他规范性法律文件来预防、减少和控制海洋环境污染。这些区域的边界将在"航海者公告"上公布。

第六章　利用专属经济区水生物资源和无生命资源时经济关系的特点

第 34 条　利用水生物资源和无生命资源的费用

利用水生物资源和无生命资源的俄罗斯公民,包括个体企业主、俄罗斯法人、外国公民和外国法人须依俄联邦法律纳税和交纳各种强制费用。

第七章　执行本联邦法规定的保障

第 35 条　保护机构

1. 俄联邦总统、俄联邦政府确定的联邦权力执行机构负责保护专属经济区、专属经济区自然资源,保护环境,包括海洋环境、经济利益和俄罗斯其他合法权益。

2. 负责本管辖区安全的联邦权力执行机构对保护机构力量的使用进行协调。

3. 保护机构负责人在执行公务时要遵守本法和俄联邦国际条约,以及俄联邦其他法律和规范性法律文件。

4. 保护机构负责人在专属经济区执行公务时要携带相应的证件。在专属经济区活动的俄罗斯公民、俄罗斯法人、外国公民、外国法人以及外国和主管国际组织的代表必须执行保护机构负责人下达的、在自己职权范围内的命令。

5. 俄罗斯的军舰、飞行器、国家其他船舶和飞行器在保护专属经济区时悬挂授予他们的旗帜、信号旗和识别标志。

第36条　保护机构负责人的权力

1. 保护机构负责人在执行公务时有下列权力:

1)拦截和检查进行下列活动的俄罗斯和外国船舶,检查人工岛屿、装置和设施:

在专属经济区捕捞;

在专属经济区向其他船舶转载水生物资源;

勘探和开发无生命资源;

海洋资源研究和海洋科学研究;

在专属经济区进行其他活动。

2)在人工岛屿、装置和设施上检查有权进行本条第1款规定活动的文件,并检查水生物资源捕捞工具、仪器、工具、设备和其他用于进行活动的物品。

3)在本联邦法和俄联邦国际条约规定的情况下可以:

暂停违反本联邦法和俄联邦国际条约的本条第一款规定的活动;

扣留违反本联邦法和俄联邦国际条约者并没收他们的水生物捕捞工具、仪器、用具、设备和其他物品,以及文件和所有非法捕获物作为临时措施,直到法院最终判决,目的是阻止违法和保留违法证据,保证法院判决的执行;

扣留正在完成本条第1款指定活动的违反本联邦法和俄联邦国际条约的船舶,并将其押送到距离最近的俄罗斯港口(外国船则押到对外国船开放的一个俄罗斯港口）；

追踪并扣留正在完成本条第 1 款指定活动的违反本联邦法和俄联邦国际条约的船舶,并将其押到距离最近的俄罗斯港口(外国船则押到对外国船开放的一个俄罗斯港口)；

根据俄联邦法律对违法者进行处罚并向俄罗斯法院对违法者提起诉讼,向法院转交扣留的违法船和没收的捕捞水生物工具、仪器、用具、设备和其他物品,以及文件和非法所得。

4)如果有依据认为船舶向专属经济区排放有害物质,则拦截这些船舶。可以要求被拦截的船长提供证明是否违法的信息,船舶会被检查,并起草检查纪要,以便进行随后的扣留,如果有足够的证据。

5)起草违反本联邦法和俄联邦国际条约纪要、暂停或中止本条第 1 款规定的活动纪要、扣留违法者和违法船纪要、直到法院最终判决的临时没收捕捞水生物工具、仪器、用具、设备和其他物品,以及文件和非法所得的纪要。追踪、拦截、检查和扣留船舶、检查人工岛屿、装置和设施的程序、起草纪要的程序和违法船在俄罗斯港口停放的程序根据俄联邦法律及国际法准则确定。

6)如果保护机构负责人的生命受到直接威胁,则可以使用武器对付违反本联邦法和俄联邦国际条约的违法者,以反击其攻击和中止其抵抗。使用武器前应先明确表示准备使用武器的警告,并向上方发出警告性射击。

2. 保护安全的联邦权力执行机构的军舰、飞行器都可使用武器对付违反本联邦法和俄联邦国际条约的船舶,以回击其使用武力,在追踪违法船舶的特殊情况下,如果穷尽当时所有中止违法和扣留违法者必要的措施,则可以使用武器。使用武器前应先明确表示准备使用武器的警告,并向上方发出警告性射击。使用武器的程序由俄联邦政府规定。

3. 保护机构负责人如果有足够的理由认为处于俄罗斯领海和内海的船舶在专属经济区违反了本联邦法或俄联邦国际条约,则负责人享有本联邦法规定的权力。

第 37 条　保护机构的协作

1. 俄联邦总统、俄联邦政府确定的联邦权力执行机构在执行自己主要任务的同时,应顺便利用军舰、船舶、海岸执勤点和其他手段,以及飞行器观察专属经济区的活动,协助保护机构履行其职能。

2. 俄罗斯的船长、军舰和飞行器指挥人员及人工岛屿、装置和设施以及海岸执勤点活动负责人要向保护机构通报所发现但"航海者公告"中未通知的军舰、船舶、装置和设施。这种信息通过相应的调度部门无偿转发。

3. 在专属经济区作业的俄罗斯公民和俄罗斯法人应无偿向保护机构提供他们所要求的自己的船舶、人工岛屿、装置和设施的位置和活动信息。

第38条 对保护机构工作人员的物质激励

1. 对保护机构工作人员的物质激励根据俄联邦法律进行;

2. 对保护机构工作人员的物质激励可包括:

规定税收优惠;

制定保护专属经济区及其水生物资源和无生命资源特殊条件的职务津贴和其他津贴;

对发现违反本联邦法和俄联邦国际条约的情况实施奖励;

联邦法律和其他俄罗斯规范性法律文件制定的其他优惠。

第39条 违反本联邦法的责任特点

1. 扣押的外国船舶及其船员在向俄罗斯交付了合理的押金或其他保证后,应立即获得释放。

2. 如果外国公民因违反本联邦法第二章的规定和俄联邦国际条约有关专属经济区水生物资源而被追究责任,如果俄罗斯与该人国籍所在国签有国际条约,则不适用剥夺自由的处罚或任何形式的体罚。

第40条 违反本联邦法的责任

1. 根据俄联邦法律,违反本联邦法律者应追究其责任。

2. 追究违反本联邦法律者的责任,不能免除其根据俄联邦法规规定的程序赔偿所造成损失的义务。

第41条 争议的解决

1. 公民、法人之间关于在专属经济区履行自己的权利和义务时所产生的争议由俄联邦法院根据司法程序解决。

2. 俄联邦和外国之间关于在专属经济区履行自己的权利和义务时所产生的争议应根据俄联邦国际条约和国际法规则利用和平手段解决。

第42条 执行本联邦法的国家检查(监督)

对本联邦法规定要求的国家检查(监督)由授权联邦权力执行机构根据俄联邦法律在自己职权范围内执行。

第43条 本联邦法生效的程序

本联邦法自正式公布之日起生效。

第44条　根据本联邦法出台规范性法律文件

建议俄联邦总统并委托俄联邦政府根据本联邦法出台自己的规范法律文件。

俄联邦总统　叶利钦

1998 年 12 月 17 日

莫斯科　克里姆林宫

俄联邦内海、领海和毗连区法

2016 年 7 月 3 日修订

本联邦法规定俄联邦内海、领海和毗连区的地位和法律制度,包括俄联邦在其内海、领海和毗连区的权利及根据俄联邦宪法、通用国际法原则和规范、俄联邦国际条约和联邦法律对其行使权利的程序。

第一章 总 则

第 1 条 俄联邦内海的定义和边界

1. 俄联邦内海(以下称内海)是指从测算俄罗斯领海宽度的领海基线向内一侧的全部海水。

内海是俄联邦领土的一部分。

2. 下列海水属于内海:

以穿过水利工程和其他固定港口建筑最远端的线作为海洋一侧分界的俄联邦港口;

海岸完全属于俄联邦的海湾、港湾、三角湾,在最大退潮地点两岸的直线上从海洋方向形成一个或数个通道,其宽度不超过 24 海里;

宽度超过 24 海里以上的海湾、港湾、三角湾、海洋和海峡,历史上一直属于俄联邦,其明细清单由俄联邦政府确定并在"航海者公告"上公布。

第 2 条 俄联邦领海的定义与边界

1. 俄联邦领海(以下称领海)是指从本联邦法第 4 条指定的基线测量宽度为 12 海里与陆地或内海相连的带状海水域。

领海的其他宽度也可根据本联邦法第 3 条确定。

2. 领海的定义也适用于俄联邦所有岛屿。

3. 领海的外部边界是俄联邦国界。

领海的内部边界是测量领海洋宽度的基线。

4. 俄联邦的主权延伸至领海、领海上空间以及领海海底及其地下,承认外国船舶和平通过领海的权利。

第 3 条　领海的划定

俄罗斯与其对岸国家或海岸有重叠的国家之间领海的划定根据国际法公认原则和规定以及俄联邦国际条约进行。

第 4 条　测量领海宽度的基线

1. 测量领海宽度的基线是指:

俄罗斯官方出版的海洋图所指的海岸最大退潮线;

如果海岸线曲折多港湾或沿海岸并且邻近海岸有岛链,此时连接向海一侧岛屿、礁、岩石最远端的直线基线;

横越入海河口、河岸上在最大落潮时在海上突出最远的两点间的直线距离;

连接港湾自然入口最大退潮点或海岸属于俄罗斯的岛屿间、岛屿与大陆间最大退潮点,不超过 24 海里的直线;

长度超过 24 海里,连接港湾自然入口最大退潮点或海岸属于俄罗斯的岛屿间、岛屿与大陆间最大退潮点的直线基线体系。

2. 确定测量俄联邦领海宽度基线位置的地理坐标清单由俄联邦政府批准并在"航海者公告"上公布。

3. 测量俄联邦领海宽度的领海边界和基线以 1∶200000 至 1∶300000 的比例绘制海洋图,如果没有这样的图,则比例为 1∶100000 或 1∶500000。在个别情况下,如果因本地区制图特点、地理环境特点、原始材料准确程度或其他原因,允许不按这个比例。

第 4.1 条　在俄罗斯内海、领海的人工岛屿、装置和设施

1. 本联邦法所指的人工岛屿是指根据设计图纸在俄罗斯内海、领海建筑的有固定支撑的设施(人工设施结构),它有冲填的、堆积的、打桩的和(或)非漂浮的支撑基座,在最大涨潮时能露出水面。

2. 本联邦法所指的装置、设施是指根据设计图纸在俄罗斯内海、领海建造的固定和漂浮(水下)的钻探装置(平台)、海洋漂浮(移动)平台、海洋固定平台和其他设施以及水下设施(包括钻井)。

第二章 俄罗斯海港、内海和领海法律制度特点

第5条 俄联邦海港的法律制度

1. 俄联邦海港法律制度是俄联邦境内所有港口的统一的制度。

海港法律制度要考虑适用于海港的本联邦法、其他联邦法、俄联邦其他规范性法律文件所确定的气候、水文和天气特点。

2. 根据俄联邦政府决议,海港是对外国船舶开放的港口。

对外国船舶开放的海港清单在"航海者公告"上公布。

3. 调节出入海港并负责海港航行安全的负责人是海港的港监领导。

4. 2007年11月8日失效。

5. 海港的功能和权限由适用于海港的本联邦法、俄联邦其他联邦法和其他规范性法律文件确定。

6. 海港的联邦权力执行机构负责人和俄联邦主体权力执行机构负责人在行动涉及海港港监领导权限时须与海港港监领导协调行动。

7. 所有俄罗斯和外国船舶必须遵守海港法律制度

第6条 外国船舶进入海港

1. 所有的外国船舶,除一些非商业目的的军舰和其他国家船舶,不论其用途和所有制形式(以下称外国船舶),都可以进入对外国船舶开放的海港。

2. 限制俄罗斯船舶进入其海港的外国船舶,俄罗斯政府会确定对该外国类似船舶相应的限制。

3. 上述船舶在海港停留时,俄联邦刑事、民事和行政管辖权适用于外国船舶、船上乘客和船员。

4. 外国船舶在进入海港、在上述海港停泊及出港时必须遵守:

俄联邦涉及保障船舶安全,调度船舶航行,提供援助和救生,使用通信工具,保护船舶工具、设备和设施,水下电缆和管道,进行海洋科学研究,研究、使用和保护水上设施、海洋地下、水生物资源和其他领海自然资源,保护环境和保障环境安全以及保护历史文化古迹的法律;

俄联邦法律和其他俄联邦规范性法律文件规定的边防、海关、税务(财务)、卫生、移民、兽医、植检、航行和其他规定;

对海洋制定的规则;

在俄罗斯境内的外国公民和无国籍人士入海港、在海港停泊、出海港规则;

俄联邦法律制定的其他规则、俄联邦国际条约规定的国际规则和标准。

5. 外国船舶出海港必须有海港港监领导与联邦权力执行机构负责安全的负责人及海关部门负责人协调后发出的许可。

第7条 海军基地与军舰停泊点

1. 负责俄联邦所有船舶和军舰、外国船舶、外国军舰和其他国家非商业目的出入俄罗斯海军基地和军舰停泊点的负责人以及负责航行安全的负责人是海军高级首长,海港港监领导须与其协调自己所有的行动,海军基地或军舰停泊点的联邦权力执行机构负责人和俄联邦主体权力机构负责人也要与其协调自己的行动。

如果军舰的海军基地或军舰停泊点同时停泊着各联邦权力执行机构的军舰,包括负责防务的联邦权力执行机构的军舰,则军舰的海军基地或军舰停泊点的负责人为负责防务的联邦权力执行机构海军高级首长。

2. 如果军舰的海军基地或军舰停泊点与海港有重叠水域,所有俄罗斯船舶、外国船舶、外国军舰和其他非商业目的的国家船舶的出入海港规则由海军高级首长与海港港监领导、联邦安全局边防局负责人和海关负责人协调确定。

3. 军舰在海军基地或军舰停泊点航行和停泊规则由俄联邦政府批准的、负责防务的联邦权力执行机构制定,并在"航海者公告"上公布。

4. 军舰的海军基地和军舰停泊点清单由俄联邦政府批准。

第8条 外国军舰和其他非商业目的的国家船舶入海港

1. 外国军舰和其他非商业目的的国家船舶入海港(以下称外国军舰和其他国家船舶)根据从外交渠道申请的初步许可,可以在不迟于预计入港日期30天前进入海港,如果俄联邦国际条约没有别的约定。

2. 外国军舰和其他国家船舶入海港的程序以及在海港停泊的规则按俄联邦政府规定的规则进行,并公布在"航海者公告"上。

3. 对俄罗斯军舰和其他国家船舶进入自己海港设定特别限制的国家的军舰和其他国家船舶,俄联邦政府可对这些国家的军舰和其他国家船舶设定进入海港的报复性限制。

第9条 外国船舶、外国军舰和其他国家船舶被迫进入领海、内海和海港

1. 外国船舶、外国军舰和其他国家船舶被迫进入领海、内海和海港是指由于下列紧急情况下的入港:

威胁外国船舶、外国军舰或其他国家船舶安全的事故、自然灾害或强风暴;

威胁外国船舶、外国军舰或其他国家船舶安全的浮冰或冰冻条件；

受损的外国船舶、外国军舰或其他国家船舶的拖曳；

运送被救人员；

对船员或乘客进行紧急医疗救助或由于其他紧急情况。

2. 根据国际法公约，所有外国船舶、外国军舰或其他国家船舶都不受歧视地享受进入领海、内海和海港的权利。

3. 外国船舶船长、外国军舰或其他国家船舶指挥官如果被迫进入领海、内海或海口，必须立即通知最近海港的港监领导，之后根据他的指示或按来援助或弄清被迫入港情况的俄罗斯军舰指挥官、船舶船长或飞行器指挥员的指令行事。

4. 在被迫入港的通知中应包括下列信息：

外国船舶、外国军舰或其他国家船舶的名称；

国旗；

外国船舶、外国军舰或其他国家船舶的船长姓名；

发动机装置的类型（核动力或普通）；

被迫入港的原因；

船上有核或其他危险的或有毒物质或材料；

需要的帮助及其性质；

预计被迫进入的时期及其他信息。

5. 对外国船舶、外国军舰或其他国家船舶（没违反外国军舰或其他国家船舶豁免权）被迫入港原因和技术状况的评估由负责安全的联邦权力执行机构负责人独立做出，或根据本联邦法第 5 和第 7 条规定的负责人邀请海港、海军基地或军舰停泊点专家做出。

6. 引起被迫入港的状况一旦停止，外国船舶、外国军舰和其他国家船舶在获得本联邦法第 5 条和第 7 条指定的负责人与负责安全的联邦权力执行机构负责人和海关负责人协商后做出的出港许可后，应离开海港、内海和领海。

7. 在行使被迫入港的权力时，可以拒绝发生事故的外国核动力船舶、外国军舰和其他国家船舶，或运载核或者其他给俄罗斯、俄罗斯居民、自然资源和环境造成损失的危险或有毒物质或材料的外国船舶入港，如果其造成的损失大大超过对发生事故的外国船舶、外国军舰或其他国家船舶的损失。

8. 拒绝行使被迫入港权力的决定由负责安全的联邦权力执行机构负责人独自做出，或与海港、海军基地或军舰停泊点负责人协调做出。

第 10 条　通过领海的概念

1. 通过领海是指因以下目的穿过领海：

穿越领海,但不进入内海或不在内海外的锚地或港口设施处停靠；

进入内海或出内海或停靠锚地或港口设施。

2. 应当不停顿快速穿越领海。可以停船和抛锚,但这只能是因为不可抗力或灾难,或对处于危险境地或受灾的人、船舶或飞行器给予援助时的普通航行。

第 11 条　和平通过领海

1. 如果不破坏俄罗斯和平、良好秩序和安全,则是和平通过领海。

2. 外国船舶、外国军舰或其他国家船舶通过领海算作破坏俄罗斯和平、良好秩序和安全,如果船舶在领海进行下列任何活动：

用武力威胁或使用武力反对俄联邦主权、领土完整或独立,或以其他方式破坏联合国宪章体现的国际法原则；

带任何种类武器的机动或演习；

任何损害俄罗斯国防或安全的收集情报活动；

任何目的是损害俄罗斯国防或安全的宣传活动；

任何飞行器的升空、降落或接上船；

任何军事设备的升空、降落或接上船；

任何货物或货币的装卸,任何不遵守俄联邦法律和其他俄联邦规范性法律文件规定的边防、海关、税务、卫生、移民、兽医、植检、航行等法规的人登船或下船；

任何违反俄联邦法律和国际法规范要求而故意严重污染环境的行为；

捕捞和维护水生物资源领域的任何活动；

进行研究或水道测量活动；

任何干扰俄联邦通讯系统或任何设施或装置正常运行的活动；

与穿越领海无直接关系的任何活动,如果俄联邦国际条约没有另外的规定。

第 12 条　外国船舶、外国军舰和其他国家船舶和平穿越领海权

1. 根据本联邦法、国际法通行原则和俄联邦国际条约,外国船舶、外国军舰和其他国家船舶有权和平穿越领海。

2. 为了保障俄联邦国家安全,为了进行任何使用武器的演习,负责国防的联邦权力机构或负责安全的联邦权力执行机构可能临时中止外国船舶、外国军舰和其他国家船舶在领海一定区域的和平穿越权。在"航行者通告"上提前公布后,这种中止才会生效。

第 13 条　与外国船舶、外国军舰和其他国家船舶和平穿越领海有关的规则

1. 外国船舶、外国军舰和其他国家船舶在行使和平穿越领海权时,应遵守俄联邦法律和与和平穿越领海有关的规则,这是指:

航行安全和船舶调度,包括使用海洋走廊和分道航行制;

保护导航设备和装备,以及其他设施;

保护水下电缆和管道;

保护水生物资源;

本段 2009 年 12 月 27 日失效;

保护环境;

海洋科学研究和水道测绘;

预防破坏边防、海关、税务、卫生、移民、兽医、植检、航行和其他联邦法律和其他俄罗斯规范性法律文件规定的原则。

这些法律和其他规范性法律文件与外国船舶的设计、结构、海员配置或设备无关,如果它们不使用通用的国际规则和标准。

2. 同一国家的外国军舰和其他国家船舶不能三艘以上同时为了穿越领海而进入俄罗斯海港,俄联邦国际条约另有规定的除外,或者俄罗斯政府为庆祝活动有专门决定的除外。

3. 外国潜艇和其他水下交通工具穿越领海时应悬挂国旗在水上航行。

4. 外国核动力船舶、军舰和其他国家船舶,以及运输核材料或其他本身具有危险或有毒物质或材料穿越领海时,船上必须有需要的文件,并遵守俄联邦国际条约为这些船舶制定的安全措施,按指定的海洋走廊和领海分航道制度航行。

5. 海洋走廊和领海分航道制度是由俄联邦政府批准的、负责国防的联邦权力执行机构制定,并在"航行者通告"上公布。

6. 外国船舶、军舰和其他国家船舶如果只是穿越领海,不被收取任何费用。

穿越领海的外国船舶、军舰和其他国家船舶只有在接受具体服务时才被收取费用。这些费用的收取不受歧视。

第 14 条　在北方航道航行

在俄罗斯历史形成的国家交通道路北方航道航行时,要遵守国际法通行原则和规定、俄联邦国际条约、本联邦法、其他联邦法律和根据上述法律颁布的规

范性法律文件。

第 14.1 条　外国游艇和体育帆船在内海和领海航行和停留

外国游艇和体育帆船在俄联邦国界口岸经过边防、海关和其他检查后,可以在口岸外的内海和领海航行和停留,禁止航行和临时对航行危险的区域除外。而且这些船舶在进入俄联邦边界口岸时必须按俄联邦法律规定的程序向联邦安全局边防机构通知计划航行区域和(或)停留地点。

第 14.2 条　挂外国国旗的船舶在内海和领海航行

1. 挂外国国旗的旅游船按航行表到达一个或几个港口和(或)停靠点,没有其他旅客上下船或装卸弹药之外的货物(以下称外国旅游船),在经过俄罗斯国界口岸的边防和海关等检查后,可以在俄罗斯对外国船开放的港口间的内海和领海航行,禁止航行和临时危险航行区域除外。

2. 外国旅游船拥有联邦权力执行机构颁发的与使用外国旅游船有关的经营许可,根据俄联邦国际条约和法律,按照俄联邦政府规定的程序在旅游方面行使国家服务,在经过俄罗斯国界口岸的边防和海关等检查后,可以在港口间和(或)停靠点间航行,禁止航行和临时危险航行区域除外。

3. 获得进行与使用外国旅游船活动有关的许可的程序包括提供并审议申请,做出决定,拒绝颁发许可的理由,改变使用旅游船活动条件和中止所颁发许可效力。

4. 外国旅游船拥有本条第 2 款所指的许可进入俄联邦与俄联邦主体领土相连的北极地区和(或)远东联邦区的内海和领海,只能是俄联邦政府批准的清单中的港口和(或)停靠点,并指出这些港口和(或)停靠点之间的路线。

第 15 条　禁止航行区域和临时危险航行区域

1. 为了保障船舶安全,保护俄联邦国家利益,保护内海和领海环境,可以规定禁止航行区域和临时危险航行区域,在其中完全禁止或临时限制航行、抛锚、捕获海洋哺乳动物、用曳引类渔具进行捕捞水生物资源、进行水下或深海作业、土壤采样、水下爆破、放出锚链航行、飞行器飞越、悬停、和降落(水上降落)等活动。

2. 在禁止航行区,禁止所有船舶、军舰、其他国家船舶和所有其他漂浮物航行。规定禁止航行区域和航行区开放的决定,以及这些区域的规则由俄联邦政府授权的联邦权力执行机构根据相关联邦权力执行机构的报告做出。上述决定提前在"航海者公告"上公布后生效。

3. 临时危险航行区域有一定的期限。

规定临时危险航行区域的决定及这些区域管理规则的决定由负责国防的联邦权力执行机构做出。上述决定提前在"航海者公告"上公布后生效。

4. 禁止航行区域边界在负责国防的联邦安全执法机构出版的导航图上标出。

涉及这些区域的改变要提前在"航海者公告"上公布并用无线电宣布。

5. 所有的俄罗斯船舶和军舰、外国船舶、外国军舰和其他国家船舶以及所有其他漂浮物必须履行为禁止航行区和临时危险航行区制定的规定。借口不了解禁止航行区和临时危险航行区规定和边界不能作为进入这些区域的根据，不能免除责任。

第16条 在内海和领海进行搜寻救生和船舶打捞作业，建造和使用人工岛屿、装置、设施，进行钻探作业、铺设水下电缆、管道

1. 在内海和领海进行搜寻救生和船舶打捞作业要由俄罗斯救生船和装备进行。

2. 为了搜寻和抢救人员，抢救和拖曳事故船舶，打捞沉没的船舶和货物，根据俄联邦法律和俄联邦国际条约，允许外国救生船舶和设备到内海和领海并参加搜寻救生和船舶打捞作业。

3. 本条的规则不适用于根据本联邦法第10条第2款对穿越领海的人员、船舶或飞行器实施援助。

4. 在内海和领海建造和使用人工岛屿、装置、设施，进行钻探作业、铺设水下电缆、管道要遵守水上法律的要求，并按俄联邦政府规定的程序实施。

5. 在进行区域性地质研究、地质研究、勘探和开采矿物时在内海和领海建造和使用人工岛屿、装置、设施，进行钻探作业、铺设水下电缆、管道的目的不能违背俄联邦国际条约、本联邦法和其他联邦法。

5.1 在内海和领海建造本条第5款以外的人工陆地时，要按照联邦法规定的程序。不允许在对国际航行有重要意义的公认航道上建造人工陆地。

5.2 在内海和领海建造本条第4.5和5.1款规定的设施时，可以使用在内海和领海进行海底作业挖出的泥土，但要遵守水上法律、环境保护法律和城市建设活动法律规定的要求，命令要按俄联邦政府规定的程序执行，前提是这些土壤包含的本联邦法第37条第2款清单中所列污染物的浓度不超过本条第4.5款和5.1款规定设施建造区建造设施前土壤的化学指标。

6. 在内海和领海进行区域性地质研究、地质研究、勘探和开采矿物资源时，

地下资源特许证可授权矿主根据俄联邦矿产法、城市建设活动法要求的设计文件建造和使用人工岛屿、装置、设施,进行钻探作业、铺设水下电缆、管道。

7. 如果地下资源特许证可使矿主有权在内海和领海建造和使用人工岛屿、装置、设施,进行钻探作业、铺设水下电缆、管道,则进行这类活动不再需要获得进行这类活动的许可证。

第16.1条 在进行区域性地质研究、地质研究、勘探和开采碳氢化合物原料时,在内海和领海运输和存放石油和石油产品时人工岛屿、装置和设施的使用特点

1. 在进行区域性地质研究、地质研究、勘探和开采碳氢化合物原料时,在内海和领海运输和存放石油和石油产品时,人工岛屿、装置和设施的使用都必须有按本联邦法规定的程序批准的计划,并根据计划设计和实施预防和消除石油和石油产品向海洋泄漏(以下称预防和消除石油和石油产品泄漏)的措施。

2. 预防和消除石油和石油产品泄漏计划由使用人工岛屿、装置、设施、水下管道,在内海和领海(以下称使用单位)区域地质研究、地质研究、勘探和开发碳氢化合物原料进行钻探的单位批准,并且要有预防和消除石油和石油产品泄漏计划国家环境鉴定的正面结论,及之后俄联邦总统、俄联邦政府确定的联邦权力执行机构按照俄联邦政府规定的程序发出的通知。

如果预防和消除石油和石油产品泄漏计划是俄联邦《地下资源法》《城市建设活动法》规定的设计文件的一部分,并有国家环境鉴定的正面结论,则不要求有单独的以上计划的国家环境鉴定正面结论。

3. 批准对预防和消除石油和石油产品泄漏计划的修改由使用单位按照本联邦法规定的、对批准预防和消除石油和石油产品泄漏计划的程序进行。

4. 对预防和消除石油和石油产品泄漏计划的内容要求由俄联邦政府确定,考虑俄联邦在紧急情况下保护居民和领土方面的法律要求。

5. 如果石油和石油产品泄漏的量太大,预防和消除石油和石油产品泄漏计划不能保证将其消除,则俄联邦总统和俄联邦政府确定的联邦权力执行机构根据使用单位的请求,可按照俄联邦政府规定的程序召集统一的国家预防和消除紧急情况的补充力量和装备(以下称补充力量和装备)来清除石油和石油产品的泄漏。

召集补充力量和装备来清除石油和石油产品的泄漏的费用按照俄联邦政府规定的程序由使用单位支付。

6. 使用单位在预防石油和石油产品泄漏时必须做到:

1）完成预防石油和石油产品泄漏计划。

2）在自己的活动区域建立海洋环境状况观察系统（包括石油和石油产品泄漏发现系统）、符合俄联邦政府规定要求的石油和石油产品泄漏通信和警报系统并保障以上系统的正常运行。

3）在区域性地质研究、地质研究、碳氢化合物原料勘探与开发以及石油与石油产品在内海和领海的运输与存储时开始使用人工岛屿、装置和设施、水下管道、进行钻探开始前，就有预防石油和石油产品泄漏计划规定的资金保障，包括能全额赔偿给环境造成危害的、根据俄联邦法律确定的损失，其中包括对水生物资源、公民生命、健康和财产，法人因石油和石油产品泄漏的财产损失。此时使用单位必须通知俄联邦总统和俄联邦政府确定的联邦权力执行机构有预防石油和石油产品泄漏计划规定的资金保障，包括全额赔偿给环境造成危害的损失，其中包括对水生物资源，公民生命、健康和财产，法人因石油和石油产品泄漏的财产损失的资金保障。

4）在自己的事故救援机构和（或）抢险救生部队、常备力量和装备用来预防和消除石油和石油产品泄漏，并能（或）在协议的基础上召集上述事故救援机构和（或）上述事故救援部队。对用于预防和消除石油和石油产品泄漏常备力量和装备的要求由俄联邦总统和俄联邦政府确定的联邦权力执行机构制定。

7. 使用单位拥有以下任意一项文件是保障预防和消除石油和石油产品泄漏的资金保证：

1）支付保障预防和消除石油和石油产品泄漏计划规定活动货币的银行保证，包括全额赔偿对环境的损害，其中包括对石油和石油产品泄漏造成的水生物资源，公民生命、健康和财产，法人财产损失；

2）保证支付预防和消除石油和石油产品泄漏计划规定活动资金的保险协议，包括全额赔偿对环境的损害，其中包括对石油和石油产品泄漏造成的水生物资源，公民生命、健康和财产，法人财产损失；

3）证明使用单位成立了储备基金的文件，包括用于预防和消除石油和石油产品泄漏计划规定活动的资金，包括全额赔偿对环境的损害，其中包括对石油和石油产品泄漏造成的水生物资源，公民生命、健康和财产，法人财产损失。

8. 用于预防和消除石油和石油产品泄漏计划规定活动的资金计算方法由俄联邦政府确定的联邦权力执行机构制定和批准，包括全额赔偿对环境的损害，其中包括对石油和石油产品泄漏造成的水生物资源，公民生命、健康和财产，法人财产损失。

9. 在出现石油和石油产品泄漏时,使用单位应:

1)保证按俄联邦政府规定的程序通知俄联邦总统和俄联邦政府确定的联邦权力执行机构、与石油和石油产品泄漏区相邻地区的俄联邦主体权力执行机构、地方自治机构关于石油和石油产品泄漏的事实;

2)保证根据预防和消除石油和石油产品泄漏计划组织和进行石油和石油产品的隔绝和清除工作;

3)采取措施保护使用单位人员的生命和健康以及直接处于石油和石油产品泄漏区的人员,在必要情况下对他们进行疏散;

4)采取措施保护和维护海洋环境和水生物资源;

5)按照俄联邦政府规定的程序请求俄联邦总统和俄联邦政府确定的联邦权力执行机构派遣补充力量和装备清除石油和石油产品的泄漏;

6)全额赔偿对环境的损害,其中包括对石油和石油产品泄漏造成的水生物资源,公民生命、健康和财产,法人财产损失,以及召集补充力量和装备清除石油和石油产品活动的花费。

10. 俄联邦总统、俄联邦政府确定的联邦权力执行机构应:

1)按俄联邦法律规定的程序检查使用单位对俄联邦国际条约、本联邦法、其他联邦法律以及根据这些法律通过的其他俄联邦规范性法律文件规定的预防和消除石油和石油产品泄漏强制要求的执行情况;

2)在发现石油和石油产品泄漏事实,得到使用单位关于泄漏事实的通知以及在清除这些泄漏时,协调其他联邦权力执行机构、俄联邦主体权力执行机构、地方自治机构和组织的行动;

3)协调和监督使用单位和其他被使用单位召集来清除泄漏的法人和公民清除石油和石油产品泄漏的行动。

11. 为了协助使用单位和俄联邦总统和俄联邦政府确定的联邦权力执行机构清除石油和石油产品泄漏,可以根据俄联邦法律召集编制外的和社会事故抢险部门、没加入上述部队的救生人员以及不是救生人员的志愿者公民。

12. 如果经营单位参加与使用人工岛屿、装置和设施、水下管道、进行与钻探有关的作业,使用海洋地下矿产执照的业主对环境的损害,其中包括对石油和石油产品泄漏造成的水生物资源、公民生命、健康和财产、法人财产损失负有次要责任。

第 17 条 俄联邦对外国船舶的刑事管辖权

1. 俄联邦对外国船舶的刑事管辖权不涉及穿越领海的外国船舶,要逮捕某人或当外国船舶在穿越时犯罪实施调查的条件是：

犯罪的后果涉及俄联邦境内；

犯罪的性质是破坏了俄罗斯的安宁和领海的良好秩序；

国旗国的外国船长、外交代表或领事负责人向联邦权力执行机构负责人或俄联邦主体权力机构负责人请求给予援助；

对于阻止非法贩卖毒品或精神类药物，对于阻止其他俄联邦国际条约规定的国际性刑事犯罪是必要的措施。

2. 本条第 1 款规则不涉及根据俄联邦法律规定的俄罗斯有权采取任何措施在离开俄罗斯内海正穿越领海的外国船舶上实施逮捕和调查。

3. 在本条第 1 和第 2 款所指的情况下，俄联邦应外国船长的请求，可在采取任何措施前，通知国旗国外交代表或领事负责人，并协助上述代表和负责人与外国船员建立联系。如果情况特别紧急，可以一边采取上述措施，一边进行通知。

4. 涉及保护和维护海洋环境和破坏而为俄联邦专属经济区和大陆架制定的法律和规则的情况除外，俄联邦不会在穿越领海的外国船舶上采取任何措施逮捕或调查外国船舶进入领海之前犯罪的人，如果这艘船来自外国港口，仅穿越领海而不进入内海水域。

第 18 条 俄联邦对外国船舶的民事管辖权

1. 联邦权力执行机构负责人不会拦截正穿越领海的外国船舶，也不会因为俄罗斯对外国船舶上的人行使民事管辖权而让其改变航线。

2. 联邦权力执行机构负责人对本条第 1 款所指外国船舶使用处罚或扣押措施，只能是因任何民事案件债务或外国船舶在穿越领海承担的责任。

3. 本条第 1 和第 2 款规则不涉及联邦权力执行机构负责人根据俄联邦法律对位于领海锚地或离开内海正穿越领海的外国船舶因民事案件使用处罚和扣押措施的权利。

第 19 条 联邦权力执行机构对破坏俄罗斯领海、内海和港口法律的外国军舰的行动

1. 如果外国军舰不遵守俄联邦涉及穿越领海或内海、港口停留的法律，无视要求它遵守俄联邦法律的要求，负责安全、国防、内务和环境保护的联邦权力执行机构负责人可以要求外国军舰立即离开领海、内海和港口。

2. 在和平时期，本条第 1 款所指的联邦权力机构负责人与外国军舰指挥的争议，在当地无法解决的，通过外交途径解决。

3. 当外国军舰使用武器对抗俄联邦、俄罗斯军舰、船舶、飞行器或俄罗斯公民时,根据俄联邦《国界法》和联合国章程对攻击采取回击措施。

第 20 条 使用自然资源、保护内海和领海环境,在内海和领海进行的其他活动

1. 使用自然资源、保护内海和领海环境,以及保护环境安全,在特别自然保护区的活动,保护历史文物都根据俄联邦法律进行。

2. 外国公民和无国籍人士、外国法人及无法人地位的外国法人组织和国际组织可以按照本联邦法、其他联邦法和经批准的俄联邦国际条约规定和程序使用内海和领海自然资源,也可以在内海和领海进行其他活动,包括从飞行器上。

2.1 符合俄联邦《地下资源法》规定要求的人可以进行区域地质研究、地质研究、矿物勘探和开采、建设和使用与开发内海和领海地下区域矿物有关的地下设施。

2.2 矿产使用执照及副本以及俄联邦《地下资源法》对执照内容的要求应包含在结冰条件下、在结冰条件进行内海和领海作业时清除海洋环境石油和石油产品泄漏所使用技术和方法的信息。

3. 领土毗连内海和领海的俄联邦主体国家联邦机构在使用内海和领海自然资源、保护环境和保障环境安全、在特别保护自然区活动以及保护历史文物和自然古迹问题的权限由联邦法律规定。

4. 在内海和领海进行科学研究根据本联邦法第四章的规则进行。

5. 在进行边防检查的俄联邦专属经济区和(或)大陆架进行捕捞的俄罗斯船舶,有按规定颁发的穿越俄联邦国界在内海和领海装卸水生物资源、鱼类和其他水生物资源制品的许可证,他们可以有负责安全的联邦权力执行机构负责人在场时在装卸区装卸水生物资源、鱼类和其他水生物资源制品,装卸区和国界清单由俄联邦政府确定。

第 21 条 使用内海和领海自然资源的经济关系主要原则

1. 使用内海和领海自然资源的经济关系主要原则有:

有偿使用;

对破坏经营活动条件追究责任;

损害内海和领海及其自然资源、环境、历史文物须赔偿损失;

与恢复和保护内海和领海自然资源、环境、保护历史文物有关的措施有资金保障。

2. 2009 年 12 月 27 日失效。

3. 使用内海、领海自然资源的程序由俄联邦法律规定,考虑捕捞为生存基础的居民利益,包括俄罗斯北方、西伯利亚和远东原住少数民族。

第三章 俄联邦毗连区

第22条 俄联邦毗连区的定义、边界和划定

1. 俄联邦毗连区(以下称毗连区)是指位于领海外与领海毗连的海洋带,其外部边界距领海宽度测量基线24海里。

2. 俄罗斯与对岸国家或海岸相重叠国家间的毗连区的划定根据国际法通行原则和规范及俄联邦国际条约实施。

第23条 俄联邦在毗连区的权利

1. 在毗连区俄联邦对以下活动进行必要的监督:

预防破坏适用于俄罗斯境内包括领海的俄联邦法律和其他俄联邦规范性法律文件制定的海关、税务、移民或卫生规则;

对在俄联邦境内包括领海实施的、违反上述法律和规则的行为进行处罚。

2. 根据俄联邦法律和国际法规定,俄联邦在毗连区采取预防本条第1款指出的破坏行为、拘捕罪犯,包括追踪、拦截、检查和拘捕所有肇事外国船舶(包括军舰和其他用于非商业目的的国家船舶)。

3. 本条第1款和第2款的规定不涉及联邦法律规定的、与俄联邦专属经济区和大陆架有关的权利。

第四章 海洋科学研究、内海海洋资源研究

第24条 海洋科学研究的定义与实施原则

本联邦法中,在内海和领海进行的海洋科学研究(以下称海洋科学研究)是指基础研究和实用研究,以及为获得发生在海底、地下和水层及大气中全面自然进程的知识而进行的实验工作。

第二部分2009年12月27日失效。

海洋科学研究应该具有绝对的和平性,包括不对俄联邦的国防和安全构成威胁。

为进行海洋科学研究在内海和领海安装并使用科研装置和任何类型的仪器都应按照本联邦法规定的进行海洋科学研究的程序进行。这些装置和仪器应携带指明所属注册国或管辖国际组织名称的识别标志,还要考虑主管国际组织的规范和标准,有必要的、符合国际规则的预防手段,以保证海洋航行和空中飞行安全。

第 25 条 提交在内海和领海进行海洋科学研究的申请及申请内容

1. 俄罗斯法人和自然人(本章以下称俄罗斯申请人)可以在内海和领海进行海洋科学研究。

2. 计划进行海洋科学研究的俄罗斯申请人,进行海洋科学研究年开始前不少于 6 个月向俄联邦政府授权的联邦权力执行机构提交申请。

3. 外国公民、外国法人、成员不包括俄罗斯的主管国际组织可以在内海和领海进行海洋科学研究,包括按照本联邦法、其他联邦法和俄联邦国际组织规定和程序在飞行器上和探测气球上进行。

4. 计划在内海和领海进行海洋科学研究的外国公民、与俄罗斯签署相应国际条约的参加国授权的外国法人、俄罗斯不是成员或者俄罗斯与其签署了国际条约的主管国际组织(本条以下称外国申请人),要想获得进行上述研究的许可证,须通过外交途径在预计开始海洋研究日期前不少于 6 个月向俄联邦政府授权的联邦权力执行机构寄送申请。

5. 进行海洋科学研究的规则,包括提交海洋科学研究申请的程序(本章以下称申请),以及对此做决定,均由俄联邦政府根据俄联邦国际条约和本联邦法制定。

6. 申请(外国申请者要用俄语和申请人国家语言书写)应该包括:

海洋科学研究性质和目的的信息;

海洋科学研究计划,包括上述研究方法和手段描述、技术参数、名称、吨位、类型、船级、水下载人和不载人仪器、飞行器、其他用于进行海洋科学研究的交通工具;

计划进行海洋科学研究的地理坐标、进出指定区域的路线、登陆时间和地点;

预计第一次到达进行海洋科学研究区域的日期和最后一次离开该区域的日期,如果有自动安装科学仪器,则安装和清除科学仪器的日期;

如果是驻扎在岸上的考察队进行海洋科学研究,考察队到达和离开的日期;

进行海洋科学研究主管组织的名称；

进行海洋科学研究负责人(考察队队长)信息；

进行海洋科学研究计划规定的活动种类执照的公证复印件；

计划进行的海洋科学研究可能对海洋环境、自然资源、沿岸工业交通设施运行、海洋航行和航空器飞行的影响信息；

遵守进行海洋科学研究许可证所指的、保证在研究过程中使用的技术手段(包括技术参数)与申请中所指技术手段(包括技术参数)相符条件的义务。

如果申请人没有提交本款第 9 段所指的进行海洋科学研究计划规定的活动种类执照的公证复印件，则俄联邦政府授权的联邦权力执行机构可向相应许可证发放机构索取上述文件(包含在文件内的信息)。

7. 外国申请人在自己的申请中还应提交参加海洋科学研究的俄罗斯公民和俄罗斯法人的所有参加形式和参加程度信息，并指出海洋科学研究计划在哪个俄罗斯国际条约的框架内进行。

8. 俄罗斯申请者设计的海洋科学研究中，如果有外国公民、外国法人或外国组织参加，则他要在申请中附上这些人参加的形式和程度。

9. 申请许可证时，可能会要求海洋科学研究的补充信息，这时申请审理的期限从申请人提交补充信息之日算起。

10. 如果海洋科学研究区域有一部分位于内海或领海，则海洋科学研究的所有区域都应该符合本联邦法，包括位于领海以外的部分。

第 26 条　申请审理程序

1. 俄联邦政府授权的联邦权力执行机构：

本段删除；

在收到申请后不迟于 4 个月向申请人寄送进行海洋科学研究的许可证或通知：

1) 不同意进行海洋科研研究；

2) 申请提交的信息与进行海洋科学研究的性质、目的不符；

3) 根据本联邦法第 25 条，必须提交所设计海洋科学研究的补充信息。

2. 向外国申请人寄送进行海洋科学研究的许可证或通知，由专门授权的联邦权力执行机构通过外交渠道。

3. 向俄罗斯申请人颁发进行海洋科学研究的许可，或者将其列入海洋科学研究年度计划，或者用专门的程序。审理上述计划的形式、内容和程序，以及向俄罗斯申请人颁发许可证的专门程序由本邦法第 25 条第 5 款所指的规定实施。

4. 俄联邦政府授权的联邦权力执行机构在与俄联邦总统、俄联邦政府授权的联邦权力执行机构协商后颁发进行海洋科学研究许可证,如果部分海洋科学研究在俄联邦海岸进行或利用了岸上基础设施,则应与相邻海岸或使用了岸上设施的俄联邦主体权力机构协商后颁发。

第27条 拒绝颁发进行海洋科学研究许可证的依据

1. 在下列情况下,俄罗斯或外国申请人可能会被拒绝颁发许可证:

如果所进行的海洋科学研究对俄联邦国防和安全构成或可能构成威胁;

如果所进行的海洋科学研究是针对内海和领海自然资源的使用;

如果所进行的海洋科学研究不符合保护环境的要求,包括有生命的和无生命的生物;

如果所进行的海洋科学研究包括在内海和领海海底钻探,使用爆炸物、气动装置并向海洋环境释放污染物;

如果所进行的海洋科学研究包括建造、使用人工岛屿、装置和设施;

如果所进行的海洋科学研究干扰在俄罗斯内海和领海进行的活动。

2. 如果俄罗斯和外国申请人在之前进行的海洋科学研究中有对俄罗斯未尽的义务,如果俄罗斯和外国申请人提交的申请信息不准确,则可能被拒绝颁发许可证。

第28条 进行海洋科学研究的俄罗斯和外国申请人的义务

1. 获得进行海洋科学研究许可的俄罗斯和外国申请人必须:

履行俄联邦国际条约、本联邦法和其他联邦法;

一有可能,便向进行海洋科学研究许可证上指定的联邦权力执行机构提交初步研究报告,研究完成后不迟于完成日期的 3 个月提交最终报告。外国研究者通过外交渠道寄送上述材料(用俄语和申请人所在国语言)。

一有可能,便向许可证上指明地点的俄联邦国家数据库提交气象、水文、水文化学、水文生物观察数据复印件,环境状况、环境污染以及海洋科学研究许可证上规定的其他观察的复印件。

定期与俄罗斯岸上机构保持联系。

在完成海洋科学研究计划过程中,有任何改变都应立即通知许可证上指明的联邦权力执行机构。

如果研究船、飞行器、装置和设施上有必要的仪器,应按世界气象组织的标准程序在主要国际观测时间通过岸上的无线电中心(海岸无线电台)向最近的俄罗斯水文气象中心报告气象、水文和高空气象实时观测数据,如果进行海洋科学研究许可证规定要进行这些观测。还要将发现的海洋环境被石油、有毒物质、垃圾及污水污染的情况进行报告。

不对在俄罗斯内海和领海进行的活动造成干扰。

完成海洋科学研究后,如果进行研究的许可证没有别的规定,须清除装置、设施和设备。

2. 俄罗斯和外国申请人必须保证俄联邦代表参加海洋科学研究,具体来说是指在研究船、飞行器、装置和设施及考察队岸上驻扎地要安排并完成保障他们的食宿,待遇与自己领导(指挥人员)等同,还要保证俄联邦上述代表能接触到科研过程中获得的所有数据和样本,能复印的资料和能分割而不损害其科研价值的样本都要向他们提交;

派遣参加海洋科学研究的俄罗斯代表的程序、其权限由本联邦法第25条第5款规定的、进行海洋科学研究规则确定。

第29条 海洋科学研究成果的转交和公布

1. 在研究完成后,海洋科学研究结果获得的所有资料,在加工和分析后,包括最终成果和结论都应转交给俄联邦国家数据库,其地址已在进行海洋科学研究许可证上注明。

2. 在完成科研后,海洋科学研究获得的并且之前没移交给本法第28条第2款所指的俄联邦代表的、因分割会影响其科研价值的所有样本,则在加工和分析后,包括最终成果和结论应移交俄联邦国家科研组织,其地址已在进行海洋科学研究许可证上注明。

3. 外国申请人提交本条第1和第2款所指材料时,要用俄语和申请人所在国语言。

4. 俄罗斯和外国申请人在进行完海洋科学研究并履行了本条规定的对俄联邦的义务后,可以经俄联邦政府授权的联邦权力执行机构的同意,根据俄联邦法律让第三方获得研究成果。外国申请人要通过外交渠道申请这种同意。

第30条 海洋科学研究计划的改变

俄罗斯和外国申请人只有在特殊情况下,并且与俄联邦政府授权的联邦权力执行机构协商后,获得该机构与联邦权力执行机构及本联邦法第26条第4款指定的俄联邦主体权力执行机构协商后允许改变的书面许可,才能改变海洋科学研究计划。

第31条 海洋科学研究的中止

1. 所进行的海洋科学研究破坏了俄联邦国际条约、本联邦法和其他联邦法律,则可以暂停或中止。

2. 暂停海洋科学研究的决议由俄联邦政府授权的联邦权力执行机构、本联邦法第 26 条第 4 款指定的联邦权力执行机构、本联邦法第 28 条第 2 款指定的俄联邦代表做出。如果部分海洋科学研究在俄联邦海岸进行或利用了岸上基础设施,暂停的决议应与相邻海岸或使用了岸上设施的俄联邦主体权力机构协商后做出。

2.1 只有在规定的期限内消除了破坏并向俄联邦政府授权的联邦权力执行机构和本联邦法第 26 条第 4 款指定的联邦权力执行机构、本联邦法第 28 条第 2 款指定的、发现并做出决定中止海洋科学研究的俄联邦代表提交消除破坏所用措施和预防类似破坏的措施后,才能恢复暂停的海洋科学研究,如果部分海洋科学研究在俄联邦海岸进行或利用了岸上基础设施,则向相邻海岸或使用了岸上设施的俄联邦主体权力机构提交。

2.2 中止海洋科学研究的决议由俄联邦政府授权的联邦权力执行机构与本联邦法第 26 条第 4 款指定的联邦权力执行机构协商后做出,如果海洋科学研究有一部分在俄罗斯海岸进行,并使用了岸上基础设施,需要与相邻海岸或使用了岸上设施的俄联邦主体权力机构协商。

3. 在下列情况下立即中止海洋科学研究:

没有俄联邦政府授权的联邦权力执行机构的许可证;

海洋科学研究计划进行了修改,与按本联邦法第 25 条提交的申请不同;

俄罗斯和外国申请者没遵守对俄联邦的义务。

第 31.1 条 海洋资源研究

在本联邦法中内海和领海海洋资源研究(以下称海洋资源研究)是指为利用和保护内海和领海自然资源而进行的实用科学研究工作,海底地下除外。

第 31.2 条 进行海洋资源水生物资源研究的特点

1. 为进行海洋资源水生物资源研究,俄联邦政府授权的联邦权力执行机构在与俄联邦总统和俄联邦政府确定的联邦权力执行机构协商后,考虑相邻俄联邦主体权力执行机构的建议,起草进行海洋资源水生物资源研究年度计划。

2. 1998 年 12 月 17 日通过的调节进行海洋资源水生物资源研究的"俄联邦专属经济区法"也适用于在内海和领海进行海洋资源水生物资源研究,如果与本法不冲突。

3. 在内海和领海为科研和检查而捕捞,由科研组织单位根据海洋资源水生物资源研究年度计划、水生物资源利用决定以及上述单位颁发的捕捞水生物资源许可证进行水生物资源海洋资源研究。

第五章 保护和维护内海和领海的海洋环境及其自然资源

第32条 保护和维护内海和领海的海洋环境及其自然资源

保护和维护内海和领海的海洋环境及其自然资源根据俄联邦法律和俄联邦国际条约由联邦权力执行机构在自己职权范围内实施，以及由俄联邦主体相应的权力执行机构进行。

第32.1条 保护和维护内海和领海的海洋环境及其自然资源的主要原则

保护和维护内海和领海的海洋环境及其自然资源的主要原则有：

保证内海和领海的海洋环境的生物多样性；

在内海和领海施工时保证环境安全；

预防内海和领海的海洋环境污染；

禁止或限制可能对被特别保护的内海和领海自然区域造成损害的经营或其他活动，以及在内海和领海渔业自然区域的经营和其他活动。

第33条 内海和领海海洋环境质量的规定标准

1. 制定内海和领海海洋环境质量的规定标准是为了保护自然环境和维护自然资源。

2. 通过制定和遵守对水上设施影响的允许标准、水上设施水质量专门指标、环保标准以及俄联邦政府规定的环境要求，使内海和领海海洋环境符合环保要求。

第34条 内海和领海的国家环境鉴定

1. 内海和领海的国家环境鉴定（以下称国家环境鉴定）：

是保护海洋环境和维持内海和领海自然资源的强制措施；

按俄联邦环境鉴定法律规定的程序组织和实施。

2. 所有类型的证件和（或）根据其在内海和领海进行计划的经营和其他活动的文件都接受国家环保鉴定。

所有在内海和领海的经营和其他活动都必须有国家环保鉴定的正面结论，鉴定的费用由内海和领海自然资源使用者支付。

3. 国家环境鉴定的对象是联邦纲要方案、与区域地质研究、地质研究、内海和领海矿物勘探和开发有关的,与捕捞,建造和使用人工岛屿、装置、设施,铺设海底电缆、管道,进行钻探作业,封存在内海和领海进行深海作业所取土壤有关的其他文件,以有据此在内海和领海从事计划的经营和其他活动的文件。

4. 国家环保鉴定的对象还有联邦法第16.1条规定的预防和消除石油和石油产品泄漏计划。如果上述计划是俄联邦《地下资源法》《城市建设活动法》规定的设计文件的一部分,有国家环保鉴定的正面结论,则不需要上述计划的国家环保鉴定的单独正面结论。

第35条 内海和领海的国家环境监督

1. 内海和领海的国家环境监督是一系列预防、查清和中止破坏俄联邦国际条约要求和俄联邦环境保护方面法律,包括内海和领海海洋环境和自然资源的措施。

2. 内海和领海的国家环境监督由授权的联邦权力执行机构在履行俄联邦法规规定的程序实施联邦国家环境监督中实施。

第36条 内海和领海的国家环境监测

1. 内海和领海的国家环境监测(以下称国家监测)是国家环境监测的一部分,它是一系列对海洋环境和海底沉积物的物理、化学、水生物和微生物指标的定期观察,也是对自然和人为因素影响下对上述指标变化的评估和预测。

2. 内海和领海的国家环境监测由俄联邦政府授权的联邦权力执行机构实施,俄联邦主体权力执行机构根据俄联邦法律参加。

第37条 废料和其他材料的封存和污染物在内海和领海的排放

1. 本联邦法中:

废料和其他材料的封存(以下称封存)是指任何从船舶、飞行器、人工岛屿、装置和设施故意清除废料或其他物质,以及任何故意销毁船舶、其他漂浮物、飞行器、人工岛屿、装置和设施。封存在内海和领海深海作业取土的土壤不算作废料封存。清除船舶、飞行器、人工岛屿、装置和设施自带的或是其正常使用结果的废料,并且不超过环保指标、俄联邦法律规定的其他指标和要求不算作封存。船舶、飞行器、人工岛屿、装置和设施运送的废料和其他物质,目的是清除或运往此类船舶、飞行器、人工岛屿、装置和设施的除外,在船舶、飞行器、人工岛屿、装置和设施处理这些废料或其他材料的结果也除外。

放置这些材料的目的不是一般的清除,如果这不违背本联邦法和俄联邦国际条约的目的。

本段于 2015 年 7 月 13 日失效。

排放污染物或包含这些物质的废水(以下称排放污染物)是指不论任何原因从船舶、其他漂浮物(以下称船舶)、飞行器、人工岛屿、装置和设施上的任何排放,包括任何的泄漏、清除、漫流、渗流、汲出、排出和排空。排泄污染物不包括使用海洋地下和在内海和领海加工矿产资源排出的污染物,以及为治理污染或监控污染而进行的合法海洋科学研究所排放的污染物。

2. 封存废料和其他物质,封存挖泥沙作业挖出的土壤除外,以及在内海和领海排放污染物都是禁止的。

在内海和领海特别保护自然区、内海和领海渔业生态区禁止封存挖泥沙作业挖出的土壤,如果根据俄联邦国际条约这些土壤包含俄联邦政府规定清单中的污染物。

在挖泥沙作业时禁止封存包含本款第二段规定污染物的土壤,不适用于在内海和领海封存污染物浓度不超过封存前区域化学指标的土壤的情况。

第 37.1 条　在内海和领海封存挖泥沙作业土壤

1. 在内海和领海封存挖泥沙作业土壤(以下称海底土)要根据俄联邦国际条约、本联邦法实施。

2. 在内海和领海封存海底土要有授权进行内海和领海国家环境监督的联邦权力执行机构颁发的许可证。

3. 在内海和领海封存海底土许可证(在本条中称许可证)颁发的期限不应超过八个月,包括对内海和领海封存海底土活动文件进行国家环境鉴定的期限,如果俄联邦法律规定必须有水上设施交付在内海和领海个别区域使用的决定,决定规划了海底土壤封存,这个决定和(或)文件的国家环境鉴定正面结论连同获取许可证的申请(在本条中称申请),应在授权进行内海和领海国家环境监督的联邦权力机构收到这个申请的 30 日内批准。如果本条第 4 款指出的联邦权力执行机构发出涉及本许可证的意见,则上述期限可以延长 30 天。

4. 许可证的设计应与下列机构协调:

1)在没有国防威胁的部分,与负责国防的联邦权力执行机构;

2)在没有航行安全的部分,在河海运输领域提供国家服务和国家财产管理的联邦权力执行机构;

3)在内海和领海建议封存海底土的区域没有禁止渔猎区的部分,渔业联邦权力执行机构。

5. 与内海和领海海底土封存有关的俄罗斯法人或自然人(包括个体经营者)(在本条称申请人)向负责内海和领海国家环保监督的联邦权力执行机构直接递交申请或通过多功能国家和市政报务中心(以下称多功能中心)递交申请。

6. 申请应当包含:

1)申请人信息[姓、名、父称、居住地址、证明申请人身份的个人资料,如果是自然人(包括个体经营者,也应指出证明个体经营者统一国家注册表信息事实的信息),法人申请人名称、办公地点、能证明在国家统一法人注册表信息的事实];

2)海底土的参数:

总数量(吨或其他测量单位)和预计封存海底土平均数量指标,比如每天、每十天、每月、每年;

状况和性质(物理性、化学性、生物化学和生物性);

污染指数(海底土包括物质的数量和质量参数);

稳定性,如物理性、化学性和生物性;

生物材料和沉积物积累和生物变化;

在海洋环境中与其他融化的有机物和无机物相互作用的倾向;

降低鱼类和其他水生物资源产品质量的着色和其他变化影响的可能性;

挖掘区地理坐标;

3)海底土封存区和封存方法特点:

地点(封存区地理坐标、深度和与海岸距离);

一段时期封存数量,如一天,一周、一个月、一年;

相对于休息区域、内海和领海地下区域、水生物捕捞区域、内海和领海禁止渔猎区域的位置;

使用这种封存方法的初步溶解情况;

扩散性质(海流、潮汐、风对水平移动和垂直融合的影响);

水的性质(温度,密度,盐度,层理,污染酸性指标,有机和矿物氮、悬浮物和营养物含量,生产率);

海底性质(地貌、沉降物的地球化学和地质参数、生物产量);

海底封存区域其他封存的影响(重金属数据和有机碳的含量);

4）海底土封存总条件

对休息区可能的影响（混浊度、难闻的气味、脱色、起泡）；

对环境可能的影响，包括对海洋环境和捕捞；

对利用海洋其他活动的可能影响（工业用水质量恶化、因海底土堆积在海底影响航行和捕捞、保护对科研和内海及领海海洋环境及自然资源有重要意义的区域出现的问题）；

在陆地封存海底土方法的可行性；

预计封存海底土的期限；

用于向封存区运送海底土的交通工具种类（类型）、海底土封存方法（装载吨位、从船上清除海底土的方法、每天的次数、每天清除海底土的速度、每次活动的吨数）；

5）在封存海底土过程中观察封存区和海洋环境状况的计划。

7. 申请应包含的信息：

1）有权进行海底土封存活动文件的国家环境鉴定的正面结论；

2）水上设施交付在计划海底土封存的内海和领海个别区域使用的决定，如果有俄联邦法律规定的这个决定。

8. 申请人在得到本条第 16 款所指通知后，将本条第 7 款所指的信息寄送授权在内海和领海进行国家环境监督的联邦权力执行机构，在得到通知前已在申请中提交的情况除外。

9. 根据进行海底土封存活动文件，本条第 2 – 5 条和第 6 条信息包含在申请中。

10. 不允许向申请人要求获得许可的其他证件和信息，本条第 6 款和第款条规定的除外。

11. 授权在内海和领海进行国家环境监督的联邦权力执行机构按跨部门协作程序查询其他的国家权力机构、地方自治机构或其所属的组织掌握的、颁发许可证必需的证件和信息，如果申请人自己没提交这些证件和信息。

12. 授权在内海和领海进行国家环境监督的联邦权力执行机构在收到申请后 3 日内应向申请人寄送收到申请并开始审理的通知函。

13. 负责在内海和领海进行国家环境监督的联邦权力执行机构在收到申请的 5 日内，寄送许可证设计样稿连同申请复印件去协商。协商期限自设计样稿到达本条第 4 款规定的联邦权力执行机构后不超过 15 日。

14. 如果本条第 4 款规定的联邦权力执行机构的意见在规定的协商许可证

设计样稿期限内没到达,这种设计算做已协商。

15. 如果本条第 4 款规定的联邦权力执行机构的意见在规定的协商许可证设计期限内到达,则授权在内海和领海进行国家环境监督的联邦权力执行机构在意见到达后 3 天内用挂号信向申请人寄送上述意见用以修正,并附委托通知。如果申请人在收到之后的 30 日内没修正,则授权在内海和领海进行国家环境监督的联邦权力执行机构拒绝向申请人颁发许可证,并在 5 日内通知对方。如果是通过多功能中心提交的申请,则拒绝颁发许可证的通知也通过多功能中心寄送。

16. 与本条第 4 款和(或)本条第 14 款所指的联邦权力执行机构就许可证设计协调后,授权在内海和领海进行国家环境监督的联邦权力执行机构在 5 天内向申请人寄送许可证设计协商通知。

17. 在得到国家环境监督对在内海和领海进行封存海底土活动文件的鉴定正面结论后,如果俄联邦法律规定要有水上设施交付在内海和领海一定区域使用的决定,则申请人要向授权对内海和领海进行国家环境监督的联邦权力执行机构提交得到上述结论和(或)决定的信息。

18. 授权在内海和领海进行国家环境监督的联邦权力执行机构在获得本条第 17 款规定信息的 5 日内,应向申请人发放许可证。如果申请是通过多功能中心递交,则许可证也通过多功能中心寄送。

19. 许可证应包含:

1)许可证申请人的信息(姓、名、父称和自然人居住地址,包括个体经营者,名称、办公地点,写清法人领导的姓、名、父称);

2)许可证颁发的号码和日期;

3)允许封存海底土的总量,以吨或其他测量单位计;

4)允许封存海底土的特性(状况、性质、污染度、挖掘的地理坐标);

5)封存海底土的地理坐标;

6)计划封存海底土的期限;

7)封存和使用的方法及封存海底土活动的特点(装载吨数、从船上清除海底土的方法、活动的天数、每天清除海底土的速度、每次活动的吨数);

8)许可证有效期。

20. 颁发许可证 3 日后,授权在内海和领海进行国家环境监督的联邦权力执行机构要将此事通知负责安全保障的联邦权力执行机构、负责水文和与水文接近领域的联邦权力执行机构、授权进行登记的联邦权力执行机构以及本条第

4 款指出的联邦权力执行机构。

21. 在下列情况下授权在内海和领海进行国家环境监督的联邦权力机构拒绝颁发许可证：

1）有权在内海和领海从事海底土封存的文件上没有国家环境鉴定的正面结论；

2）有俄联邦法律规定的决定，但没有水上设施交付在内海和领海个别地区使用的决定；

3）根据本条第 4 款所指的联邦权力执行机构的结论，封存海底土会对国防构成威胁，对航海安全构成威胁，并且（或者）海底土封存区位于内海和领海禁止渔猎区；

4）联邦权力执行机构提出的本条第 4 款的意见没有按本条第 15 款规定的期限整改；

5）申请的提交违反了本联邦法的要求或本条第 6 款第 1 项的信息不可信。

22. 为了保护和维护内海和领海的海洋环境和自然资源，授权在内海和领海进行国家环境监督的联邦权力执行机构对内海和领海封存海底土的区域进行登记（以下称登记）。所颁发许可证的信息应在颁发之日起 10 天内列入登记。办理登记的程序由俄联邦政府制定。

23. 获得许可的申请人必须：

1）根据许可对海底土壤进行封存；

2）根据观察计划对海底土壤的封存区域和海洋环境状况进行观察，并按环境保护领域制定国家政策和规范法律文件调节功能的联邦权力执行机构批准的形式和程序提交报告；

3）保证授权对内海和领海进行国家环境监督的联邦权力执行机构负责人能接触到用于将封存区域运送海底土壤的交通工具，向上述人员提交土壤封存文件用于检查，并提交准备封存的土壤用于抽样检查和样本。

4）根据世界气象组织的标准程序在主要国际天气观测时间向距离最近的俄罗斯无线电气象中心发送实时气象和水文观察信息，以及海底土壤封存区海洋环境污染信息（有相应设备的情况下）。

24. 在内海和领海封存海底土壤的许可由联邦法"因建筑和改造保障塔曼半岛和刻赤半岛交通线和工程设施出现的法律关系调节特点及其俄联邦个别法律修订"确定。

第 38 条 海上事故

如果在内海或领海发生撞船、搁浅或其他海上事故，或者消除这些事故的行动造成或将要造成严重的后果，俄联邦政府为保护俄联邦海岸或与之相关的利益（包括捕捞）不受污染或污染的威胁而根据本联邦法、其他联邦法律和俄联邦国际条约有权采取必要的措施，包括对受难船和肇事者采取与事实损失或威胁损失相称的措施。

第六章　执行本联邦法规定的保障

第 39 条　内海、领海及其自然资源的保护

1. 根据俄联邦宪法、本联邦法和其他联邦法律保护内海、领海及其自然资源。

2. 保护内海、领海及其自然资源是为了维护、合理利用和保护俄罗斯的经济和其他合法权益，这由俄联邦总统和俄联邦政府批准的联邦权力执行机构在自己的职权范围内与内海和领海相邻的俄联邦主体权力执行机构协同进行。

3. 本条第 2 款所指的联邦权力执行机构和俄联邦主体权力执行机构在保护内海、领海及其自然资源方面的协调由负责安全的联邦权力执行机构进行。

第 40 条　破坏本联邦法的责任

1. 根据俄联邦法律，违反本联邦法律者应追究其责任。

2. 追究违反本联邦法律者的责任，不能免除其根据俄联邦法规规定的程序赔偿所造成损失的义务。

第七章　最后条款

第 41 条　争议的解决

1. 俄罗斯公民、外国公民、无国籍人士、俄罗斯法人以及外国法人之间关于在内海、领海和毗连区行使自己权利和履行义务时所产生的争议根据俄罗斯法律解决。

2. 俄联邦和外国之间关于在内海、领海、毗连区行使自己的权利和履行义务时所产生的争议，应根据俄联邦国际条约和国际法规则利用和平手段解决。

第 42 条　本联邦法的生效程序

本联邦法自正式公布之日起生效。

第43条　根据本联邦法出台规范性法律文件

建议俄联邦总统并委托俄联邦政府根据本联邦法出台自己的规范法律文件。

俄联邦总统　叶利钦

1998 年 7 月 31 日

莫斯科　克里姆林宫

俄罗斯海洋学说

一、总　则

俄联邦海洋学说(以下称海洋学说)是决定俄联邦在海上活动政策的基本文件,是俄联邦国家海洋政策(以下称国家海洋政策)。

海上活动是指俄联邦为了稳定发展和保障国家安全而在研究、开发和利用海洋方面进行的活动。

海洋学说的法律基础是俄联邦宪法、联邦法律和其他海洋活动方面的俄联邦规范性法律文件、国际法通行原则和规范、俄罗斯在海洋活动及世界海洋资源和空间利用方面的国际条约。

国家海洋政策的实施以国家和社会资源为保障,这是俄联邦的海洋潜力。

俄联邦海洋潜力的构成主要有海上运输、海军、捕捞船队、科研船队以及俄罗斯国防部的深海力量和装备、联邦安全局机关的力量和装备(以下简称俄罗斯船队),以及勘探、开采燃料能源资源和矿物资源、其他矿物的设施、国家造舰造船单位以及保障其正常活动和发展的基础设施。

二、国家海洋政策

1. 国家海洋政策就是国家和社会制定的、要在俄罗斯沿海地区、内海、领海、专属经济区、大陆架和公海实现俄联邦国家利益的目标、任务和方法,以及实施该政策的实践活动。

2. 国家海洋政策的主体是国家和社会。国家通过俄联邦国家权力机关和俄联邦主体权力机关实施国家海洋政策。社会通过地方自治机关和在俄联邦宪法及俄罗斯法律基础上活动的社会组织参加国家海洋政策的形成和实施。

3. 国家海洋政策的主要内容有：

1）确定国家海洋政策的短期和长期战略优先方向和内容；

2）实现国家海洋潜力，管理与海洋活动有关的经济和科研部门；

3）对国家海洋政策进行法律、经济、信息、科研、干部等保障；

4）对国家海洋政策实施的有效性进行评估并调整。

4. 俄联邦在世界海洋上的国家利益，是指国家和社会在国家海洋潜力的基础上实施的海洋活动中需求的总称。

5. 俄联邦在世界海洋中的国家利益包括：

1）俄罗斯内海，领海、海底、海底资源及其领空的不可动摇的主权；

2）保障俄联邦在俄罗斯专属经济区和大陆架有勘探、开采和保护海底及海面有生命和无生命的自然资源的主权和管辖权，对这些资源进行管理，利用水、水流和风生产能源，建造和使用人工岛、安装设备和设施，进行海洋科学考察，保护海洋环境，为国防和安全目的使用海洋潜力的军事力量进行开发和利用，有权对海底的国际区域的矿物资源进行研究和开发；

3）公海自由，包括航行自由、飞行自由、捕鱼自由、科学考察自由，铺设海底电缆和管道自由；

4）在海上保护人的生命；

5）保证海上至关重要的通信设施的运行；

6）预防海洋环境受到生产、消耗和利用产生的废料的污染；

7）为了国家及沿海地区稳定的经济和社会发展，对世界海洋资源和空间进行综合利用。

国家海洋政策的目标

6. 国家海洋政策的目标是实现和保护俄罗斯在世界海洋的国家利益，巩固俄罗斯在主要海洋强国中的地位。

7. 国家海洋政策的主要目标有：

1）保护俄罗斯内海，领海及其领空、海底和海底资源的主权；

2）在专属经济区进行勘探、开采、运输，对海底、海底岩层、水面的自然资源行使管辖权和保护权，并对这些资源进行管理。利用水、水流和风生产能源，建

造和使用人工岛、安装设备和设施、进行海洋科学考察,保护海洋环境;

3）实施和保护俄罗斯大陆架上勘探、开采资源的主权;

4）实现和保护公海自由;

5）保护海上人员的生命;

6）保护俄罗斯领土不受来自海洋方面的侵略,保护俄罗斯海上国界;

7）保证国家经济和社会稳定发展;

8）保护海上生态系统,并合理利用其资源。

国家海洋政策的原则

8. 国家海洋政策的原则是指国家海洋政策主体在形成和实施该原则过程中应该遵守的下列主要立场:

1）在进行海洋活动和在世界海洋保护俄罗斯国家利益时,遵守国际法通用准则和规范以及俄联邦签署的国际条约;

2）在解决世界海洋的矛盾和消除来自海洋方向对俄联邦国家安全方面构成的现有和出现的挑战和威胁时,优先使用政治外交、法律、经济、信息和其他非军事手段;

3）拥有足够的海洋军事潜力,在需要武力支持国家海上活动的情况下,要有效使用这种潜力,消除来自海洋方向对俄罗斯国家安全的威胁,保证俄罗斯国界的不可侵犯;

4）对海洋活动要有整体的方针,对个别方向应根据地缘政治情况的变化区别对待;

5）俄联邦各海洋潜力应维持在与俄罗斯国家利益相应的水平,包括俄罗斯船队要在世界海洋的遥远地区保证存在,俄罗斯研究人员要在南极大陆进行科学考察;

6）俄联邦国家权力机关、俄联邦主体权力机关、地方自治机关和相关社会团体在国家海洋政策形成和实施的问题上,要进行协作和协调;

7）在形成和实施国家海洋政策时,要形成合力,科研活动要协调、统一进行;

8）对俄罗斯沿海地区、领海、专属经济区和大陆架要综合研发国家环境监测系统（国家环境监测）;

9）为了维持俄罗斯在海上活动的竞争力,要大力发展海上科学研究;

10）对俄罗斯自然人、法人在各种海上空间的海上活动进行法律保障,包括

对海底国际区域勘探和开采矿物资源;

11)对世界海洋挂俄罗斯国旗实施海上活动的船舶要进行国家监督和监管,包括进行港口监督,对俄罗斯内海、领海、专属经济区和大陆架的自然资源的状况和使用情况进行监督;

12)集中力量建设和发展俄罗斯有航海传统的主体境内的船队的基础设施,为军事和经济需要对这些设施进行规范;

13)俄罗斯海军时刻准备解决面临的问题,海上运输船队、渔船队、科考船队及其他专业船队和其后勤单位要时刻准备机动;

14)对船上工作人员、航运公司和国家管理部门领导要进行系统的海洋军事能力培训,使之能适应战时条件的工作;

15)综合发展沿海地区和沿岸水域,支持沿海地区的中小型企业活动;

16)集中中部和各地区的资源来发展通信设施,包括水上设施、连接俄罗斯中部和沿海地区的设施,特别是远东和北方边区,包括北极地带、克里米亚联邦区,目的是进一步开发和发展这些地区;

17)生态系统,就是将海上环境看成一个整体,整体内发生的事情是相互联系的;

18)保护海上人员的生命;

19)保留并保护俄罗斯船队的劳动资源,发展对海员健康的监测系统;

20)保持并完善干部培养机制,以及对年轻人的教育和职业培训,使之适应海上活动的工作;

21)对国家海洋政策的目标和传统进行有效的宣传。

国家海洋政策的任务

9. 国家海洋政策的任务是根据其原则和内容形成的,是由俄罗斯在世界海洋的国家利益决定的,目的是要达到海洋政策的目标。

10. 俄联邦总统、俄联邦政府在自己的职权范围内制定国家海洋政策的任务。

11. 国家海洋政策的任务包括短期任务和长期任务。

12. 短期任务根据以下情况决定:

1)世界上地缘政治条件、军事政治和财经情况的动态变化;

2)俄罗斯及其个别地区的社会经济情况;

3)海洋运费、水生物资源、石油天然气及其他资源的世界市场行情;

4）科技进步成果；

5）俄罗斯海洋活动的有效性。

13. 长期任务构成了国家海洋政策的主要内容，表现在实施的功能和区域方面。

14. 国家海洋政策任务的形成还要考虑不断比较分析俄罗斯在全球海洋活动的情况与发展趋势的结论，考虑涉及保障俄罗斯国家安全问题的系统研究结果，以及俄联邦实施研究、开发和利用世界海洋资源和空间方面的国家联邦目标纲要和其他纲要、项目的结果。

15. 国家海洋政策的任务由联邦权力执行机构、俄联邦主体权力执行机构、地方自治机构通过他们下设的机构以及相关社会组织、俄罗斯企业来完成。

三、国家海洋政策的内容

16. 俄联邦通过完成短期任务和长期任务来实施循序渐进的、连续的、功能与区域一致的国家海洋政策。

（一）国家海洋政策的功能方面

17. 国家海洋政策的功能方面是指按照其海洋活动功能用途主体列出的海洋活动方面，如对世界海洋资源和空间的研究、开发和利用方面的海洋活动。

18. 它包括：

1）海洋运输方面的活动；

2）世界海洋资源开发和保护；

3）海洋科研；

4）海洋军事和其他领域的海洋活动。

海洋运输方面的活动

19. 海洋运输是俄罗斯统一运输体系的一个组成部分。俄罗斯对外贸易货物的大部分是利用海洋运输完成的：海洋运输船队和保障船队的后勤部门、海港和货物装卸设施，现代化的通信设施和保障航海安全的系统。海洋运输在北极和远东地区的生活保障方面仍然起到决定性的作用。

20. 在远洋运输方面的政策是创造良好的组织和经济环境，促进船队和沿海港口基础设施建设,能达到国家经济独立和国家安全的水平,降低运输成本,增加穿越俄罗斯国境的对外贸易、沿海贸易和过境运输量。

21. 为此必须完成以下长期任务:

1)更新海洋运输船队,提高其在世界运输市场的竞争力,降低悬挂俄罗斯国旗船舶的平均使用年限;

2)建立长期投资的机制,增加悬挂俄罗斯国旗海洋运输船队的份额;

3)为提高服务质量、保证海港和近港地区的航行安全,要更新为各种运输船队(破冰船、事故抢险船、环境保护船、公务辅助船)服务的特种船的设备;

4)增加俄罗斯船运公司海上运输船队在国家对外贸易和过境货物运输总量所占份额;

5)修建新的港口和码头,改造现有港口和码头,增加港口吞吐能力;

6)通过修建和修复港口铁路线、公路线和建设现代化的运输物流中心,保障港口基础设施能平衡运行和发展;

7)保证海洋运输及其基础设施受动员培训并做好动员的准备;

8)提高国内港口的竞争力和投资吸引力;

9)创造条件将北方海路作为可国际使用的国家运输线,在运输服务质量和航行安全方面比传统海上通道有竞争力;

10)发展并保障航行安全综合系统并使其可靠运行;

11)建立海员健康保护系统,保留和保护海上运输的劳动力资源,使其符合航海安全的国际和国家要求;

12)在进行海洋活动时,要建立强制的风险环境保险机制;

13)在海洋运输项目投资、建设新的及维修现有污水清理设施,处理船舶废物方面落实环保要求,提高环境保护水平。

开发并保持世界海洋资源

22. 开发世界海洋资源是保证和扩大俄罗斯资源、保证其经济和粮食安全的必要和必需条件。

海洋渔业捕捞

23. 俄联邦在捕捞水生物资源方面是世界主要水产品加工国之一。

24. 渔业在国家粮食生产中起重要作用,它能保证粮食安全,是大部分沿海地区居民就业的重要岗位。

25. 俄罗斯渔业基地的主要部分是位于俄罗斯专属经济区和大陆架的水生物资源。

26. 为了有效开发生物资源并保持在主要海洋大国的地位,俄罗斯将渔业设施系统更新,走出一条创新之路,对企业进行大规模现代化改造、技术更新,改造渔船,建设科研生产基地,培养干部队伍。

27. 为此在海洋渔业方面要完成下列长期任务:

1)对世界海洋的水生物资源进行定期的资源研究和国家监测,不论是俄罗斯海洋,还是俄罗斯专属经济区以外;

2)保留并合理利用俄罗斯领海、专属经济区和大陆架的生物资源;

3)提高捕捞水生物资源的国家监督效率;

4)根据对生物资源空间和时间分布的预测,在俄罗斯渔船可到的海洋水域,优化对渔船的管理;

5)保证渔船队和渔船队基础设施,做好动员培训,并处于动员准备状态;

6)系统提高捕捞能力,更新技术装备;

7)建设新的鱼类加工和冷藏设备,更新现有的鱼类加工和冷藏设备;

8)拓展渔业科研方向,扩大渔业科研规模;

9)提高水生物资源人工生产效率,用现代化技术发展海水养殖业;

10)利用现代化通信手段,发展捕鱼船队活动的监测系统(观察并监控捕捞)和信息处理系统;

11)创造条件为俄罗斯造船厂争取渔船订单;

12)为有效捕捞和加工水生物资源,建造新的技术和设备,完善鱼产品的存储和运输方法;

13)发展海洋码头,用于在所有捕捞区域对捕捞船队提供综合服务;

14)利用现代化捕捞和加工渔船队,保证在捕捞现场综合加工原料,在商定的外国专属经济区、世界海洋协定区和公海保持和提高捕捞水生物资源的数量;

15)俄罗斯要积极参与国际渔业组织的活动,因为对世界海洋渔业资源利用的竞争越来越激烈,对国际协调进程和渔业捕捞的国际法律调节仍在继续,对保护海洋环境的要求越来越高;

16)保障俄罗斯在保持和利用里海和亚速海生物资源的利益,制定并严格遵守与沿岸国家商定的保护珍贵和濒临灭绝水生物资源的措施;

17)建立监测水生物资源质量和安全及其加工品的质量和安全体系,监控

捕捞和鱼品加工工艺流程;

18)制定和实施增加俄罗斯居民消费水生物制品的措施,保障其饮食健康;

19)通过有效监测水上设施和水生物资源面临的潜在威胁,制定可能损害水生物资源的适当应对战略,在国内居民必要的、自然增长的海洋活动条件下最大限度保证水生态环境安全,严格遵守俄罗斯大陆架各阶段海洋活动项目的渔业要求。

开发海洋矿物和能源资源的活动

28. 大陆上的石油天然气和其他矿物资源储备终将耗尽,这就注定会转向俄罗斯大陆架去寻找、勘探和开采矿产资源,未来还会转向大陆坡和海床。

29. 为了保护和进一步扩大原料基地,增加战略储备,保证未来在世界海洋有可开采的矿物和能源资源,长期任务如下:

1)通过测量洋底的物理场、测绘、钻探及海底挖掘工程,对地质环境进行国家监控,研究地质结构,确定俄罗斯大陆架资源潜力;

2)研究和开发世界海洋的矿物和能源资源,包括非传统能源原料,比如水下气体可燃冰等;

3)考虑国家安全保障,进行国家监督和调节对俄罗斯大陆架和世界海洋燃料能源和矿物资源,以及其他矿物的勘探与监测;

4)开采已探明矿产,大力勘探俄罗斯大陆架的石油和天然气资源;

5)在俄罗斯大陆架保留已勘测的矿物和能源资源,作为战略储备;

6)为在海底国际区域研究、勘探和开采矿物资源创造条件并提高能力,在联合国海洋法1982年12月10日成立的国际海底机构权限框架内,巩固俄罗斯对海底国际区域矿物资源的勘测和开采权;

7)通过对钻探平台(勘探平台、开采平台和工艺平台)和水下冰下工艺设备设计、建造和使用进行严格的国家监督,预防技术灾难;

8)保证用户管道和油轮运输碳氢化合物搭配合理;

9)开发新的技术手段和工艺去研究、开发、开采和运输世界海洋的矿物资源和燃料能源资源,加快对特种船的制造工作,包括建造各类海上平台;

10)保证舰艇和科研及特种船队基础设施接受动员培训,并处于动员准备状态;

11)履行俄罗斯与国际海底组织签订的探矿和勘探铁锰和深水多金属硫化物合同框架内俄罗斯接受的义务;

12）利用涨潮现象、海岸风和风浪、水温变化、热能和海流以及海藻生物发热量开发电能新技术。

海洋管道的运行

30. 碳氢化合物原料海底管道有效运行，包括在大陆架开采的，这对保障国内需求和俄罗斯对外经济活动具有战略意义。

31. 海底天然气管道对能源出口起特别重要的作用。

32. 考虑到这些情况，下列国家海洋政策长期任务在发展水下管道网络中具有现实意义：

1）通过对海洋管道的设计、建造和使用进行严格的国家监督，包括开发和使用现代化的技术手段，如机器人设备、综合设备和系统，预防人为灾难和技术灾难；

2）提高海洋管道的安全性，保护环境不受碳氢化合物海上运输可能产生负面后果的影响，包括通过设立专门的规定、许可条件和要求。

海洋科学研究

33. 海洋科学是为了获取关于世界海洋的系统性知识并加以利用，了解发生在海底、海底岩层、水体、水面、水上大气层、世界海洋人工设施的自然和人为进程的所有方面，目的是保证俄罗斯的稳定发展和国家安全。

34. 海洋科学研究方面的政策在于加强基础学科和实用学科的研究，保证海洋活动和海洋潜力稳定发展，加强俄罗斯的国家安全，降低因自然灾难和技术灾难可能造成的损失。

35. 在这方面的长期任务是：

1）保证系统研究海洋环境、海洋资源和海洋空间，研究所有与世界海洋利用有关的问题；

2）对世界海洋深入了解，能保证有效实现和保护俄罗斯的国家利益；

3）成立并发展全国性（跨行业的）科研技术综合体，包括：

－在远程探测和直接观察的基础上对世界海洋及其各海的统一监测系统；

－科考船队；

－实验基地用于开发海洋技术和海洋生物技术；

－水下设备；

－制图保障；

–海洋环境数据库；

4）开展国际合作，包括参加主管海洋活动方面国际组织框架内的活动。

36. 对以下领域进行研究：

1）俄罗斯大陆架、专属经济区、领海和内海；

2）世界海洋和俄罗斯内海的海洋生物资源和生态系统动态；

3）大陆浅滩、大陆坡、水下峡谷、水下山、裂谷和海床的构造，以及在自然因素和人为因素作用下它们的变化动态；

4）北极地带、南极洲自然环境和发生在世界海洋及交界地带的全球进程；

5）海洋生物多样性作为全球环境稳定和合理利用恢复的资源潜力的最重要因素；

6）世界海洋对全球（首先是俄罗斯境内）生态系统和气候的影响，对人身体状况的影响，包括船上环境对人身体的影响；

7）与世界海洋有关的、对海洋活动和国内居民有危险的现象，目的是为降低它们带来的损失而提前预防；

8）世界海洋水域、俄罗斯内海的环境压力、制定降低环境压力的原则和方法；

9）俄罗斯船队活动的水文气象、航行水道测量、事故抢险、医疗、信息保障等问题；

10）海上管道、钻探平台（勘探平台、开采平台和工艺平台）和水下冰下工艺设备的设计、建造和使用对海洋环境状况的影响；

11）使用世界海洋空间和资源的军事政治、经济和法律问题、海上军事和其他海上活动问题，包括在不同法律制度下限制和监督贸易航运。

海上军事活动

37. 海上军事活动是指国家在世界海洋用军事方法形成并维持有利条件而进行的有针对性的活动，目的是俄罗斯稳定发展并实施国家安全的主要优先任务。

38. 海上军事活动是国家在世界海洋进行的军事活动的一部分，目的是预防对俄罗斯的侵略而维护自己的国家利益。

39. 海上军事活动属于国家最优先的范围。

40. 俄联邦总统确定俄联邦海上军事活动领域的国家政策基础、主要目标、战略优先方向和任务，以及实施国家政策的措施。

41. 俄罗斯海军是俄罗斯海洋潜力的主要组成部分和基础,是国家对外政策的工具之一。

42. 海军是用军事手段来保障和保护俄罗斯及其盟国在世界海洋的国家利益、维护全球和地区军事政治稳定,反击来自海洋方向的侵略。

43. 海军为保障俄罗斯海上活动安全创造条件,保证俄罗斯在海上的军事存在,在世界海洋展示国旗和军事力量,参加打击海盗、参加国际社会进行的、符合俄罗斯利益的军事、维和和人道主义行动,海军舰队船舶可进入外国港口。

44. 海军在各地区的作战战略联合编队有:北方舰队、太平洋舰队、波罗的海舰队和黑海舰队以及里海区舰队,他们是相应地区完成国家海上政策任务的武装力量基础。

45. 各舰队和里海区舰队的数量和质量要维持在符合具体地区面临的安全威胁相适应的水平,要有独立的基地及基础设施、造船厂和船舶维修厂。

46. 俄罗斯联邦安全局的职权范围是组织保卫和守卫俄罗斯国界,保护内海、领海、专属经济区和大陆架。

47. 联邦安全局机构要根据俄罗斯边境地区面临的安全威胁优化兵力和装备。

48. 在必要情况下,海军和联邦安全局机构在完成任务时要相互协助。

(二)国家海洋政策的地区方面

49. 国家海洋政策的地区方向是指与俄罗斯和世界个别地区的特点有关的海洋活动范围,是指对俄罗斯最重要的、因共同的物理地理、经济地理、政治地理或军事地理特点连接到一起的领土和水域。

50. 作为俄罗斯国家海洋政策的主要地区方向有:大西洋方向、北极方向、太平洋方向、里海方向和印度洋方向。这些方向的国家海洋政策是根据它们的特点制定的。

大西洋地区方向

51. 大西洋地区方向的国家海洋政策是由这一地区存在的条件决定的,这个条件就是北大西洋公约组织(北约),以及由保障国际安全的法律机制不完善决定的。

52. 与北约关系的决定因素仍然是俄罗斯无法接受北约军事基础设施向俄罗斯边境推进,并试图赋予它全球功能。

53. 这个方向的国家海洋政策基础是完成大西洋、波罗的海、黑海和亚速海以及地中海地区的长期任务。

54. 在大西洋

1）保证俄罗斯在这一地区有足够的海上军事存在；

2）发展并加强海洋运输量、捕鱼量、海洋科学研究和海洋环境监测，在俄罗斯与国际海底组织签订的合同框架内，在俄罗斯对深水多金属硫化物勘探的范围内多进行地质勘探工作。

55. 在波罗的海

1）发展沿海港口基础设施，升级换代海上商船和联运（河－海）船舶，继续发展水下管道系统，既为出口，也为保障俄罗斯加里宁州的能源供应；

2）发展海洋运输作为本地区方向专业化的关键要素之一，建设有竞争力的船舶；

3）建设物流设施以及专业化的加工和运输碳氢化合物原料港口设施；

4）保证运输可达加里宁州，发展乌斯季－卢加和圣彼得堡海港方向的轮渡航线；

5）发展连接俄罗斯沿海地区与欧洲国家的公路－铁路轮渡设施；

6）维修、改造、新建渔业设施，首先是渔船队和鱼产品加工企业的生产设施；

7）创造条件发展造船业、船舶维修业和船上设备的生产；

8）进行综合的科学研究，包括监测被封存的化学武器、潜在的危险水下设施和水下管道的状况；

9）在著名欧洲旅游航线经过的岸上增加旅游休闲综合设施，组织游轮和游艇观光旅游；

10）在国家权力机构、地方自治机构、相关社会团体和组织协作的基础上，保护海洋自然和文化历史遗产；

11）提高海洋活动领域高等、中等职业院校专业人员培养质量；

12）在俄罗斯科学院重点科研机构的基础上组建大型科研创新海洋中心、技术平台、部门科学研究所，以及院校内部从事科研活动的机构；

13）创造条件与波罗的海地区国家进行稳定的经济合作，共同合理利用海洋自然资源，对海洋活动领域的措施高度信任；

14）发展力量（部队）以及波罗的海舰队的驻泊系统。

56. 在黑海和亚速海，国家海洋政策的基础是加快恢复和全面巩固俄罗斯的战略地位,维持该地区的和平与稳定。

57. 为此应保证:

1)在国际海洋法规则的基础上,为俄罗斯确立有利的黑海和亚速海国际法律制度、水生物资源利用规则和碳氢化合物矿产勘探、开发,水下管道铺设和使用规则;

2)对刻赤海峡使用规则和制度进行国际法律调节;

3)完善黑海舰队力量(部队)的人员和组织结构,发展其在克里米亚和克拉斯诺达尔边疆区沿岸的基础设施;

4)建设有竞争力的海洋运输船舶,更新联运(河－海)船舶,改造和发展沿岸港口基础设施,发展黑海内的轮渡运输;

5)在大型城市群的基础上,建立全国和跨地区海洋经济中心,活跃超前发展区域(克里米亚地区、黑海－库班河地区和亚速海－顿河地区)的海上活动;

6)保证地区港口能力与能源资源出口预期增长相符合,同时要考虑克里米亚港口及沿岸基础设施的发展;

7)继续发展出口天然气运输系统,包括水下管道;

8)保障克里米亚的交通,发展克拉斯诺达尔边疆区－克里米亚方向的轮渡线路;

9)通过发展国际交通走廊,挖掘本地区方向沿海地区的过境运输潜力;

10)考虑克里米亚造船企业和船舶维修企业的潜力,发展本地区的造船和船舶维修综合体,更新本地区造船业的生产和工艺;

11)进行综合性的科学研究,包括监测受人为因素积极影响条件下海洋生态环境的状况和变化,预测对沿岸居民和沿岸地区、水下管道和有潜在危险的水下设施造成威胁的危险水文气象、水文物理和地震现象;

12)进行地质勘探工作,更新现有的矿产资料,安全开发有经济效益的矿产;

13)发展商品渔业,加速本领域的干部培养;

14)发展旅游休闲业,开发最著名的沿海疗养地,之后对沿岸新的游轮中心基础设施投资,提高海洋运输线路的吞吐能力以保障向发展旅游地区输送乘客,连接克里米亚和亚速海－黑海流域与地中海游轮线路,发展国际规模的多功能休闲设施;

15)在国家权力机构、地方自治机构、相关社会团体和组织协作的基础上,保护海洋自然和文化历史遗产;

16）采用包括吸引本地区力量的方法，为保护俄罗斯在黑海和亚速海地区的维护主权和国际法的海上潜力的驻泊和使用创造条件。

58. 在地中海：

1）实施有针对性的方针，将本地区变为军事政治稳定和睦邻友好的区域；

2）保障俄罗斯在本地区不断地保持足够的海洋军事活动存在；

3）发展由克里米亚和克拉斯诺达尔边疆区向地中海流域国家的游轮运输。

北极地区方向

59. 在北极地区方向的国家海洋政策是由俄罗斯舰队自由出入大西洋和太平洋的极端重要性决定的，是由俄罗斯专属经济区和大陆架的财富决定的，是由北方海路对俄罗斯稳定发展越来越重要的意义决定的，也是由北方舰队从海洋方向保护国家的决定性作用决定的。

60. 在本方向国家海洋政策的基础是：

1）降低俄罗斯国家安全威胁级别，保证北极地带的战略稳定；

2）增加俄罗斯的海洋军事潜力，发展北方舰队力量（部队）；

3）通过加大对大陆架自然资源的利用，包括进行地质勘探工作，增加俄罗斯的经济潜力；

4）为俄罗斯船队、俄罗斯石油天然气开采和天然气运输公司在北极海洋、北方海上线路以及大西洋北部的活动创造条件；

5）协助承担特殊义务的北冰洋国家对海洋环境进行保护，管理并保持有生命的资源，根据所承担的权利和义务在北冰洋勘探和使用资源，保障这一地区的稳定发展；

6）发展俄罗斯北方海上航线，完善在该水域航行的航行水道测量和水文气象保障；

7）发展人员搜索和救生系统，预防和处置北极地区海上石油泄漏事故的系统；

8）鼓励使用节约能源型和环保清洁型技术，以及在这方面的科学研究；

9）巩固俄罗斯在北冰洋海上空间研究和开发的领先地位。

61. 这方面要完成下列长期任务：

1）通过建设和使用海洋管道、钻探平台（勘探平台、开采平台和工艺平台）和水下冰下采矿设备，在俄罗斯专属经济区和大陆架存储生物资源和矿物原料，勘探和开采自然资源，包括燃料能源资源；

2）以国际法和相互协商为基础，考虑俄罗斯国家利益，与北冰洋沿岸国家积极协作，划分海洋空间，包括北冰洋大陆架；

3）在法律上要巩固俄罗斯在北冰洋大陆架上的外部边界；

4）在与北冰洋沿岸国家划分海洋空间和海底时，要无条件保障俄罗斯及俄罗斯石油天然气开采和运输公司的利益；

5）建立对北极沿海地区和相邻水域经营性开发的工业、技术和科研基地；

6）建造核动力破冰船，通过建设现代化的核技术服务基地提高其使用的安全性；

7）更新海洋基础设施总量，发展破冰船队和科研考察船队，建造破冰级船舶，改造北冰洋港口网络、海洋军事设施和边防基础设施；

8）开发北冰洋俄罗斯大陆架，在沿岸设立必要的基础设施和加工企业；

9）进行地质勘探工作，更新现有的矿产资料，安全开发俄罗斯北极地带海域有经济效益的自然资源矿产；

10）扩大对北冰洋流域中部地区水生物的研究，对喀拉海和楚克奇海未来捕鱼量进行评估；

11）加快发展本地区海洋经营企业，发展跨地区海洋经营生产公司；

12）发展并升级水文气象观测网络设施；

13）活跃在斯瓦尔巴群岛、法兰士约瑟夫地、新地岛、弗兰格尔岛的海上活动并使其多样化；

14）利用北冰洋水域和岛屿、沿海地区的旅游休闲潜力，在国家权力机构、地方自治机构和相关社会团体和组织的协作下保护海洋自然和文化历史遗产；

15）在行业院校对在北极特殊条件下工作的、受过中等和高等教育的专业人员进行培训、进修，提高他们的业务能力；

16）发展俄罗斯管辖区北冰洋水域自然环境保护的技术；

17）考虑全球气候进程中北冰洋流域的作用和地位，在人为因素的积极影响下，对北冰洋海洋环境的状况和变化进行综合的科学研究和监测；

18）对新地岛群岛水域存储放射性废物及核动力潜艇和核动力破冰船的核反应堆的地方，要监测其辐射状态；

19）在北方海域大陆架，提高石油和天然气平台工作人员健康保障；

20）在北冰洋沿岸建设事故救生基地；

21）在巴伦支海、伯朝拉海和喀拉海大陆架建设连接开采基地与海岸的天然气管道，并将其用水下管道与国家统一的天然气运输系统相连接；

22）发展北冰洋环境监测系统；

23）根据与主要海洋强国达成的双边和多边协议,限制在协商地区和区域的外国军事海洋活动；

24）发展北海舰队力量(部队)、驻泊系统,增加其数量和质量；

25）为计算领海、经济区和大陆架的宽度,弄清俄罗斯北冰洋沿岸直线基线的位置。

太平洋地区方向

62. 太平洋地区方向对俄罗斯意义重大,而且越来越大。俄罗斯远东拥有大量资源,特别是在专属经济区和大陆架,但当地人烟稀少,与俄罗斯发达的工业区相对隔绝。这些条件又因亚太地区国家强劲的发展变得更为严重,这对本地区的经济、人口、军事和其他进程产生极为重要的影响。

63. 太平洋地区方向的重要任务是发展与中国的友好关系,增加与本地区其他国家的积极互动。

64. 在太平洋地区方向国家海洋政策的基础是完成日本海、鄂霍次克海、白令海、太平洋西北部、北极地带东部北方航线水域的长期任务。

65. 这个方向的长期任务是：

1）降低俄罗斯国家安全威胁水平,保证本地区战略稳定；

2）发展太平洋舰队力量(部队)和驻泊系统,以及联邦安全局的力量和装备,增强其数量和质量；

3）通过活跃海洋活动和发展海洋基础设施,克服沿海地区与俄罗斯其他地区的经济和基础设施隔绝,特别是与最发达的俄罗斯市场的隔绝；

4）为保障运输业,建造有竞争力的客船队、轮渡船和现代化的海洋船舶,首先是在萨哈林岛和千岛群岛；

5）积极开发大陆架自然资源,包括加强对远东海洋的地质研究,建设相应的海岸基础设施,包括运输从大陆架开采的碳氢化合物水下管道系统,增加液化气生产能力,建造专用码头卸载液压气体；

6）为俄罗斯消费者和未来出口单位长期供应天然气建立可靠的资源基地；

7）保证主要海洋运输和物流枢纽协调发展,包括国家、地区和地方海港,将本地区整合进亚太经济空间,同时恢复和发展远东海洋的常规旅客海上交通；

8）在千岛群岛建设生物资源和休闲设施,发展旅游和疗养活动；

9）在国家权力机构、地方自治机构、相关社会团体和组织协作的基础上,保

护海洋自然和文化历史遗产;

10)积极研究水生物资源及其生存环境,在沿岸为居民建造舒适的生活环境的同时,在本经济领域增加就业岗位;

11)形成一整套鱼类和海产品加工链,为生物制药、食品和燃料工业生产产品,为农业企业和海水养殖场生产饲料,生产技术产品;

12)形成医疗卫生和休闲旅游地带,包括发展海上游轮观光;

13)发展实验生产活动,包括最大限度利用创新技术使用海洋生物资源、进行海水养殖、建造捕鱼船,开发新的生物资源生产技术,发展渔业技术应用中心和高科技园区;

14)进行综合性的科学研究,监测受人为因素积极影响条件下远东海洋环境的状况和污染情况,预测对沿岸居民和沿岸地区、水下管道造成威胁的危险水文气象、水文物理和地震现象;

15)在自然灾害(海啸、火山喷发、地震、台风等)时保证沿海地区居民安全;

16)在协商地区和区域签订限制海洋军事活动的跨国协议;

17)积极与亚太地区国家开展就保障航行安全,打击海盗、贩毒、走私,给予受难船舶援助,海上救生方面的合作;

18)提高地区现有交通基础设施利用率,吸引东南亚和美国货物走跨西伯利亚过境运输干线运往欧洲和其他国家,实施最大限度开发本地区国内货物基地的措施;

19)在俄罗斯与海底国际组织合同框架内,在俄罗斯勘探区对深水多金属硫化物矿和富钴铁锰壳进行地质勘探工作;

20)开发鄂霍次克海碳氢化合物大陆架矿床,保证该矿与海岸的连接,同时相互之间也用管道网络相连;

21)建设萨哈林－阿穆尔河上的共青团城,哈巴罗夫斯克－符拉迪沃斯托克(海上管道穿越鞑靼海峡)天然气管道;

22)在太平洋海峡设计和建造水下隧道,将其与主干管道相连;

23)发展太平洋地区方向状况监测系统。

里海地区方向

66. 里海地区无论从数量上还是从质量上,拥有独特的矿物和生物资源,需要综合开发。

67. 在本地区方向完成下列任务:

1）考虑环境安全要求，在里海海底俄罗斯段形成现代化的石油天然气区域，和与之相联的岸上交通基础设施，吸引俄罗斯公司来进行勘探和找矿，将里海海底俄罗斯段矿区纳入出口水下管道系统；

2）为增加对外经济活动效率，发展、升级和提高海港的吞吐能力，利用海上交通对国内市场和国外市场的供货方向、供货量、供货线路和服务提供多样化的经营；

3）更新船队船舶，首先是特种船队的"河－海"型船舶，建造轮渡；

4）提高保护和生产水生物资源的效率，首先是鲟鱼类，发展一体化的捕捞形式；

5）进行综合性的科学研究，监测受人为因素积极影响条件下里海生态环境的状况和变化，预测对沿岸居民和沿岸地区和钻探平台有危险的水文气象、水文物理和地震现象；

6）在里海水文气象和海上环境监测领域，发展与里海地区国家的合作，保证沿海地区居民生活环境安全；

7）预防对伏尔加河里海流域生态环境人为影响的增加，未来要根本降低这种影响；

8）在旅游领域，针对里海海上观光游组织跨国合作，开发海滩型和环保型旅游集群；

9）在国家权力机构、地方自治机构、相关社会团体和组织协作的基础上，保护海洋自然和文化历史遗产；

10）预防专业干部退出海上活动领域；

11）为俄罗斯确立有利的里海国际法律制度、开发鱼类规则和石油天然气碳氢化合物矿产勘探、开发及水下管道铺设和使用规则；

12）发展里海区舰队力量（部队）、驻泊系统，增加其数量和质量。

印度洋地区方向

68. 在印度洋地区方向，国家海洋政策的最重要方向是发展与印度的友好关系。国家海洋政策还寄希望与该地区其他国家增加良性互动；

69. 在印度洋地区的国家海洋政策规定要完成下列长期任务：

1）扩大俄罗斯的航行，与其他国家一起勘探大陆架碳氢化合物和建设水下管道；

2）实施有针对性的方针，将本地区变为和平、稳定和睦邻友好的区域，保证

定期或在必要情况下俄罗斯在印度洋的军事存在,参加保障安全的海洋活动,包括打击海盗;

3)为保留和巩固俄罗斯在该地区的地位,进行海洋科学研究。

南极地区方向

70. 南极具有巨大的资源潜力。俄罗斯客观上期望这一地区维持和平和稳定,有条件进行广泛的科研活动。

71. 俄罗斯是南极洲条约参加国之一,俄罗斯在南极洲地区的持续、积极存在,有助于它完全参与到与南极洲利用有关的国际问题的解决。

72. 在南极洲地区方向的国家海洋政策,规定要完成下列长期任务:

1)有效利用南极洲条约体系规定的机制和程序,保障和扩大俄罗斯在南极洲的存在;

2)全面协助南极洲条约体系的保护和进步发展;

3)保证南极洲作为和平、稳定和合作区域,预防可能出现的国际紧张和全球性的自然气候威胁源头;

4)发展在南极洲的综合科学研究,考虑其在全球气候进程中的作用和地位;

5)保障对俄罗斯在南极洲活动的水文气象、航行和太阳地球物理信息支持;

6)保障科学考察和科学研究船舶的建造,以发展对南极洲的研究;

7)在研究的基础上评估南极洲水生物资源,预测鱼类储备状况,保证渔业经济效益;

8)利用南极洲水生物资源增强俄罗斯的经济潜力;

9)对南极洲大陆区及其相邻海洋的矿物和碳氢化合物资源进行科学的地质地球物理研究;

10)开发地球远程探测卫星系统和通信、导航系统,对维护格罗纳斯系统的地面站进行扩建并技术改造;

11)保护南极洲自然环境;

12)对俄罗斯在这一地区的考察基础设施进行技术改造和重组,对俄罗斯的南极考察提供运输保障。

四、国家海洋政策的实施保障

（一）造船和造舰

73. 造船是实际实施海洋学说的技术基础,它能因保持和增加在造船和相关工业领域的高水平劳动岗位数量而保证有很高的社会效应。

74. 国产造船业的发展水平应当在国内外市场有竞争力,保证能完全满足国家和企业对现代舰船产品的需求。

75. 国家海洋政策的目的是全面发展国产造船业,不论是军舰和民用船舶建造领域,还是海洋装备的研发领域。

76. 为了在造船产品的质量上达到先进国家的水平,提高生产效率和国家造船业的投资吸引力,国家应考虑俄罗斯参加的国际组织的要求,积极实施符合主要海上国家实践的一系列措施。

77. 在国家造船方面,国家海洋政策的主要方向是:

1)保证建造军舰、船舶、民用海洋装备来满足国家需求,主要在国内造船厂,配齐国产配套设备;

2)协助最大限度地将国内海洋装备的订单投放到国家造船厂。

78. 为达到国家海洋政策的目标,在这一领域应完成下列长期任务:

1)在建立和发展大型科研生产单位的基础上完善造船综合体;

2)保证国家对战略上重要的造船组织的监督;

3)根据国家武器纲要,保证俄罗斯在造舰和海洋军事装备领域的技术独立;

4)应用先进的船舶设计和建造方法,在民用造船方面摆脱目前的技术落后状况;

5)在造船领域积极开展创新与投资活动,以便高质量更新科技和生产工艺设施;

6)为发展俄罗斯海洋潜力中的军事潜力,形成一套优先发展的技术,保证可开发和建造有前景的系统、武器、军事和特种装备;

7)开发和应用军事和民用基础技术和关键技术,保证能生产和维修已列装的、将要列装的装备和军事海洋装备,以利于技术突破或生产超前科技制品,目的是开发之前不拥有能力的、原则上新的武器和海洋军事装备；

8）开发和生产有前景的系统、武器和军事及特种装备，为发展俄罗斯海洋潜力中的军事潜力，提高军事产品的质量和竞争力；

9）为提高海军和联邦安全局机构所装备的军舰、武器和特种海上装备的效率，完善造船业发展的目标纲要规划系统；

10）完善造船领域国家需求的产品供货、完成工作和提供服务的订单投放机制；

11）通过推广组织经济机制，保障造船和船舶维修的有效运行和发展，完善造船和船舶维修组织活动；

12）与联邦权力执行机构一起协调造船厂建造计划和生产计划与石油天然气公司开发矿产计划及航运公司购买新船的计划；

13）建造高技术造船厂来开发生产大吨位船舶和"离岸"级装备；

14）保证造船业的动员准备；

15）完善建造和使用寿命周期各个阶段海洋武器和特种装备的物资原料保障，包括国产配套零件和基本元件；

16）在核动力破冰船的建造和使用方面保持世界领先地位；

17）保证建造和使用破冰船和破冰级运输船舶方面得到国家资助和国家支持，首先是核能源装置，发展其驻泊专用系统；

18）发展科研船队和海洋科学仪器制造；

19）建造高效捕鱼船舶，保证在俄罗斯 200 海里经济区内和世界海洋遥远地区能有效益地捕捞水生物资源；

20）在完善船舶冰间航行质量方面进行科学研究，目的是扩大可利用自然条件的范围；

21）建造高技术平台，保证直接在海洋大陆架上高质量增加矿层原料加工深度，直到获取石油产品或合成燃料；

22）建造可全年使用的客船，保证运输效益，生产有竞争力的国产船舶设备；

23）在开发、生产和维修海洋装备方面，完善跨国合作机制。

（二）海洋活动干部保障，海洋教育与培养

79. 干部保障、海洋教学与教育在提高海洋活动效率方面起重要作用。其目的是培养、吸引和保留各层次专业干部，保持职业化、海洋传统和百姓对国家海洋史的热情,这是在社会上的正面展示、宣传和支持国家海洋政策、海洋活动和海洋服务。

80. 发展海洋活动干部保障、海洋教育,规定要完成下列长期任务:

1)在俄罗斯船队,创造条件吸引和保留高技术干部到航行人员队伍、海洋活动管理队伍及后勤队伍;

2)综合完善职业心理选拔和各类海上活动门类的教育体系;

3)为科研机构和海洋方面的教育组织配备受过培训的、高水平科研和教师队伍,发展教育机构和各类海洋活动门类专业的海洋科学,完善专门教育组织的海洋教育体制;

4)完善航行人员心理医学康复系统,保障预防疾病,改善生活质量;

5)完善联邦国家权力机构、俄联邦主体国家权力机构和地方自治机构在海洋活动领域对管理和领导干部的培养机制;

6)保留和巩固俄罗斯海洋院校传统,扩大儿童海洋学校、海洋班级、海员俱乐部网络,培养年轻人到俄罗斯海军或船队服役或服务;

7)在海洋教育机构,对受过中等和高等教育的专业人员进行培训、进修,提高他们的业务能力;

8)通过永久摆放和改装为纪念设施,保留并纪念博得荣誉的国产舰船;

9)维护海洋文化遗产设施和俄罗斯海洋传统;

10)保证国家对教学船、航海教育机构教学基地的建设、维护和使用进行国家支持;

11)完善合同制用人机制,与海员职业协会、雇主和船主社会团体就俄罗斯海员社会保护问题进行协作,包括他们在外国船舶上工作时;

12)实施海洋企业干部潜力计划管理原则。

(三)海洋活动安全保障

81. 海上活动的实施,要进行一整套有效的保障其安全的措施,这与水中环境的特点和其他自然和技术状况有关。

82. 海洋活动安全包括航行安全、在海上搜索和拯救人员、海上基础设施安全、与基础设施相邻水域的安全、保护和维护海上环境。

83. 航行安全的保障因素有:

1)为了俄联邦国家安全,在国家管辖区和世界海洋其他地区进行水道测量、大地测量、水文气象和医学研究;

2）协调各水道测量部门的工作，明确划分责任，保证其行动在目标、任务、地点和时间上协调一致；

3）及时将危险海洋水文气象现象（暴风、海上强风、风增水、海啸、海洋巨冰、设施结冰等等）、海洋环境状况和变化预报及其他涉及航行安全的信息通报给俄罗斯海洋活动主体；

4）在俄罗斯建立基于先进技术的创新绘图生产；

5）在符合现代要求的水平上不断增补世界航行图和电子地图、出版物和资料；

6）联邦权力执行机构相关下属部门要维护和发展航行水道测量和水文气象保障系统和装备，同时各部门要有效协作；

7）当发生灾难时，为了保障安全，要在全球海洋通讯系统框架内履行向航行者提供气象和航行信息的国际义务；

8）国家对船舶技术状况和使用期限、对船舶的全面装备和保障，对船员和相关设施工作人员的培训并颁发合格证书分类要求的完成情况进行监督；

9）海上和领水建立一体化的电子导航系统；

10）发展船舶运行岸上管理系统、船舶装备和航行水道测量设施管理系统，以及格罗纳斯卫星导航仪器的管理系统；

11）发展海洋活动的医疗保障系统。

84. 为了在海上搜索和拯救人员，必须做到：

1）在负责俄联邦责任区保障海上活动搜索救生的联邦权力执行机构的统一领导下，完善现有的、建立在拥有救生力量和装备的联邦权力执行机构相互协作基础上的海上人员搜索和救生系统；

2）统一各部门海洋事故救生专业人员培训的体制、事故救生装备的合格证和各种事故救生活动的许可证，包括发展国家海洋政策所有地区方向的潜水事业和潜水医疗；

3）建立俄罗斯船舶国家自动监测和监控系统，以及世界海洋状况观测系统，保障与处于俄罗斯领海的外国船舶进行位置信息国际交流；

4）保障及时恢复和更新事故抢险和辅助船队；

5）生产和发展有效的船舶、航空、深水和机器人搜索救生装备，装备到事故救生机构；

6）发展海上搜索和救生国际合作。

85. **海上基础设施和邻近水域基础设施的安全性应由下列因素保障：**

1）确定和划分职权和责任，协调国家权力机构和各种所有权形式的组织活动；

2）为设施装备综合的环境（水下、水上、空中）监测系统、自动化保卫和打击恐怖和破坏（主动的和被动的）活动的力量和装备；

3）查清、预警和阻止破坏活动、恐怖活动及其他违法行动。

86. 通过下列手段保护和保持海洋环境：

1）监测海洋环境状况、综合性预防和处置污染后果；

2）采取措施预防石油勘探、开采、运输过程中的泄漏，在港口改造接收设施以收集和处理废料；

3）鼓励生产和采购国产设备来预防和处置海洋环境污染事件，向俄罗斯船队补充专业化船舶来进行环保活动，进行特种水下活动；

4）发展基础设施、生产国产核动力船和安全使用监督系统，完善核动力船和核废料的利用技术；

5）预防和处置俄罗斯内海和领海的具有潜在危险的水下设施的紧急情况；

6）履行俄罗斯应尽的预防和处置紧急情况的国际义务，包括利用国际合作的能力；

7）解决碳氢化合物和其他海底资源开采量和开采密度增大与必须保持世界海洋生物资源恢复之间的矛盾。

（四）海洋活动的信息保障

87. 海洋活动信息保障是在各层次和各方向实施国家海洋政策时，在研究、开发和利用世界海洋资源和空间时做决定的基础。

88. 海洋活动的信息保障包括及时向海洋活动主体提供世界海洋状况的必要信息，包括海洋环境状况、对应的沿岸地区和空中及宇宙空间的状况，包括世界海洋（水上和水下）人造设施的地理坐标等信息；

89. 海洋活动的信息保障规定，要维持和发展全球信息系统，包括国家统一的世界海洋状况信息系统、国家统一的水上水下状况监测系统，这些系统是海洋活动信息保障的信息通信公共基础设施。

90. 发展全球信息系统的目的是在海洋活动领域形成和维持统一的信息空间，并要求：

1）完善世界海洋状况信息的收集、处理、提供和分发的技术和设备；

2）增加信息收集能力，包括利用国产宇航仪器轨道卫星对地球远程探测、

导航、通信,对俄罗斯海洋和世界海洋关键地区的状况和污染情况进行监测;

3)保障整体和合理利用各部门的世界海洋状况信息系统;

4)建立高效的情况信息处理中心和中心与主要信息用户间容量最优化的信道,包括为处于世界海洋遥远地区的船舶提供医疗咨询的可视频道;

5)保证在国内和国际协作和兼容标准的基础上,与国外类似系统按规定交换信息资源;

6)考虑可接触情报的范围,保证世界海洋状况信息的收集、交换、处理和传递的程序维持在必要的信息安全水平之上;

7)为保证信息系统工作的不间断,建造信息系统状况服务、监测技术和设备。

91. 航行水道测量、水文气象、自然保护、搜索救援等等各种保障领域的信息资源和信息系统应该整合到海洋活动信息保障公共基础设施,并在此基础上发展。

92. 完善海洋活动信息保障的措施要在俄联邦政府集中管理的基础上,根据世界海洋状况信息系统的发展协调实施。

五、海洋活动的国家管理

93. 实施海洋活动国家管理是为了在规范的法律基础上,根据规范的法律在俄罗斯海洋活动国家管理领域实施国家海洋政策。

94. 俄联邦总统确定国家海洋政策的近期和长期优先任务和内容,根据宪法赋予的职权采取保卫俄罗斯在世界海洋的主权,保卫个人、社会和国家在海洋活动中利益的措施,对国家海洋政策实施进行指导。

95. 俄联邦安全委员会作为宪法审议机构,负责确定威胁所在,决定对社会和国家至关重要的利益,制定保障俄罗斯在世界海洋国家安全的主要战略方向

96. 俄联邦联邦会议在宪法赋予的职权内对实施国家海洋政策和海洋活动进行法律保障。

97. 俄联邦政府通过联邦权力执行机构和海洋委员会领导完成国家海洋政策任务的实施。

98. 联邦权力执行机构相互协作,并与俄联邦沿海主体权力执行机构一起在自己的职权范围内对俄罗斯海洋活动进行国家管理,保障在各功能和地区方

向实施国家海洋政策。

99. 俄联邦政府下设的海洋委员会是常设的协调机构,它保障联邦权力执行机构、俄联邦主体权力执行机构和海洋活动、造船及海洋装备制造单位的协调行动,以及在对世界海洋、北极地带的研究与开发领域,在对南极洲的研究方面协调行动。

100. 俄联邦沿海主体海洋委员会是协调和审议机构,促进和保障联邦权力执行机构、俄联邦主体权力执行机构和海洋活动方面的单位协调行动。

101. 对国家海洋政策措施有效的监督,是根据俄罗斯每年在海洋活动领域的国家安全状况综合评估,每年对俄联邦 2020 年前海洋活动发展战略目标指标的完成情况的监测结果实施。

102. 俄联邦政府向俄联邦总统提交俄联邦海洋活动领域国家安全状况每年综合评估结果的报告,报告的起草根据以下主要归纳性标准:

1)国家海洋政策短期和长期任务完成的水平;

2)俄联邦海洋潜力在世界海洋实现国家利益、在俄罗斯专属经济区和大陆架行使主权的水平;

3)俄联邦海洋潜力中军事潜力在与其他部队、军事部门和机构协作,在世界海洋实现和保护俄罗斯国家利益的能力,在必要情况下反击从海洋方向侵略的能力。

六、结束语

在根据海洋学说行动时,俄罗斯会果断地、坚定不移地、连续不断地巩固自己的海上强国地位。

海洋学说规则的实施将会促进国家稳定地向前发展,可保证有效地实施和可靠地保护俄罗斯在世界海洋的国家利益,提高并维持俄罗斯的国际威望,维持其伟大海洋强国的地位。

俄联邦总统　普京

2015 年 7 月 26 日